Die geheimen Botschaften unserer

Träume

Die geheimen Botschaften unserer

Träume

Julia und Derek Parker

OTUS

coventgarden
BEI DORLING KINDERSLEY

Die Deutsche Bibliothek – CIP-Einheitsaufnahme

Ein Titeldatensatz für diese Publikation ist bei
Der Deutschen Bibliothek erhältlich.

Titel der englischen Originalausgabe:
The Complete Book of Dreams

Übersetzung: V. Maasburg, München
Redaktion: W.M. Riegel, München
Satz: Maasburg GmbH, München
Umschlaggestaltung: Simone Halfar
Foto Titelbild: Kaspar Flükiger

ISBN 978-3-907200 13-1

INHALT

EINFÜHRUNG

Träume und das Träumen an sich sind für uns alle etwas Faszinierendes. Das beruht teils darauf, daß wir alle träumen – die meisten von uns erinnern sich zumindest an einige wenige Träume –, teils darauf, daß Träume so geheimnisvoll, jedoch so lebhaft und einprägsam sind, daß sie irgendeinen Sinn haben müssen. Tatsächlich liegt den meisten (und vielleicht sogar allen) Träumen irgendeine Bedeutung zugrunde, wenn auch die Meinungen über ihre exakte Bedeutung auseinandergehen.

PRIVATTHEATER

Wenn jemand mit Träumen arbeitet und von ihnen Gebrauch macht, gibt es nur einen einzigen Grund dafür: Er möchte dies gerne tun oder glaubt, daß es ihm helfen könnte. Es kann sein, daß die Träume ihr Werk vollbringen, gleichgültig ob wir uns nun um ihre Deutung bemühen oder nicht. Andererseits gibt es keinen Zweifel daran, daß Träume eine bewußte Quelle der Inspiration sein können – ein Brunnen, der uns in schwierigen Lebenssituationen Erleichterung und Beruhigung spendet.

Träume erscheinen oft jedem außer dem Träumer selbst bedeutungslos, doch ist es wichtig, daran zu denken, daß im Theater der Träume der Träumer der einzige Zuschauer ist. Daher kann der Inhalt eines Traumes für den Träumer einen tieferen Sinn haben, und in aller Regel ist das auch der Fall.

QUELLEN DER INSPIRATION

Unzweifelhaft haben Träume sehr viel mit unserer Vorstellungskraft zu tun, und über die Verknüpfung zwischen den Träumen und dem Gehirnbereich, der für Kreativität zuständig ist, ist noch längst nicht alles bekannt. Manchmal erwachen wir aus dem Schlaf mit vernünftigen, nützlichen Gedanken, und es gibt zahlreiche Beispiele für künstlerische Werke, die anscheinend spontan im Traum entstanden und vom Künstler nur noch in die Realität umgesetzt wurden. Das Gedicht „Kublai Khan" zum Beispiel fiel dem Dichter Samuel Taylor Coleridge im Traum ein. Coleridge erzählt, er habe etwa drei Stunden lang fest geschlafen ... Beim Wiedererwachen schien es ihm, als habe er eine deutliche Erinnerung an das ganze (Gedicht, das aus zwei- bis dreihundert Zeilen bestand). Er griff sogleich nach Feder, Tinte und Papier und schrieb hastig die Zeilen nieder, die erhalten geblieben sind. Leider wurde er in diesem Augenblick von einem Besucher weggeholt und über eine Stunde lang aufgehalten. Als er in sein Zimmer zurückkehrte, fand er zu seiner nicht geringen Überraschung und Beschämung, daß ihm zwar eine undeutliche und blasse Erinnerung an die Zielsetzung des Gedichts geblieben, aber bis auf etwa acht oder zehn vereinzelte Zeilen und Bilder alles übrige verlorengegangen war wie die Bilder auf der Oberfläche eines Stromes.

Der Romanschriftsteller Graham Greene zog aus Träumen praktischen Nutzen für den Aufbau und die Niederschrift seiner Bücher; der Komponist Strawinsky träumte ein Oktett, der Physiologe Otto Loewi führte seine Entdeckung, die ihm den Nobelpreis eintrug, auf

DAS ANTLITZ DER TRÄUME
Lucien Mathelin malte für das Bild Fortschritt *ein Gesicht aus alltäglichen Dingen. Ein Traum von einem solchen Gesicht könnte auf einen vorwiegend mit Vergänglichem beschäftigten Träumer hinweisen.*

einen Traum zurück, der Beatle-Sänger und Liederkomponist Paul McCartney träumte die Melodie für „Yesterday", und dem Chemiker F. A. Kekulé fiel im Traum die Ringstruktur des Benzolmoleküls (als Schlange, die sich in den Schwanz beißt) ein.

Der letztgenannte Fall ist ein Beispiel dafür, wie Träume mit Chiffrierung arbeiten. Kekulé träumte nicht die tatsächliche Lösung des Problems, an dem er arbeitete, es wurde ihm vielmehr ein Symbol gegeben, das bei genauer Betrachtung die Lösung darstellte. Unsere Träume liefern uns keine leichten Antworten, auch nicht immer brillante Beispiele unseres Erfindungsgeistes. Der Romancier Anthony Burgess erwachte einmal mit der festen Überzeugung, er habe die Lösung für die Frage des Lebens gefunden, doch dann fand er diese Worte, die er mit Lippenstift an die Wand gemalt hatte:

„Let his carbon gnoses be up right
And wak all folowers to his light."

Wenn wir jedoch die unsinnig erscheinenden Handlungsabläufe und Charaktere unserer Träume näher betrachten, wird häufig in ihnen ein Sinngehalt erkennbar, und dann sagen sie Tiefgründiges über unsere Probleme und Schwierigkeiten im Wachzustand aus.

Träume haben mit der Kunst im 20. Jahrhundert etwas gemeinsam: Dalí, Picasso und andere surrealistischer oder abstrakte Maler sowie die literarischen Werke von u. a. Ezra Pound, T. S. Eliot und Gabriel Garcia Marquez verwenden in ihren Werken die Symbole auf genau dieselbe Weise, wie Träume dies tun.

DIE AUSLEGUNG VON TRÄUMEN

Dieses Buch erhebt nicht den Anspruch, die Träume der Leser für sie auslegen zu können, möchte ihnen aber gerne Wege zeigen, wie sie selbst damit anfangen können, ihre eigenen Träume zu deuten.

Das erste Kapitel enthält einen Rückblick auf die Geschichte des Traumverständnisses und der Traumdeutung, faßt die physiologischen Abläufe während des Schlafes zusammen und versucht, eine Antwort auf die wichtige Frage zu finden, warum wir träumen. Das zweite Kapitel wendet sich praktischen Themen zu: Wie Sie sich an Träume erinnern, sie aufzeichnen, bewerten und an ihre Deutung herangehen können.

Der folgende Abschnitt ist als Hilfe für alle gedacht, die ihre Träume selbst analysieren möchten. Das dritte Kapitel schlägt Deutungen für eine Auswahl der gängigsten Traumthemen vor – z. B. Tiere, Musik, Farben, Kindheit, Nahrungsmittel, Geld und Landschaften –, aber auch Interessantes über Alpträume, erotische und prophetische Träume. Das Schlußkapitel enthält den Thesaurus der Träume, in dem Sie weitere Hilfen für die Deutung Ihrer Träume finden. Wenn ein Traum Sie beschäftigt: Denken Sie an das hervorstechende Traumsymbol, und schlagen Sie es im Thesaurus der Träume nach. Sie werden dort einen Hinweis auf eines (oder mehrere) der Traumthemen im dritten Kapitel finden. Die Seiten 40 und 184 enthalten zusätzliche Anleitungen zur Arbeit mit dem Thesaurus der Träume.

Einige der Traumthemenseiten bringen auch kurze Traumanalysen, die Aspekte der entsprechenden Themen erläutern. Längere und komplexere Traumfolgen werden auf eigenen Doppelseiten beschrieben, und daneben steht die Traumdeutung, wie sie sich nach der Besprechung mit dem Träumer ergab.

TRÄUME IM WUNDERLAND
Lewis Carrolls Alice*-Bücher sind im wesentlichen traumähnliche Geschichten: Alice wird plötzlich zur Riesin (oben); das Walroß, der Zimmermann und die Austern im Gespräch (rechts).*

Sie und Ihre Träume

In einer Zeit, in der die Tröstungen der Religion nicht mehr so klar erkennbar zur Verfügung stehen wie früher, wird es immer wichtiger, zu Erkenntnissen über unsere eigene Identität zu kommen. Wir fragen uns vielleicht: „Warum sind wir hier, und was für einen Sinn hat unser Leben?“ Unsere Träume werden uns zwar keine abschließende Antwort auf solche Fragen liefern, können aber vielleicht helfen herauszufinden, welche Einstellung wir zu uns selbst und dazu, wie wir unser Leben leben sollten, haben. Unser Bewußtsein kommt in Träumen ebenso umfassend und aufschlußreich zum Ausdruck wie im Wachzustand – genauso, wie unser Unterbewußtsein ebenso stark in unserem Wachzustand arbeitet wie in unseren Träumen. Das Bewußte und das Unbewußte sind so eng miteinander verwoben, daß das eine ohne das andere nahezu bedeutungslos ist; und wenn diese Verknüpfung zerreißt, dann beginnen wir zu leiden – günstigstenfalls unter Gefühlen der Unsicherheit, schlimmstenfalls unter seelischen Störungen.

Wenn Sie lernen, Ihre Träume zu deuten, befähigt Sie dies, die Botschaften zu verstehen, mit denen Ihr Unterbewußtsein Sie über sich selbst informiert.

Fresko (16. Jh.) im Kloster Sucevita mit der Darstellung von Philosophen der Antike

GESCHICHTE DER TRÄUME

Soviel wir wissen, träumen alle Tiere; und die Menschen träumten wahrscheinlich schon lange bevor sie intelligent genug waren, um über das Träumen nachzudenken. Man hat sogar überlegt, ob manche der frühesten Höhlenmalereien aus vorgeschichtlicher Zeit Aufzeichnungen von Träumen sind.

TRÄUMER DER ANTIKE

Ursprünglich hielt man Träume für Botschaften der Götter oder für sonstige übernatürliche Mitteilungen. In der 12. Dynastie (1991-1786 v. Chr.) versuchten die Ägypter mit Sicherheit bereits, ihre Träume zu deuten, denn sie verfaßten ein Buch über einige Schlußfolgerungen, zu denen sie in bezug auf Traumsymbole gekommen waren. Und im alten Ägypten hat auch die Prozedur der „Inkubationsträume" ihren Ursprung: Wenn ein Mensch in seinem Gefühlsleben gestört war oder die Götter um Hilfe bitten wollte, ließ man ihn im Tempel schlafen, und der Priester (auch „Meister der geheimen Dinge" genannt) legte anschließend seine Träume aus.

Bereits im 8. Jahrhundert v. Chr. beschäftigten sich die Griechen ernsthaft mit Träumen. In Homers *Ilias* erhält Agamemnon durch den Sendboten Anweisungen von Zeus. Auch die Griechen glaubten, daß die Träume von den Göttern kämen, was nicht verwundert, denn sie hatten – wie die Babylonier und Ägypter (von denen sie viele okkulte Praktiken übernahmen) – ähnliche Priester-Traumdeuter.

Sie wandten die Traumdeutung auch in der Heilkunde an, d. h., sie schickten ihre Kranken zu besonderen Tempeln an Orten, wo die „Götter des Körpers" ihre Heiligtümer hatten. Leidende Griechen besuchten diese Tempel, verrichteten verschiedene religiöse Riten, schliefen dort und hofften dabei auf einen Traum, der ihnen die Wiedererlangung der Gesundheit verhieß. Häufig blieben sie wochen- oder monatelang in diesen Tempeln, bis sie den „richtigen Traum" hatten. Der große Tempel des Äskulap in Epidaurus war wohl das berühmteste Ziel für solche Traumpilger.

Die frühesten Traumdeuter in Griechenland schweben in der schwer greifbaren Welt zwischen Mythen und Wirklichkeit. Plinius der Ältere (23-79 n. Chr.) war der Meinung, der erste Traumdeuter sei Amphictyon, Sohn des Deukalion (Sohn des Prometheus), gewesen. Der Geschichtsschreiber Herodot (484-424 v. Chr.) hingegen behauptete, daß das Volk von Telmessus in Karien (im Südwesten Kleinasiens) sich besonders gut auf die Traumdeutung verstünde; tatsächlich ließ sich Krösus (der letzte König von Lydien) dort einen bedeutsamen Traum auslegen.

DENKWEISEN DER FRÜHEN GRIECHEN

Den ersten Schritt in Richtung moderne Traumdeutung tat im 5. Jahrhundert v. Chr. der griechische Philosoph Heraklit (544-483). Er vertrat die Ansicht, daß die Traumwelt jeder Person eine ganz eigenständige und charakteristische sei, nicht notwendigerweise das Ergebnis äußerer Einflüsse, nicht einmal göttlicher. Die meisten griechischen Philosophen beschäftigten sich zeitweise mit Träumen und deren Sinn: Platon (428-348 v. Chr.) erkannte, wie radikal Träume eine Persönlichkeit oder ein Leben verändern können. Im *Phaidon* beschreibt er, daß Sokrates Musik und Kunst studierte, weil ihm in einem Traum die Anweisung dazu erteilt worden war.

TRAUM-PILGERREISEN
In Inkubationstempeln (Foto: Ruinen des Äskulap-Heiligtums in Epidaurus) erhielten Kranke im Traum Rezepte der Götter für die Heilung ihrer Leiden.

PHILOSOPHEN DER ANTIKE (LINKS)
Eine italienische Handschrift (14. Jh.) zeigt Sokrates, Aristoteles, Platon und Seneca.

HIPPOKRATES UND GALEN (UNTEN)
Auf dem Bild lehrt Hippokrates seine Schüler; Galen gibt dazu seinen Kommentar.

Ein Jahrhundert nach dem Tod von Heraklit brach Aristoteles mit der Vorstellung, die Träume seien Botschaften der Götter, und versuchte, den Traumprozeß mit dem Verstand zu analysieren. In *De divinatione per somnum* wies er darauf hin, daß die „meisten sogenannten prophetischen Träume als reine Zufälle einzustufen sind, vor allem alle ausgefallenen", und fügte dann noch hinzu, daß „der geschickteste Traumdeuter der ist, der die Gabe hat, Ähnlichkeiten aufzunehmen. Ich meine, daß Traumdarstellungen eine Analogie zum Abbild von Formen, die sich im Wasser spiegeln, aufweisen." In *Parva naturalia* schrieb Aristoteles, Träume seien in Wirklichkeit Bruchstücke von Erinnerungen an die Ereignisse des Tages.

Er stellte auch die Theorie auf, daß Träume den Zustand des Körpers widerspiegelten, ein Arzt also die Träume des Patienten als Hilfsmittel für die Krankheitsdiagnose heranziehen könne. Hippokrates (460-357 v. Chr.), der Begründer der modernen Medizin, teilte diese noch heute gültige Ansicht. Galen von Pergamon (129-99 v. Chr.), ein römischer Arzt griechischer Herkunft, folgte derselben Richtung. Er vermerkte z. B., daß ein Mann träumte, sein linker Oberschenkel verwandle sich in Marmor, und bald darauf konnte er infolge einer Lähmung sein linkes Bein nicht mehr bewegen. Ein Ringer, den er behandelte, träumte, daß er bis zum Scheitel in Blut stand; Galen schloß daraus, daß er „einen starken Aderlaß benötigte, und dadurch wurde die Brustfellentzündung, an der er litt, geheilt".

RÖMISCHE THEORIEN

Obwohl es noch frühere Aufzeichnungen gibt (vor allem das ägyptische Traumbuch, besser bekannt unter der Bezeichnung Chester Beatty Papyrus), ist das Werk *Oneirocriticon* oder *Die Traumdeutung* des Römers Artemidorus (um 150 n. Chr.) das erste umfassende Buch über Traumdeutung. In diesem gewaltigen, fünf Bände umfassenden Werk argumentierte Artemidorus, daß Träume nur dem jeweiligen Träumer eigen seien: Beruf, gesellschaftlicher Status, Gesundheitszustand – all dies habe Einfluß auf die Symbole in einem Traum.

DIE LEHRE VON DEN METAPHERN
Aristoteles lehrte, daß zum Traumverständnis das Verständnis der Metaphern gehört, in denen ein Bild für ein anderes steht.

DER TRAUM DES PHARAOS
Jean Adrien Guignets Gemälde (19. Jh.) zeigt Josef, der den Traum des Pharaos mit den Worten auslegt: „Der Traum des Pharaos ist ein Ganzes ... Gott hat dem Pharao gezeigt, was er tun wird."

„Ein Mann träumte, daß sein Freund und Gefährte, mit dessen Tochter er ein Verhältnis hatte, ihm ein Pferd schickte. Der Roßknecht führte das Pferd zwei Treppen hoch in das Schlafzimmer, in dem der Mann lag. Kurz darauf verlor der Mann jeden Zugang zu seiner Geliebten. Denn das Pferd bedeutete die Frau, der Ort jedoch, daß das derzeitige Verhältnis nicht fortdauern würde, denn ein Pferd konnte sich ja nicht im dritten Stock aufhalten."

Ein zweites, von Astrampsychus (um 350 n. Chr.) verfaßtes *Oneirocriticon* weist manche Ähnlichkeit mit den Traumbüchern der Viktorianischen Zeit auf und enthält manche recht merkwürdige, aber auch einige zutreffende Deutungen.

DIE JAKOBSLEITER
Jakob träumte von „einer Leiter, die auf der Erde stand und deren oberes Ende zum Himmel hinaufreichte; und Gottes Engel stiegen darauf empor und hernieder".

BIBLISCHE VISIONEN

Das Christentum belebte den Glauben daran, daß Träume übernatürliche Ereignisse seien, neu. Das Alte Testament der Bibel ist voller Träume: Der berühmteste davon ist wohl Jakobs Traum von der Himmelsleiter. Nebukadnezar, der König von Babylon (Der 562 v. Chr. starb), hatte einen interessanten Traum, der im Buch Daniel (Dan 4, 7-13) erzählt wird. In diesem Traum sah er einen hohen Baum, der mitten auf der Erde stand, mit prächtigem Blätterkleid, unter dem die wilden Tiere Zuflucht fanden und in dem die Vögel nisteten. Doch dann befahl ein Sendbote aus dem Himmel, den Baum zu fällen und den König an seinem Stumpf anzuketten. Er solle wie ein Tier leben und Gras fressen. Der König ließ sich von Daniel den Traum deuten. Daniel erklärte ihm, der Baum sei ein Symbol für seine Macht und seinen Ruhm; die Erniedrigung im Traum solle ihn lehren, eine himmlische Macht anzuerkennen, die so hoch über ihm stehe, wie er selbst hoch über den Tieren auf dem Boden stehe. Der Traum erwies sich jedoch als prophetische Ankündigung tatsächlich eintreffender Ereignisse.

Der heilige Johannes Chrysostomus (347-407) predigte, daß Gott sich selbst durch Träume offenbare. Er kam auch zu der bemerkenswert modernen Aussage, daß wir für unsere Träume nicht verantwortlich seien und uns daher auch für die in ihnen auftauchenden Traumbilder nicht zu schämen bräuchten. Sowohl der hl. Augustinus (354-430) als auch der hl. Hieronymus (ca. 342-420) behaupteten, ihre Träume hätten ihrem Leben eine völlig andere Richtung gegeben.

Die meisten Religionen hatten großen Respekt vor Träumen. Mohammed (ca. 570-632) wurde ein großer Teil des Korantexts im Traum „eingegeben", und er legte die Träume seiner Schüler für sie aus.

Später schwang das Pendel nach der anderen Seite aus: Die Inquisition vertrat die Ansicht, daß Träume überwiegend Teufelswerk seien, da ja die Kirche für die Auslegung des Gotteswortes zuständig sei, Offenbarungen an Einzelpersonen in Träumen folglich nur teuflisches Machwerk sein könnten. Martin Luther (1483-1546), der Begründer des Protestantismus, teilte diese Ansicht: Unsere Sünden, so sagte er, seien „die Freunde und Väter schmutziger Träume".

DER HL. AUGUSTINUS

ORIENTALISCHE VORSTELLUNGEN

Frühe Werke über Traumdeutung gab es nicht nur bei den Ägyptern, Griechen, Römern und Christen. In Persien entwickelte „Sifat-i-Sirozah" (ein nicht identifizierter Verfasser) ein zeitbezogenes Traumdeutungsschema, d. h., ein Traum konnte nur aufgrund des Traumtages ausgelegt werden. Vor allem die Anhänger des Zoroastrismus (einer von Zarathustra begründeten persischen Religion, die aus der Zeit der Achaimeniden bis in die Sassanidenzeit, d. h. bis zur arabischen Eroberung 642 fortbestand), hielten sich an diese Theorie, die Regeln für jeden Tag des Monats aufstellte, wie z. B.: „Der zweite Tag ist der Tag Bahmans ... Geträumte Ereignisse werden vier Tage danach eintreten, doch gehegte Hoffnungen werden enttäuscht werden."

Der bekannteste arabische Traumdeuter der Frühzeit war Gabdorrhachaman (um 720 n. Chr.), dessen Theorien im Westen erstmals in französischer Sprache unter dem Titel *„L'Onirocrite Musulman"* bekannt wurden. Er hielt Träume für Prophezeiungen, und nur Menschen, die „reinen Geist, gesittete Moralbegriffe und wahre Rede" besäßen, dürften diese deuten. Gabdorrhachamans Aphorismen scheinen eher auf seinem eigenen Instinkt als auf einem besonderen Verständnis für Traumsymbole zu fußen, wie das folgende Beispiel erkennen läßt: „Wer träumt, daß seine Zunge übermäßig geschrumpft ist, wird viel törichtes und schmutziges Zeug daherreden."

TRÄUME VOM TEUFEL

Sano di Pietros Bild vom Traum des hl. Hieronymus stellt den Kirchenlehrer dar, der mit bitterem Hohn behauptete, erkennbar sexuelle Träume müßten vom Teufel gesandt sein.

MOHAMMEDS HIMMELFAHRT
Dieses Bild schildert Mohammeds Himmelfahrt vom Tempelberg in Jerusalem. Unterwegs dorthin hatte er einen Traum, in dem er Moses, Abraham und Jesus begegnete.

EUROPÄISCHE EINSTELLUNGEN

Robert Cross Smith (1795-1832) aus Bristol ließ sich unter dem Namen „Raphael" als Traumdeuter nieder und hatte damit riesigen Erfolg (sein *Prophetic Almanac* brachte es in nur einem Jahr auf 100 000 verkaufte Exemplare). Zwei Jahre vor seinem Tod veröffentlichte er *The Royal Book of Dreams*, in dem er eine auf der Verwendung von „Chiffren" beruhende Traumdeutung entwickelte. Diese „Chiffren" enthüllten Maximen wie „Dein Traum sagt einen finsteren Feind voraus".

Als ersten modernen Traumdeuter könnte man Alfred Maury bezeichnen, einen französischen Arzt, der mehr als 3000 Träume analysiert haben soll. Er glaubte daran, daß Träume durch Reize von außen hervorgerufen würden. Insbesondere regte ihn ein eigener Traum zu der Vorstellung an, Träume könnten so schnell entstehen, daß sie mit dem Reiz, der sie hervorruft, zeitlich fast zusammenfielen. Maury lag krank im Bett, seine Mutter saß neben ihm. Er träumte von der Schreckensherrschaft („Terreur") der Französischen Revolution und daß er verurteilt und zur Guillotine geführt würde. Als das Fallbeil heruntersauste, erwachte er und stellte fest, daß der Kopfteil des Bettes auf seinen Nacken heruntergefallen war, also genau auf die Stelle, die auch die Guillotine getroffen hätte.

Diese Denkrichtung stellte sich jedoch als relativ bedeutungslos heraus, und erst als sich das Konzept des Unbewußten entwickelte, begann das Zeitalter moderner Traumdeutung.

JOHANN GOTTLIEB FICHTE

Johann Fichte (1762-1814) und sein Schüler Friedrich Schelling (1775-1854) hatten schon erste Vermutungen geäußert, daß die Träume unsere unbewußten Ängste und Wünsche offenbarten, doch erst mit dem Erscheinen von Sigmund Freuds Werk *Die Traumdeutung* im Jahre 1900 begann tatsächlich die moderne Forschungsarbeit an Träumen und deren Auslegung.

FRIEDRICH WILHELM JOSEPH V. SCHELLING

MODERNE DENKWEISEN

Freud (1865-1939) stellte die Theorie auf, daß die Wunscherfüllung die Grundlage der meisten Träume bilde, auch wenn äußere Reize sie hervorrufen sollten. Nach Freud spiegeln unsere Träume unsere innersten, in der Kindheit verwurzelten Sehnsüchte und haben immer eine ernstzunehmende Bedeutung. Besonderes Augenmerk wandte er sexuellen Trauminhalten zu: Zum Beispiel symbolisierten lange, spitze Objekte den Penis, Hohlkörper oder Gefäße die Vagina.

Carl Gustav Jung (1875-1961) arbeitete einige Jahre lang mit Freud zusammen, doch in einem Punkt war er anderer Meinung: Den meisten Träumen, so argumentierte Jung, lägen nicht verborgene sexuelle Probleme zugrunde. Freud glaubte, daß Träume das Ergebnis verborgener Wünsche seien und diese im großen und ganzen weiter verhüllten; Jung dagegen meinte, die Träume enthüllten unserer innersten Wünsche und Sehnsüchte, gäben uns dadurch die Möglichkeit, unsere unbewußten Bestrebungen zu erkennen und zum Erfolg zu führen. Träume seien wichtige Botschaften unseres (unbewußten) Ichs an unser (bewußtes) Ich, deren Nichtbeachtung zu unserem Nachteil wäre.

Die meisten modernen Psychologen neigen eher zu Jung als zu Freud, der bestritten hätte, daß Menschen lernen könnten, ihre eigenen Träume zu deuten; Jung hielt dies zwar für schwierig, aber durchaus möglich, denn Träume seien ja dazu da, verstanden zu werden.

WEITERE THEORIEN

Seit der Veröffentlichung der Theorien von Freud und Jung zum Thema Träume haben sich weitere Traumtheorien entwickelt. Manche Psychologen, wie Medard Boss in *Der Traum und seine Auslegung* (1974), hielten es überhaupt für sinnlos, Theorien über Träume aufzustellen – sie seien einfach eine weitere Facette des Lebens und ebenso bedeutungslos wie das Leben im Wachzustand. Andere Psychologen meinen, Träume hätten lediglich die Aufgabe, Erinnerungen zu entsorgen, die sonst unseren Geist überladen würden. Der Gestalt-Ansatz sieht in den Träumen Hilfsmittel für die Organisation und Strukturierung von Informationen, daher sollte der Träumer jedes Traumelement, das ihn auf „unerledigte Geschäfte" des Verstandes hinweist, betrachten. Montague Ullman und Nan Zimmerman stellten abschließend fest: *„Wenn ich diese verschiedenen Ansätze in Analogbildern zusammenzufassen hätte, würde ich für die Ansätze von Freud und seinen Schülern den Dampfkessel nehmen, für den Jungschen Ansatz einen Drehspiegel und für den Gestalt-Ansatz das Bild eines Menschen, der Löcher im Boden zuschaufelt. Beim Dampfkessel gelingt es einem unter Druck stehenden Medium zu entweichen, allerdings in veränderter Form. Durch das Drehen des Spiegels wirft dieser das Bild einer unbekannten Seite des Selbst zurück. Und der ‚Gestalt-Anhänger' ist eifrig dabei, festen Boden zu schaffen, indem er die aus der Vergangenheit herrührenden Löcher füllt."*

Heute würde nur eine verschwindende Minderheit die Meinung vertreten, daß Träume für die Menschen keine wichtigen Hilfen zu einem erfüllten Leben sind. Der griechische Philosph Zenon der Ältere (auch Zenon von Elea; lebte von ca. 490 bis nach 445 v. Chr.) glaubte, daß die Analyse unserer Träume wesentlich für die Selbsterkenntnis sei. Das gilt heute noch.

FILMTECHNIK

Regisseure benutzen traumähnliche Bilder zur Steigerung der Spannung – wie in dieser Szene des Hitchcock-Thrillers Ich kämpfe um dich.

SCHLAFTYPEN UND -ZYKLEN

Der Begriff Schlaf ist so geläufig, daß wir darüber erst nachdenken, wenn er uns flieht oder Alpträume uns drücken. Und dennoch ist Schlaf etwas Verblüffendes. Die Vorstellung, daß wir unser Bewußtsein verlieren, aufhören, wir selbst zu sein, und die Kontrolle über unser Denken und unsere Bewegungen aufgeben, ist schrecklich für uns; und doch passiert genau dies jede Nacht, wenn wir schlafen.

BEGRIFFE UND VERSUCHE

Jahrhundertelang stellte man sich den Schlaf als Ruhezeit für Körper und Geist vor. Andere Vorstellungen waren weniger leicht verständlich. Aristoteles z. B. stellte sich vor, daß sich während des Schlafs die Dämpfe, die nach dem Essen vom Magen aufsteigen, sich verflüchtigten. Und dennoch hielt sich diese Theorie mehrere hundert Jahre lang. Nach im frühen 19. Jahrhundert glaubte man, daß tagsüber Blut ins Gehirn aufsteige und sich dort anstaue. Während des Schlafes flösse es in den übrigen Körper ab (daher sei es auch am besten, ohne Kopfkissen zu schlafen, damit das Blut leichter aus dem Gehirn abfließen könne). Zu Beginn des 20. Jahrhunderts glaubten die Gelehrten, daß sich gewisse chemische Substanzen – wie Milchsäure, Kohlendioxid und Cholesterin – in den Stunden des Wachlebens ansammelten und während des Schlafes verringerten. Doch nun, da diese Theorien verworfen worden sind, bleibt die Frage bestehen: Was ist der Zweck des Schlafes? Die meisten von uns brauchen acht Stunden Schlaf pro Nacht oder glauben, soviel zu brauchen, aber das trifft vielleicht gar nicht zu. Von Margaret Thatcher, der ehemaligen Premierministerin von England, hieß es, sie habe sich mit etwa vier Stunden Schlaf pro Nacht begnügt, und Traumlabore haben Personen, für die das ebenfalls zutrifft, in ihrer Kartei. Jedoch gibt es bisher kein einziges Beispiel dafür, daß ein Mensch ganz ohne Schlaf auskommen kann. Leute, die behaupteten, „nie" zu schlafen, wurden unfehlbar dabei erwischt, daß sie zumindest fünf- bis zehnminütige Nickerchen machten.

Schon vor vielen Jahren versuchte man herauszufinden, wieviel Schlaf der menschliche Körper braucht. 1896 fanden im Psychologischen Labor von Iowa Versuche statt, bei denen eine Testperson drei Tage lang wachgehalten wurde und sich bei Versuchsende „genau so wohl wie sonst und am darauffolgenden Abend nicht schläfrig fühlte".

Im Januar 1964 blieb Randy Gardner, ein 17jähriger Oberschüler aus San Diego, unter der Aufsicht von Ärzten des nahegelegenen Schlaflabors der US-Marine elf volle Tage lang wach. Obwohl er in dieser Zeit manchmal Brechreiz bekam, Schwierigkeiten mit dem Nachsprechen von Zungenbrechern hatte und an Gedächtnislücken litt, wies er nach 14stündigem Schlaf im Anschluß an das Experiment weder an Geist noch Seele irgendwelche Krankheitszeichen auf. Außerdem schlief er in den beiden darauffolgenden Nächten nur sechseinhalb Stunden länger als sonst.

DER TRAUM DER HL. URSULA
Dieses Bild zeigt eines der Bilder des Venezianers Carpaccio aus der Bilderreihe Die Legende der hl. Ursula.

Es gibt noch keinen Fall, bei dem ein Schlafmangel zu physischer Krankheit geführt hätte, doch das Gehirn braucht vermutlich Schlaf. Messungen der Gehirnaktivität haben chemische Veränderungen nachgewiesen, die auftreten, wenn der Mensch seines Schlafes beraubt wird.

ERFORSCHUNG DER REM-PHASEN

Erst vor gut 40 Jahren begann man zu verstehen, was Schlaf wirklich ist. 1952 stellte ein Forscher fest, daß sich in bestimmten Schlafphasen die Augen der Testpersonen unter den geschlossenen Lidern rasch bewegten. Diese Augenbewegungen nannte man „rapid eye movements", und die Phasen, in denen sie auftraten, REM-Phasen. Drei Jahre später veröffentlichten Eugene Aserinsky und Nathan Kleitman eine grundlegende wissenschaftliche Arbeit über dieses Thema. Es stellte sich heraus, daß das Gehirn im REM-Schlaf stärker durchblutet wird, die Gehirntemperatur ansteigt, die Gehirnwellen im Elektroenzephalogramm (EEG) ein besonderes Muster zeigen und sowohl der Penis bei Männern als auch die Klitoris bei Frauen erigiert sind. Unregelmäßigkeiten der Atmung und des Herzschlags wurden registriert, auch herabgesetzte elektrische Aktivität in bestimmten Muskeln.

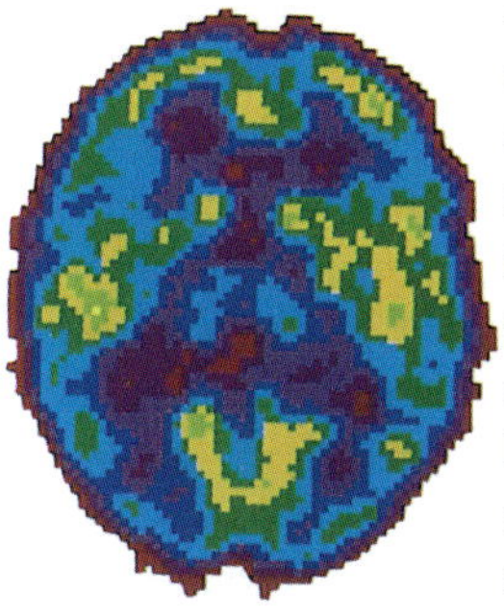

DAS SCHLAFENDE GEHIRN

Die gelben Bereiche sind im Schlaf aktiv, die violetten inaktiv.

Man entdeckte auch, daß sich Testpersonen, die man aus dem REM-Schlaf aufweckte, meist an lebhafte Träume erinnern konnten; hingegen behaupteten nur etwa sechs Prozent der Versuchspersonen, die man aus NREM-Schlafphasen (also Phasen ohne rasche Augenbewegungen) aufweckte, sie hätten geträumt. Es schien, daß der Mensch nur während des NREM-Schlafs „bewußtlos" ist und einen Zustand vollkommener Ruhe erlangt.

Diese Entdeckungen waren so interessant, daß sie zu einer Periode intensiven Studiums der Schlafmuster führten, und der Großteil unseres heutigen Wissens über das Wesen des Schlafs stammt aus Untersuchungen der anschließenden 20 Jahre.

SCHLAFZYKLEN

Mit dem Einschlafen beginnt ein Schlafzyklus – ein Muster, das sich in der Regel während der Nacht mehrmals wiederholt. Die Wissenschaftler unterscheiden vier Schlafphasen: Stufe I ist ein Hinübergleiten vom Wachzustand in den echten Schlaf; Stufe II könnte man als „normalen" Schlaf bezeichnen. Stufe III ist das Absinken in den Tiefschlaf, d. h. den Schlaf der Stufe IV.

Mit Hilfe des EEGs können die Gehirnströme gemessen werden. Elektroden, die an der Kopfhaut befestigt werden, erfassen die etwa ein Millionstel Volt starken „Gehirnwellen", die verstärkt und auf Papierstreifen oder Band aufgezeichnet werden, so daß Schwankungen der Frequenz (Zahl der Wellen pro

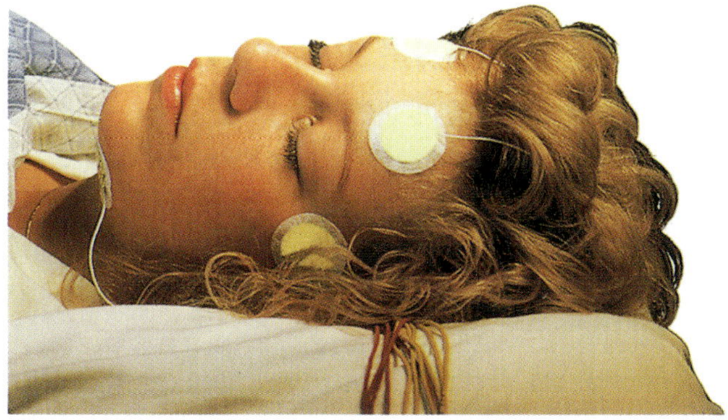

ELEKTRISCHE AKTIVITÄT

Über Elektroden am Kopf der Schlafenden werden in einem Labor die Veränderungen der elektrischen Gehirnaktivität registriert.

DAS ALLMÄCHTIGE GEHIRN

Der zeitgenössische Künstler Andrzej Dudzinski stellt auf diesem Bild die ineinander verwobenen Ebenen der Gehirnaktivität im Schlaf dar.

Sekunde) sichtbar werden. Vier Wellenarten wurden besonders untersucht: Betawellen (hochfrequente Wellen, die dann erscheinen, wenn das Gehirn angeregt oder ängstlich ist); Alphawellen (treten während der Meditation auf, wenn das Gehirn wach, aber entspannt ist); Thetawellen (Anzeichen für Schläfrigkeit oder leichten Schlaf) und Deltawellen (langsame, für den Tiefschlaf typische Wellen).

Wenn wir schlafen gehen, sinken wir rasch in den Tiefschlaf der Stufe IV, den NREM-Schlaf. Etwa nach einer Stunde beginnt eine etwa 10 Minuten andauernde REM-Schlafphase, in der Träume einsetzen, dann folgt der „Anstieg“ zurück durch die drei Stufen des NREM-Schlafes. Der gesamte Schlafzyklus dauert ungefähr 80 bis 90 Minuten. Während der ca. vier aufeinanderfolgenden Schlafzyklen einer Nacht werden die Phasen des REM-Schlafs immer ein wenig länger – die letzte vor dem Aufwachen am Morgen dauert etwa eine Stunde. Von acht Stunden Schlafzeit sind also ungefähr sechs Stunden NREM-Schlaf, die übrigen zwei Stunden REM-Schlaf – „Zeit zum Träumen“. Knapp die Hälfte der Menschen erwacht nur aus NREM-Schlaf, und zu diesen zählen auch all diejenigen, die behaupten, „nie zu träumen“ (*s. S. 16*). Manche Psychologen glauben, daß solche Menschen sich selbst unbewußt zu einem Zeitpunkt wecken, wenn sie nicht träumen, weil sie das unterdrücken möchten, was ihre Träume ihnen erzählen.

SCHLAF ALS PHYSISCHE ERHOLUNG

Es erscheint wahrscheinlich, daß während des NREM-Schlafs Körper und Geist ruhen und daß wir diese Art Schlaf zum Ausruhen und zur Erholung, aber auch für verschiedene andere Körperfunktionen – einschließlich des Wachstums – brauchen. Diese Art Schlaf ist außerdem in hohem Maße rhythmisch: Sie ist auf unseren Tagesablauf „synchronisiert“, ebenso wie viele Körperfunktionen, die auch durch die Uhr geregelt werden. Wenn wir auf einem Langstreckenflug acht bis zehn Stunden Zeitverschiebung verkraften müssen, braucht unsere „innere Uhr“ einige Zeit, bis sie nachgestellt ist, und bis dahin geraten Blutzuckerspiegel, Körpertemperatur, Zahl der weißen Blutkörperchen, Nebennierentätigkeit und viele andere Körperfunktionen „aus dem Tritt“, was wir als „jet lag“ zu spüren bekommen. Bei manchen Menschen können Flugreisen durch mehrere Zeitzonen psychische Symptome hervorrufen, die wahrscheinlich auf einer Störung ihres NREM-Schlafmusters beruhen.

EIN SCHLAFZYKLUS

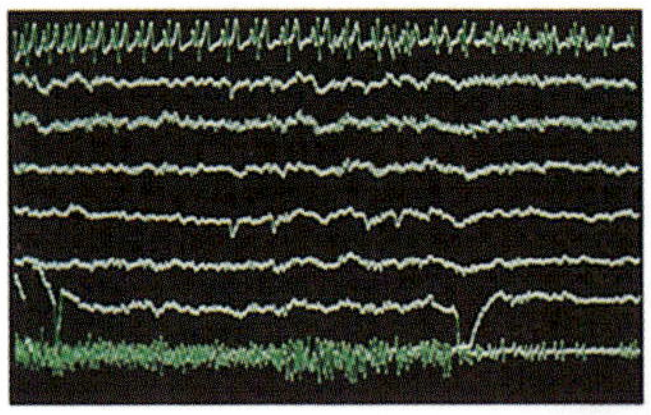

WACHZUSTAND
EEG-Kurve der Gehirnströme bei einer Testperson in wachem Zustand.

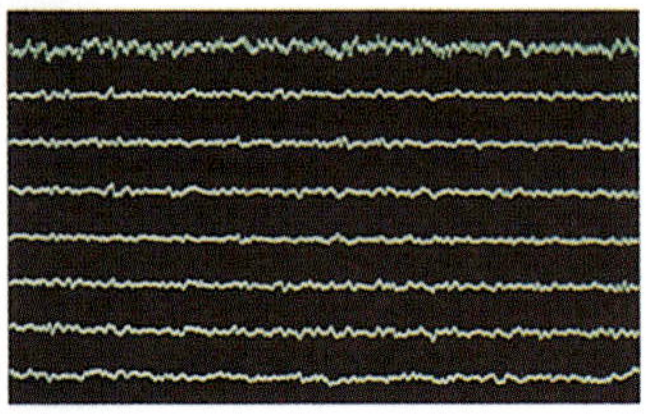

SCHLAF DER STUFE I
In diesem Stadium arbeitet das Gehirn weniger effektiv, als wenn die Testperson wach ist.

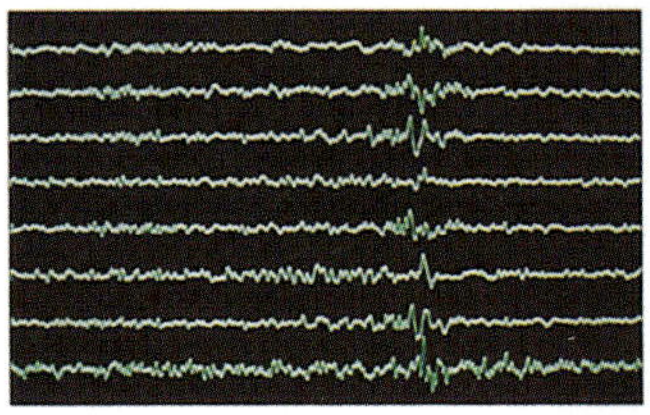

SCHLAF DER STUFE II
Die Wellen werden langsamer und sind stellenweise durch starke Ausschläge, sog. „Spindeln“, unterbrochen.

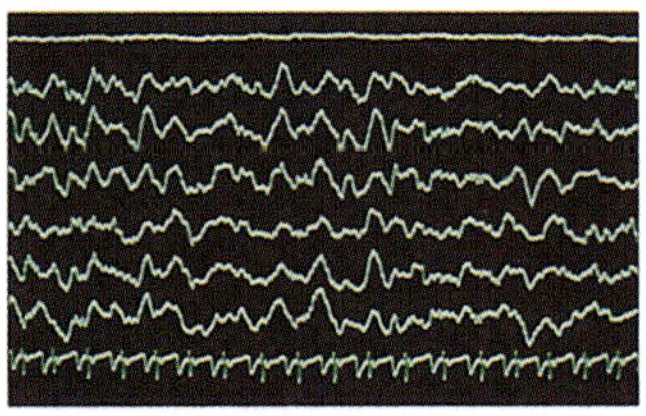

SCHLAF DER STUFE III
In diesem Stadium hören die starken Ausschläge auf. Der Schlafende wäre jetzt kaum aufzuwecken.

ZUKUNFTSTRÄUME
Arnold Schwarzenegger als Hauptdarsteller in dem Science-fiction-Film Die totale Erinnerung, *bei dem Träume ins Gehirn implantiert werden.*

DARSTELLUNG VON TRÄUMEN
Dieses Bild von Kay Nielson trägt den Titel „Ich hatte einen so schrecklichen Traum".

DAS SCHLAFBEDÜRFNIS

REM-Schlaf scheint weniger für unseren Körper als vielmehr für unsere Psyche wichtig zu sein. Während Menschen mit zuwenig NREM-Schlaf einfach müde, ungeschickt und tranig wirken, werden Personen ohne REM-Schlaf überreizt, unfähig, sich zu konzentrieren, und sie können sich nur schlecht erinnern. REM-Schlaf hilft uns auch, Streß zu bewältigen. Außerdem hat man herausgefunden, daß diejenigen, die zuwenig NREM-Schlaf finden, nur vorübergehend an Unannehmlichkeiten leiden, hingegen der REM-Schlafentzug – also der Wegfall der Schlafphasen, in denen wir am meisten träumen – zu psychischen Störungen führt. Schlaftabletten zum Beispiel können die Dauer des REM-Schlafs verringern; wenn die Tabletten dann abgesetzt werden, kann der Patient in ein Schlafmuster mit ungewöhnlich hohem Anteil an REM-Schlaf verfallen, dessen Auswirkung unter Umständen Delirium im Wachzustand ist.

Die meisten gesunden Erwachsenen schlafen fünf bis neun Stunden pro Nacht. Natürlich können Sie lernen, mit weniger Schlaf auszukommen – also die Schlafzeit um eine oder zwei Stunden zu kürzen, ohne sich damit Schaden zuzufügen (Sie können sich auch beibringen, länger als sonst zu schlafen).

Die Menschen unterschätzen häufig, wie lange sie wirklich schlafen. Vielleicht denken sie, sie haben eine oder zwei Stunden gebraucht, um einzuschlafen, dabei lagen sie nur 15 oder 20 Minuten wach. Ähnlich verhält es sich mit dem nächtlichen Erwachen: Manchmal glaubt man, man sei viel länger wach gewesen, als tatsächlich der Fall war.

SCHLAF UND ALTER

Mit zunehmendem Alter ändert sich unser Schlafmuster. Die meisten Menschen finden es irgendwann zwischen sechzig und siebzig schwieriger, jede Nacht acht Stunden zu schlafen – aber auch, die ganze übrige Zeit des Tages wach zu bleiben. Beide Fakten hängen zusammen: Wenn wir anfangen, uns untertags kleine Nickerchen zu gönnen, zieht die Natur diese Zeit von unserem Nachtschlaf ab. Viele ältere Menschen beginnen so rund um zehn Uhr abends einzudösen; manche gehen dann ins Bett und schlafen dann fast auf der Stelle ein – wachen aber dafür früher als sonst auf. Eine Methode, dem gegenzusteuern, besteht darin, ein halbstündiges Schläfchen zu machen, wenn Sie anfangen, müde zu werden, und danach bis Mitternacht aufzubleiben; Sie werden dann wahrscheinlich bis acht oder neun Uhr morgens tief durchschlafen.

Es scheint, als ob der Grund, warum wir schlafen, nicht nur der ist, daß der Schlaf Geist und Körper Gelegenheit zum Ausruhen von den Tagesgeschäften gibt. Vielleicht brauchen wir den Schlaf auch, weil wir die Träume brauchen, und dieses Bedürfnis könnte in der Natur viel weiter verbreitet sein, als wir denken. Bei Neugeborenen macht der REM-Schlaf noch ungefähr die Hälfte des ganzen Schlafes aus; und REM-Schlaf wurde auch bei den meisten Säugetieren sowie bei Vögeln und Reptilien beobachtet.

WARUM WIR TRÄUMEN

Alle Menschen und viele Tiere träumen. Wenn man Leute, die behaupten, daß sie „nie träumen", aus REM-Schlafphasen aufweckt, so erinnern sich die meisten von ihnen an einen Traum. Übrig bleibt ein kleiner Prozentsatz, der dann immer noch behaupet, nicht geträumt zu haben. Die meisten Menschen, die sich als Nicht-Träumer bezeichnen, leiden nicht an einem Mangel an Träumen, sondern an der Unfähigkeit, sich ihrer zu erinnern (s. S. 16-19).

CARL GUSTAV JUNG

SIGMUND FREUD

Die beiden wichtigsten Traumtheorien stammen von dem österreichischen Psychiater Sigmund Freud (1856-1939) und seinem Schweizer Kollegen Gustav Jung (1875-1961), der sich nach einer Meinungsverschiedenheit von seinem Mentor trennte. Jeder, der mit seinen Träumen arbeiten will, muß vorher die Theorien dieser beiden Männer überdenken. Sie sind hier in Kurzform dargestellt, doch es gibt Bücher, die ihre Theorien ausführlicher erklären.

DIE STIMME DES UNBEWUSSTEN

Freud behauptete, Träume kämen dadurch zustande, daß wir bestimmte Wünsche in uns unterdrückten, diese Wünsche aber in der Regel unserem Wesen im Wachzustand so fremd wären, daß unsere Träume nur durch Symbole darauf Bezug nehmen könnten. Er glaubte, daß diese Wünsche, falls sie unverblümt zum Ausdruck kämen, uns Entsetzen einflößen würden – und wir sie somit nicht als unsere eigenen akzeptieren würden. Freud unterschied bei den Träumen zwischen ihrem manifesten Inhalt (was im Traum geschieht) und ihrem latenten Inhalt (was der Traum uns sagen möchte). Die meisten in unseren Träumen zum Ausdruck kommenden Wünsche, so Freud, seien sexuellen Ursprungs; er lebte in einer Zeit, in der der Ausdruck der Sexualität nur in extrem engen Grenzen gestattet war, und es lag nahe zu vermuten, daß die Unterdrückung eines so mächtigen Triebes zu psychischen Störungen führen mußte. Solche Träume, meinte Freud, erfüllten ihre Aufgabe selbst dann, wenn der Träumer sich über deren Sinn gar nicht im klaren war – denn die Gefühle, die darin dargestellt wurden, waren ja zum Ausdruck gekommen, wenn auch indirekt. Es könnte sein, daß Träume, an die wir uns gar nicht erinnern, ihre Aufgabe fast auf dieselbe Weise erfüllen wie die erinnerten. Jung jedoch meinte dazu: „Zweifellos aber können wir durch das Verstehen die Wirkung beträchtlich steigern, was oft notwendig ist, weil das Unbewußte überhört werden kann."

„Was die Natur unvollendet ließ, vollendet die Kunst!" lautet ein alchemistischer Ausspruch. Das ist nicht so absurd, wie es scheinen könnte: Die meisten von uns schaffen es im Wachzustand nicht, Argumenten bis zur logischen Schlußfolgerung zu folgen, inbesondere dann,

FUSELIS ALPTRÄUME

Henry Fuseli (1741-1825) erkundete die dunklen Schichten von Angst und Schrecken in Bildern wie diesem, die direkt aus Träumen entstanden zu sein scheinen.

EIN TRAUM VON SHAKESPEARE

Fuselis dunkle, erotische Gemälde schöpften aus der Welt des Unbewußten, lang bevor die Psychiatrie diese entdeckte. Das Bild oben stellt Zettels Traum aus Shakespeares „Sommernachtstraum“ dar.

wenn sie zu einer Katastrophe führen. Wir vergessen die ganze Sache lieber, und dies kann unter Umständen verheerende Folgen haben, besonders im Bereich unseres Gefühlslebens.

DIE FREUDSCHE TRAUMTHEORIE

Freuds Ansatz, das seltsame Wesen der Träume zu erklären, beinhaltete die Theorie, daß Träume häufig zwei oder mehr Symbole miteinander vermengen, so daß ein Mann im Traum sowohl den Vater des Träumers als auch seinen Arbeitgeber darstellen könnte bzw. eine Maschine seine Arbeit und sein Hobby.

Er glaubte auch, daß der Verstand aus zwei „Bereichen“ bestünde: dem Bewußten und dem Unbewußten (das er später in „Es“ umbenannte). Als Unbewußtes bezeichnete er „alles, was ererbt ist, schon bei der Geburt vorhanden und in der menschlichen Natur angelegt ist – vor allem also die Triebe“. Freud behauptete, in diesem Unbewußten seien die Wünsche und Sehnsüchte verhüllt, die in unseren Träumen zum Ausdruck kommen.

Jung formulierte dies anders: „... daß der Traum ein Naturereignis ist, und daß die Natur keinerlei Neigung bekundet, ihre Früchte gewissermaßen gratis und der menschlichen Erwartung entsprechend zur Verfügung zu stellen.“

Freud dachte, alle „gesunden“ Menschen würden in einem gewissen Maße unterdrückt und verwendeten eine Menge geistiger Energie darauf, diese Unterdrükkungen auszuhalten, sogar: „... ein gesunder Mensch ... ist in Wirklichkeit ein Neurotiker, doch scheinen Träume die einzigen Symptome zu sein, die hervorzubringen er imstande ist.“

Wenn wir mit unseren Träumen arbeiten, müssen wir uns mit zwei Dingen auseinandersetzen: dem Traum, wie er uns in Erinnerng geblieben ist, und dem,

FERNÖSTLICHE TRÄUME

Utamara, ein japanischer Maler des 18. Jahrhunderts, stellt auf diesem Bild eine elegante, selbstsichere Kurtisane dar, die von ihrer Hochzeit träumt. Im Widerspruch zum Traum steht die düstere Realität des eingefügten Nebenbildes – unfrisiertes Mädchen und schwarze Silhouetten der Hochzeitsgäste.

was er symbolisiert – das heißt, mit seiner Chiffrierung und deren Übersetzung. Freud ermutigte seine Patienten zur Arbeit mit ihren Träumen vor allem anhand der „freien Assoziation" – d. h. durch Betrachten der im Traum vorkommenden Symbole sowie Aussprechen oder Niederschreiben dessen, was ihnen dazu zuerst einfällt.

Der Grundgedanke dabei war, die Patienten davon abzuhalten, daß sie für das Verständnis ihres Traumes das gleiche Verfahren anwenden, das wir bei der Betrachtung von Erlebnissen im Wachen heranziehen. Wenn Sie beispielsweise einen Mann sehen, der gerade die Straße überquert, fragen Sie sich vielleicht, wohin er unterwegs ist, ob ihn das heranbrausende Auto überfahren wird oder ob die Frau, auf die er zugeht, wohl seine Ehefrau ist. Aber wenn Sie an eine solche Szene, die Sie im Traum gesehen haben, denken und Ihren ersten Gedanken dazu niederschreiben, könnten dabei Dinge herauskommen wie „hohes Alter" (der Mann), „Tod" (die verkehrsreiche Straße) und „Liebe" (die Frau). Diese Bilder sind Ihre höchstpersönlichen Traumbilder und kommen vielleicht bei keinem anderen Träumer auf der ganzen Welt vor.

JUNGS TRAUMANALYSE

Jung, zunächst ein enger Mitarbeiter von Freud, teilte mit diesem viele Ansichten. Er ließ zwar das Unbewußte – oder Es – gelten, wies jedoch auch auf das Vorhandensein von etwas anderem hin, das er als „kollektives Unbewußtes" bezeichnete – einen Bereich unseres Selbst, in dem Informationen gespeichert werden, die allen Menschen gemeinsam sind. Damit erklärte er die Tatsache, daß Menschen aus ganz unterschiedlichen Kulturkreisen und weit auseinanderliegenden Erdteilen Träume haben können, in denen spezifische Symbole auftreten und offenbar dieselbe Bedeutung haben.

Jung anerkannte unser Selbst im Wachzustand, mit seinen bewußten Haltungen und Verhaltensmustern, als „Persona" an. Er glaubte, daß diejenigen, die sich allzusehr mit dem äußeren Schein beschäftigen und damit, was wohl die anderen von ihnen halten, einen Traumtypus aufweisen, der unser verstecktes Selbst repräsentiert. Plato schrieb in „Der Staat", daß „in uns allen, sogar in guten Menschen, ein gesetzloses wildes Tier steckt, das im Schlaf zum Vorschein kommt": Jung nannte diesen Wesenszug den „Schatten".

Einer der Prozesse, die Jung und seine Schüler zur Deutung eines Traumes heranzogen, bestand darin, den Träumer zur „Expansion" des Traumes (darüber ausführlich sprechen und ihn zu verstehen versuchen) aufzufordern, ohne jedoch den Traum zu beurteilen oder ihn für töricht oder anstößig zu halten. Dies ist eine der Methoden, unsere innere Zensur zu umgehen. Der einfachste Weg besteht darin, mit jemandem eher über den Traum zu sprechen, als ihn zu Papier zu bringen, obwohl wir mit einiger Übung die schriftliche Methode anwenden können, falls wir allein sind. Außerdem mag es manchem schwerfallen, offen über seinen Traum zu sprechen.

TRÄUME SIND WICHTIG

Wenn Sie an die Deutung Ihrer Träume gehen, machen Sie bitte nicht den Fehler, jeden Traum für gleich wichtig zu halten. Viele Träume beziehen sich auf relativ unbedeutende Ereignisse oder Gedanken des vergangenen Tages und werden rasch vergessen. An andere erinnern wir uns noch viele Jahre später, und diese sind dann vermutlich wichtig. Jung schreibt dazu:

„Bedeutungsvolle Träume dagegen werden oft ein Leben lang im Gedächtnis bewahrt, und nicht selten bilden sie das Kernstück in der Schatzkammer seelischer Erlebnisse. Wie viele Menschen habe ich angetroffen, die

es bei der ersten Begegnung nicht lassen konnten zu sagen: ‚Ich habe einmal einen Traum gehabt!‘ Gelegentlich war es der erste Traum, an den sie sich überhaupt erinnern konnten und der zwischen dem dritten und fünften Lebensjahr zustande kam.“

Solche Träume, so Jung, enthielten wahrscheinlich Hinweise auf Symbole, die im kollektiven Unbewußten zu finden seien, und kämen vermutlich in den Träumen der Menschen auf der ganzen Welt vor, bei primitiven ebenso wie bei hoch zivilisierten. Das bedeutet aber nicht, daß Angehörige verschiedener Gesellschaftssysteme sich in der Art und Weise, wie sie ihre Träume deuten, nicht voneinander unterscheiden; unterschiedlichen Völkern sind sie unterschiedlich wichtig. Ein Jesuitenmissionar beklagte sich im 17. Jahrhundert darüber, daß die Indianer vom Stamm der Irokesen überhaupt keinen Unterschied zwischen Traum und Wirklichkeit machten, und wenn aus einem Traum so etwas wie eine Anweisung zu erkennen wäre, so befolgten sie sie äußerst genau: „Dieses Volk würde glauben, ein großes Verbrechen zu begehen, falls es einen einzigen Traum nicht getreulich befolgte.“

Glauben der Naturvölker

Auch manche andere Stämme verknüpfen Traum und Wirklichkeit sehr eng miteinander: Wenn in Borneo ein Mann davon träumt, daß seine Frau Ehebruch begangen hat, wird er wahrscheinlich so handeln, als ob der Fall schon eingetreten wäre; wenn hingegen im Gebiet von Kamtschatka ein Mann davon träumt, mit einer Frau zu schlafen, dann ist diese Frau ihm nach dem Volksglauben die Erfüllung des Traumes schuldig. Einem Bericht zufolge träumte ein Indio in Paraguay einmal, ein Missionar habe auf ihn geschossen, und als er erwachte, brach er auf, um den Missionar zu töten. Die Innuit-Eskimos an der Hudson-Bucht und die Patani-Malayen glauben, daß im Schlaf die Seele den Körper verläßt; wenn man einen Schlafenden aufweckt, bringt man ihn also in die Gefahr, seine Seele zu verlieren.

Zweifellos wirken sich das soziale Umfeld und seine Umstände auf manche Traummuster aus. Ein Stammesangehöriger der Yir-Yoront-Aborigines in Australien z. B. wird nur dann einen Traum über Sex mit einer Frau haben, wenn ihm der Stamm erlauben würde, diese zu heiraten. Wenn er von einer nicht zu ihm passenden Gefährtin zu träumen begänne, müßte nach seinem Glauben im Traum etwas geschehen, das sein Lustgefühl unterbräche. Andere Traumtypen sind hingegen universeller. Man hat beispielsweise herausgefunden, daß Männer und Frauen grundlegend verschiedene Träume haben: Männer träumen häufiger von anderen Männern als von Frauen, während Frauen gleich häufig von Männern wie von Frauen träumen.

Phantasie und Erfindungsgabe
Das Bild „Der verhexte Mann“ des spanischen Malers Goya (1746-1828) zeigt einen Mann inmitten von gräßlichen Gestalten, die einem Alptraum zu entstammen scheinen.

Die Deutung Ihrer Träume

Träume sind selten, was sie zu sein scheinen, und die Ereignisse in einem Traum haben vielleicht mit der „Wirklichkeit" der Welt außerhalb unseres Selbst gar nichts zu tun. Eine der Schwierigkeiten bei der Traumdeutung liegt darin, daß Sie im Traum Sie selbst, etwas anderes – ja sogar eine beliebige Menge Dinge – sein können. Das könnte zu verschiedenen Auslegungen führen.

Welche Deutung zutrifft, wird von Ihrer Situation im Wachzustand abhängen, außerdem zweifellos von den Gefühlen, die Sie im Traum hatten. Auch Ihre Stimmung ist wichtig; Sie sollten sie mit einer ähnlichen Stimmung, die Sie vor kurzem im Wachzustand erlebten, in Zusammenhang bringen. Das Ergebnis des Traumes könnte Sie bei näherer Betrachtung warnen oder ermutigen, zumindest aber dazu bringen, gründlicher über die Situation im Wachsein, auf die er sich bezieht, nachzudenken, als Sie das sonst getan hätten.

Wenn wir anfangen, über unsere Träume und über das, was sie uns sagen wollen, nachzudenken, gibt es zunächst ein Problem: Die meisten von uns können fast nie die Botschaft darin „sehen".

Dieses Kapitel hilft Ihnen bei der Erkennung und zum Verständnis der Symbole, die Ihre Träume Ihnen anbieten, und leitet Sie an, diese im Zusammenhang mit Ihrem Wachleben zu deuten.

Pieter Brueghel der Ältere (um 1525-1569),
Der Triumph des Todes

DIE ERINNERUNG AN TRÄUME

Träume sind schwer zu behalten, und manche Menschen erinnern sich nie an ihre Träume oder behaupten, nie zu träumen (s. S. 16). Die übrigen erinnern sich zumeist an ein Erwachen aus einem interessanten Traum und mußten feststellen, daß er im selben Augenblick zu verblassen begann. Je mehr sie sich bemühten, ihn zu erinnern, desto rascher verflüchtigte er sich.

WEGE ZUR TRAUMERINNERUNG

Selbst wenn wir nicht imstande sind, uns bald nach dem Aufwachen an einen Traum zu erinnern, hilft am Tag danach ein Geschehen oder Wort unserem Gedächtnis gelegentlich auf die Sprünge, und ein Teil des Traums taucht wieder auf. Vielleicht gelingt es sogar, noch mehr von dem Traum zu rekonstruieren, aber das reicht nicht aus, wenn wir ernsthaft an unseren Träumen arbeiten wollen. Für das Verständnis unserer Träume müssen wir also eine Strategie entwickeln, sie so lange „festzuhalten“, daß wir sie aufzeichnen können. Die einzig verläßliche Methode der Traumerinnerung ist nämlich, sie in Worten auf Papier oder Tonband festzuhalten.

Vielleicht fragen Sie sich, warum es eigentlich schwieriger sein sollte, sich an Trauminhalte zu erinnern als zum Beispiel an Einzelheiten eines Faches, das wir für eine Prüfung lernen müssen, oder an die Zufälle des Alltags. Eine einleuchtende Antwort auf diese Frage konnte noch niemand geben, doch es könnte etwas mit dem Grund dafür zu tun haben, warum es uns oft so schwer fällt, unsere Träume zu deuten. Es scheint, als ob unser Verstand etwas dagegen hätte, uns das volle Verständnis unserer Träume zu gewähren.

Ein Psychologe hat einmal von unseren „katastrophalen Erwartungen“ im Zusammenhang mit Träumen gesprochen – wir glauben unbewußt, daß uns unsere Träume nichts Gutes zu sagen hätten, warum also sollten wir uns anstrengen, sie zu erinnern? Auf einer eher praktischen Ebene erklärt sich dies wahrscheinlich aus dem ureigensten Wesen der Träume. Das Traumgeschehen ist in der Regel (zumindest für unser Wach-Ich) völlig irrational, daher tut sich das Gedächtnis schwer, es festzuhalten. Wahr ist auch, daß wir – falls wir uns an sämtliche Träume lebhaft erinnerten – mit fünf oder sechs langen Traumszenarien pro Nacht und deren dramatischen Szenen, die unsinnig erscheinen, belastet wären. Vielleicht ist es gut, daß wir uns nicht an all unsere Träume erinnern; und es sieht so aus, als ob wir, wenn wir gelernt haben, sie uns ins Gedächtnis zu rufen, nur die Träume erinnern, die etwas Interessantes zu sagen haben.

GEDÄCHTNISTRAINING

An der Fähigkeit, Träume zu erinnern, können Sie ebenso arbeiten wie an der Traumdeutung, und in der Regel mit Erfolg. Oft genügt es schon, mit jemandem über Ihre Träume zu reden, um Sie dazu zu bringen, daß Sie sich an die Träume der folgenden Nacht erinnern. Falls Sie feststellen, daß Sie sich selten an Träume erinnern, können Sie sich z. B. kurz vor dem Einschlafen selbst anweisen: „Heute nacht werde ich einen Traum haben, und ich werde mich beim Aufwachen daran erinnern.“ Und wenn dies eintritt, sollten Sie sagen: „Ich erinnere mich an einen meiner Träume.“ Fast sicher sind Sie dann schon auf dem besten Weg zur erfolgreichen Traumerinnerung.

SURREALISTISCHES STILLEBEN

Die Surrealisten befreiten ihre Arbeit von den normalen Assoziationen bildlicher Vorstellungen und überließen sich dem irrationalen Diktat ihrer unbewußten Visionen.

Traumsymbole

Die Auswahl des Motivs trifft der Fotograf oft unbewußt, ebenso wie ein Traumbild darauf drängt, sich unserem Wach-Ich aufzuprägen.

Der Psychologe Dr. Frederick S. Perls entwickelte eine Methode, die Träumern bei der Auslegung ihrer Träume helfen sollte und die auch Sie zur Erinnerung ihrer Träume heranziehen können: Fragen Sie einfach Ihre Träume, warum Sie sich nicht an sie erinnern können *(s. S. 33)*.

Sobald Sie erst einmal begonnen haben, Ihre Träume aufzuzeichnen und mit ihnen zu arbeiten, werden Sie auch kein Problem mehr damit haben, sie zu erinnern. Manch einer gibt es auf, an seinen Träumen zu arbeiten, weil ihn die Flut seiner Traumerinnerungen überwältigt. Doch die dafür aufgewendete Zeit ist nie verschwendet, denn Sie werden feststellen, daß Sie weniger unter Streß leiden.

Schritt für Schritt

Meist fällt es uns nicht so schwer, uns daran zu erinnern, daß wir einen Traum – oder mehrere Träume – hatten, als vielmehr an das eigentliche Traumgeschehen. Wir sollten uns damit nicht allzusehr abmühen, denn je verzweifelter wir die Bestandteile des Traums festzuhalten versuchen, desto mehr entgleitet er uns. Wenn Sie aufwachen, greifen Sie daher nicht sofort zu Papier und Bleistift. Bleiben Sie vielmehr ruhig liegen, und versuchen Sie, in der Atmosphäre des Traums eine Weile zu verharren. Denken Sie nicht an Einzelheiten, und vor allem: Strengen Sie sich nicht an, sie zu erinnern, denn dann entschwinden sie. Bleiben Sie einfach bei Ihrem Traum, bis Sie sich sicher genug fühlen, um an seine Aufzeichnung zu gehen. Dann erst zu Lampe, Notizbuch und Bleistift – oder Tonbandgerät – greifen. Notieren Sie ein paar Schlüsselwörter aus dem Traumbild oder -symbol, das Ihnen am lebhaftesten vor Augen steht. Sie werden feststellen, daß ein paar hingekritzelte Sätze ausreichen, um den Traum in den Griff zu bekommen und ein paar Stunden lang zu behalten. Sie können ihn dann später am Tag richtig aufzeichnen.

Selbst wenn Sie den Prozeß der Traumerinnerung schon eingeübt haben und sich an die meisten Einzelheiten eines Traums erinnern können, kann es passieren, daß Sie aus einem anscheinend wichtigen Traum erwachen und sich nicht an ihn erinnern können. Doch auch dann ist es häufig möglich, doch noch etwas davon zu retten. Sogar ein flüchtiges Bild oder ein einziges Wort im Notizbuch kann in Ihrem Geist zu keimen beginnen. Ein Zwischenfall im Tagesverlauf – und Bilder können sich darum herum gruppieren, bis der Traum schrittweise wiederersteht.

Traumbilder im Film

In Jean Cocteaus Film La Belle et la Bête *halten lebendige Arme eine Reihe von Leuchtern.*

DAS NOTIEREN DER TRÄUME

Auch wenn Sie sich an Ihren Traum gut erinnern oder zu erinnern glauben, Sie sollten ihn immer aufschreiben oder skizzieren. Das ist nicht nur ein gutes Training – Sie halten ja damit ein Muster fest, das noch von Nutzen sein wird –, sondern gibt Ihnen auch ein Dokument an die Hand, mit dem Sie arbeiten können und das Ihnen helfen wird, die Muster zu erkennen, die in Ihren Träumen vorkommen.

NOTIZEN ANFERTIGEN

Es gibt nichts, was die Niederschrift Ihrer Träume ersetzen kann. Sie könnten zwar auch ein Tonbandgerät verwenden oder Ihre Träume zeichnen, doch die Niederschrift in Worten ist der einzige Weg, soviel wie möglich von einem Traum zurückzuholen, um damit arbeiten zu können, ohne durcheinanderzukommen.

Als ersten Schritt, bevor Sie Ihr Tagebuch anfangen, legen Sie sich einen Notizblock oder Zettel neben das Bett, dazu eine Taschenlampe, damit Sie kein Licht anmachen müssen, wenn Sie im Dunkeln aufwachen. (Denken Sie daran, daß zuviel Bewegung den Traum zum Verschwinden bringen kann, bevor Sie auch nur eine kurze Notiz darüber zustande bringen.) Versuchen Sie nicht, den Traum vollständig aufzuschreiben; ein paar Worte sollten genügen, um den Traum in Umrissen im Gedächtnis zu behalten, so daß Sie ihn dann im Lauf des Tages niederschreiben können *(s. S. 30)*. Gestatten Sie sich nie, einen Traum für so unwichtig zu halten, daß Sie ihn gar nicht aufschreiben. Sogar der einfachste, anscheinend unbedeutende oder „sinnlose" Traum könnte sich nämlich als äußerst wichtig erweisen, wenn Sie die möglicherweise darin enthaltenen Symbole im Laufe des Tages überdenken.

NIEDERSCHRIFT DES TRAUMS

Die ausführliche Niederschrift des Traums sollte möglichst rasch auf die ersten Notizen folgen, auch wenn Sie sich, anhand Ihrer Stichwortnotizen, überraschend lebhaft an den Traum erinnern können, sobald Sie anfangen, darüber nachzudenken.

Das Traumtagebuch selbst sollte ziemlich groß sein. Eine aufgeschlagene Doppelseite sollte so viel Platz bieten, daß auf der linken Seite die Traumerzählung und auf der rechten Seite die Deutung steht *(s. S. 30)*. Sie werden nämlich für die Deutung Ihres Traums vielleicht viel Platz für hilfreiche Anmerkungen und Schautafeln brauchen. Zuerst muß das Datum auf die Seite. Es könnte im Traum irgendeine Bedeutung haben und wird sich als interessant erweisen, wenn Sie eine Traumkartei anlegen. Als nächstes sollten Sie die im Traum vorherrschende Stimmung und Ihre eigenen Gefühle notieren. Schien Ihnen der Traum „glücklich" oder „unglücklich"? Hatten Sie während des Traums das Gefühl, friedlich, erregt, freundlich, ängstlich, verliebt oder wütend zu sein? Falls Sie sich beim Erwachen anders fühlten als im Traum, sollten Sie auch dies vermerken: zum Beispiel, wenn Sie nach einem anscheinend fröhlichen Traum beim Erwachen von einer Welle traurigen Gefühls wie Wehmut oder Bedauern überflutet werden. Außerdem ist es wichtig zu notieren, ob irgendeine Farbe in Ihrem Traum eine besondere Rolle spielte.

EINE TRAUMSKIZZE
Andrzej Dudzinskis Bild zeigt, wie sich anhand einer beim Erwachen angefertigten Skizze Traumbilder festhalten lassen.

DAS LAND OZ

Im Film Der Zauberer von Oz *tauchen der Blechmann, die Vogelscheuche und die böse Hexe des Westens in Dorothys Traum als alte Bekannte auf.*

Falls Sie mehr als einen Traum derselben Nacht skizziert haben, muß die Reihenfolge dieser Träume festgehalten und auf jeder Traumnotiz vermerkt werden. Manchmal ist klar erkennbar, daß ein Traum von einem Ereignis in letzter Zeit ausgelöst wurde. Falls dies zutrifft, notieren Sie es (aber immer mit Fragezeichen). Ihr Traum wird fast nie von diesem Auslöser handeln, aber die Handlung oder das Traumbild könnten einen Hinweis für die Deutung geben. Auch wenn Sie sich an das, was Sie vor dem Einschlafen zuletzt dachten, erinnern, sollten Sie es vermerken: Manchmal weist es Ihnen einen „Weg" in den Traum hinein.

Und nun – das ist äußerst wichtig! – kommt die möglichst ausführliche Niederschrift Ihres Traums. Kümmern Sie sich nicht um einen eleganten Stil oder korrekte Grammatik; das Wichtigste ist, daß Sie alles, was Ihnen von den Ereignissen im Traum in Erinnerung geblieben ist, der Reihe nach aufschreiben.

Zu guter Letzt sollten Sie ein paar Stichworte „über den Traum" anfügen – was Ihnen gerade einfällt: ein Name, eine Situation, ein Ereignis. Manche Psychologen regen dazu an, dem Traum spontan eine Überschrift zu geben – das hilft Ihnen, sich auf das wichtigste Traumbild zu konzentrieren.

BEGINN DER TRAUMANALYSE

Sobald Sie Ihr Traumtagebuch mit der Niederschrift des Traums auf der linken Seite vor sich liegen haben, können Sie mit der eigentlichen Arbeit der Traumdeutung beginnen. Jeder entwickelt dafür seine eigene Methode, aber als Einstieg sind zweifellos Notizen darüber, welche ersten Gedanken Ihnen zum Traumgeschehen durch den Kopf gehen, hilfreich. Begehen Sie nicht den Fehler, diese zu ängstlich oder zu wohlüberlegt zu formulieren, sondern denken Sie daran, daß der Traum aus Ihrem Unbewußten kommt und dort auch der Schlüssel zu seinem Sinn zu finden ist. Wenn Sie die Situation unverkrampft sehen, könnte es sein, daß Sie in dem Augenblick, wo Ihr Bleistift das Papier berührt, ein Wort hinschreiben, das zum Sinn des Traumes führt. Dies ist jedoch selten der Fall, vor allem, wenn Sie mit der Traumarbeit erst beginnen. Weitaus häufiger tut sich nichts – weder in Ihrem Kopf noch auf dem Papier.

Wenn der Traum insgesamt mit Ihrem Leben nichts zu tun zu haben scheint, gehen Sie daran, jedes Traumbild einzeln zu betrachten, und versuchen Sie, diese Bilder einem Gefühl oder Ereignis zuzuordnen. Doch bedenken Sie, daß die Dinge oft nicht so sind, wie sie zu sein scheinen. Jeder Gegenstand in Ihrem Traum könnte Sie darstellen, also versuchen Sie sich zu erinnern, was die Gegenstände im Traum „taten". Wenn ein Telefon läutete – könnte es sein, daß Sie das Telefon mit einer Botschaft für einen anderen sind? Oder war das Telefon jemand anders, der eine Botschaft für Sie hat? Wenn das klingelnde Telefon auf einem Tisch stand und Ihnen das aus einem unverständlichen Grund wichtig erschien, könnte die Nachricht von jemand kommen oder für jemand bestimmt sein, dessen Name sich auf „Tisch" reimt?

ZUR ANWENDUNG DES BUCHES

Wie Sie weiter vorgehen, entnehmen Sie am besten den Anleitungen auf S. 40-41. Schlagen Sie die wichtigen Symbole im Thesaurus der Träume *(s. S. 184-206)* nach, und lesen Sie den Haupteintrag, auf den Sie verwiesen werden. Wenn nichts, was dort steht, einen Sinn ergibt, verfolgen Sie die Gedankengänge, die im Thesaurus der Träume als weiterführend angeboten werden. Es besteht aber durchaus die Möglichkeit, daß keiner davon Ihnen weiterhilft, denn jeder Traum ist ebenso einmalig wie der jeweilige Träumer.

DAS TRAUMTAGEBUCH

Die folgenden Auszüge sind Beispiele dafür, wie man mit einem Traumtagebuch arbeiten kann. Die Träumer wurden gebeten, die Eintragungen im Tagebuch für die Deutung ihrer Träume heranzuziehen. In beiden Fällen wurde die Deutung vollständig wiedergegeben, doch werden Sie vielleicht nur einen kurzen Abriß Ihrer Schlußfolgerungen benötigen. Vielleicht wollen Sie die Gestaltung Ihres Traumtagebuchs lieber selbst festlegen.

JENNIFERS TRAUMTAGEBUCH

Datum: 21. Januar 1995.
Stimmung: Zuerst ziemlich aufgeregt, dann allmählich etwas ruhiger.
Farben: Nur die Farben des Pfauenschwanzes wahrgenommen, sonst keine.
Möglicher Auslöser: Vielleicht eine Diskussion mit einer Kollegin über die beruflichen Aussichten?
Traumerzählung: Ich spielte Tennis ge-gen einen nicht identifizierten Champion in einer hell erleuchteten Halle. Ich bekam nie die Chance, selbst aufzuschlagen, schaffte es aber irgendwie, das Match zu gewinnen. Als ich mir meine Medaille abholen wollte, auf eine Prinzessin aus dem britischen Königshaus zuging und mich vor ihr verneigte, schlug diese mir ins Gesicht, statt mir die Medaille auszuhändigen. Auf dem Tennisplatz bewegte sich etwas, und als ich hinsah, war es ein Pfau. Die Prinzessin tauchte neben mir auf, beugte sich zum Pfau nieder, schnitt ihm all seine farbenprächtigen Schwanzfedern ab und überreichte sie mir mit den Worten: „Verbrenne sie!"

Notizen: Ein Spiel ist oft eine Anspielung auf den Lebensstil eines Menschen und seine Einstellung zu Problemen. Jeder Sport erfordert sowohl Geschicklichkeit als auch persönlichen Einsatz, und eine Medaille ist die Anerkennung für Leistung. Ein Mitglied des Königshauses ist wahrscheinlich ein Sinnbild für Autorität, das vielleicht Erinnerungen an Eltern und Unterdrückung in der Kindheit wachruft. Ein Pfau ist prächtig, manchmal schrill und könnte für Selbstbewußtsein stehen.
Deutung: Mein erster Gedanke war, daß der Traum sich vielleicht auf meine Beförderungsaussichten in der Arbeit bezog, doch dies war nicht der Fall. Das Symbol des Pfaus schien mir ein Hinweis darauf, daß dieser Traum das Bild, das ich von mir hatte oder anderen übermitteln wollte, zum Inhalt hatte. Die Zurückverfolgung dieser Idee brachte mich darauf, daß das Tennismatch für den Lebenskampf stand, in dem wir all unsere Fähigkeiten einsetzen, um uns selbst darzustellen. Die Tatsache, daß ich immer das Match gewann, ohne selbst aufschlagen zu müssen, bedeutet wohl, daß das Leben für mich ziemlich leicht ist oder daß ich nicht alle Fähigkeiten, die ich besitze, einsetze. Die Autoritätsperson im Traum schlug mir ins Gesicht: Könnte das bedeuten, daß ich von Autoritäten oder von der Gesellschaft abgelehnt werde? Dann schnitt sie die (meine?) Pfauenfedern ab (stutzte mich zurecht?) und wollte, daß sie verbrennen. Ich erinnerte mich, daß ich am Vortag eine Auseinandersetzung mit jemand, der sich beim Schlangestehen vorgedrängelt hatte, gehabt und mir anschließend gedacht hatte, daß ich zu laut (schrill) geschimpft hatte. Vielleicht wollte der Traum mir sagen, daß ich weniger hart urteilen solle. Bezüglich des Tennismatchs: Gewinne ich zu leicht? Hoffe ich, es mühelos zum Champion zu bringen, ohne mich wirklich anzustrengen?

ANMERKUNG DER AUTOREN

Jennifers Deutung scheint richtig, obwohl unklar ist, ob der Inhalt anderer Träume dies eher bestätigt oder nicht. Halten Sie fest, daß sie zuerst einen falschen Auslöser für den Traum vermutete; wo ein Traum wirklich herrührt, wird oft erst klar, wenn Sie darüber nachgedacht haben (auch wenn ein erster Gedanke vielleicht einen brauchbaren Anhaltspunkt für die Analyse ergibt). Vermutlich führte die Einsicht, daß sie jemand wegen eines kleinen Vergehens zu kräftig beschimpft hatte, zu ihrem Traum.
Die Prinzessin könnte eine Symbolfigur für ihre Mutter sein, die in ihrem Leben eine beherrschende Rolle gespielt hatte. Sie hat sich aus eigener Kraft emporgearbeitet, ihre Persönlichkeitsstruktur ist eher defensiv, und sie mißbilligt das auffällige Gehabe ihrer Tochter. Doch sie scheint recht zu haben: Der Traum deutet in erster Linie darauf hin, daß sie zu leichtes Spiel hat und nie einen richtigen „Champion" abgeben wird, wenn sie nicht einen anderen Weg einschlägt und ihre Talente eher für die Attacke statt für die Verteidigung nutzt, anstatt sie nur zur Schau zu stellen.

TERRYS TRAUMTAGEBUCH

Datum: 14. Januar 1995.
Stimmung: Durchwegs fröhlich.
Farben: Herrliche Landschaft mit hellgrünem Gras, Bäumen in dunklerem Grün und die kontrastierenden, kräftigen Farben von Hemd und Krawatte.
Möglicher Auslöser: Nicht auszumachen.

Traumerzählung: Zuerst war ich in einem Boot, auf ziemlich ruhiger See mit einer Dünung, von der mir leicht übel wurde. Doch dann kehrte ich in ein Haus zurück, das mir vertraut war, ohne daß ich es wiedererkannte. Ich befand mich im Flur, dann ging ich in einen hellen Raum mit großen Fenstern, die den Blick auf eine ländliche Gegend freigaben. Auf dem Rasen sah ich einen angepflockten, traurig dreinblickenden Ziegenbock. Ich bedeutete ihm, er solle vom Rasen verschwinden, sah jedoch, daß er angepflockt war. Ich zog meine Kleider aus und neue, saubere Unterhosen an, danach eine Hose, ein helles Hemd und eine Krawatte. Ich wollte spazierengehen, dachte aber, daß die Fenster verriegelt wären; ich fand jedoch heraus, daß ich durch sie hindurchgehen konnte – das Glas verschwand, oder es war nie dagewesen. Ich sah, wie der Ziegenbock davonrannte; er sah nun ganz vergnügt aus. Ich ging über den Rasen, öffnete ein Tor und ging hinaus in ein Kornfeld.
Anmerkungen: Meer – Wasser steht oft für Gefühle. Haus: Körper oder Persönlichkeit des Träumers. Fenster: Augen. Landschaft: Freiheit. Ziegenbock: Sexualität. Kleider: Selbstbild. Unterwäsche: Sexualität.
Deutung: Ich schwimme auf einem Meer von Gefühlen, aber es führt zu nichts, und es ist mir übel (vom Leben allgemein)? Das Boot verwandelte sich in ein Haus, von dem es heißt, daß es ein Sinnbild für den Körper oder die Persönlichkeit ist. Aber es bedeutete auch einen Übergang von Instabilität zu Stabilität. Vielleicht bin ich an irgend etwas zu gefühlsbetont herangegangen. Wenn Fenster Augen versinnbildlichen und ich durch sie eine freundliche Landschaft gesehen habe, heißt das vielleicht, daß ich von „grünen Auen geträumt habe“ – allzu optmistisch war. Oder sehne ich mich nach mehr Freiheit, als ich in letzter Zeit hatte, denn offenbar weist eine Art von Landschaftssymbol in einem Traum auf Freiheit hin.

Ein Ziegenbock kann männliche Sexualität versinnbildlichen, doch ich wollte, daß er weggeht. Ich möchte doch sicher nicht den Sex aus meinem Leben ausklammern? Der Ziegenbock sah aber aus, als ob er alles satt hätte, und war angepflockt, also frage ich mich, was das bedeutet. (An diesem Punkt, sagt Terry, habe er die richtige Bedeutung des Traumes „gesehen“.) Auslöser waren offenbar meine Gefühle für meine Freundin, deren ich überdrüssig geworden war; sie ist nicht nur auf sexuellem Gebiet völlig einfallslos, sondern auch auf jedem anderen. Mein sexueller Überdruß scheint im Traum durch den angepflockten Ziegenbock versinnbildlicht. Ich zog mich aus und neue, saubere Unterwäsche sowie helle Sachen an. Das könnte darauf hinweisen, daß ich mein derzeitiges Sexualleben gerne gegen ein neues, aktiveres eintauschen würde. Als ich schließlich das Haus verließ (und nichts hinderte mich wirklich daran), rannte der Ziegenbock unternehmungslustig davon. Das Tor ist ein weiteres Symbol dafür, daß ich meinen Horizont erweitern möchte. Im Traum ist Getreide häufig ein Fruchtbarkeitssymbol.

ANMERKUNG DER AUTOREN

Terrys Traumdeutung zeigt, daß der Sinn eines Traums bei längerem Nachdenken darüber sich öfter dann einstellt, wenn alles seinen Platz zu finden und der Sinn klar erkennbar scheint. Es kann auch vorkommen – wie anscheinend in diesem Fall –, daß ein Traum aus zwei Teilen besteht, die miteinander nicht erkennbar verknüpft sind. Der erste Traumteil muß weiter hinterfragt werden; mit der Frage, ob er sich auf Instabilität und vielleicht auf seinen „Lebensüberdruß“ bezieht, könnte Terry den Schlüssel dazu gefunden haben. Daran sollte er weiterarbeiten.

Terry scheint den Traum richtig analysiert zu haben, obwohl ihm vielleicht einige Traumaspekte entgangen sind. Er betonte, daß er frische, saubere Unterhosen anzog, und dies könnte seinen Wunsch nach „Bereinigung“ auf sexuellem Gebiet ausdrücken. Im Traum kam kein Bild für seine Freundin vor, daher liegt die Vermutung nahe, daß Sex in Terrys Vorstellung zwar nicht gerade etwas „Schmutziges“, aber doch etwas Oberflächliches und Entbehrliches ist. Der Traum wies darauf hin, daß ein Neuanfang nötig wäre und seinem Sexualleben ein bißchen Aufmöbelung guttäte.

Das Bild des Kornfelds wiederum könnte ein Hinweis darauf sein, daß Terry sich bereit fühlte, Vater zu werden.

Die Analyse der Träume

Jeder Traum ist eine Botschaft Ihres Unbewußten an Sie selbst, ausgedrückt in einer Chiffrierung, die nur Sie verstehen und übersetzen lernen können. In seinem Essay „Vom Wesen der Träume" schieb Jung: „Auch wenn man eine große Erfahrung auf diesem Gebiete besitzt, ist man doch immer wieder genötigt, vor jedem Traum sein Nichtwissen sich einzugestehen und, auf vorgefaßte Meinungen verzichtend, sich auf etwas gänzlich Unerwartetes einzustellen."

Über Freud sagte Jung: „Er hat vor allem erkannt, daß wir ohne den Träumer keine Deutung vornehmen können. Die Wörter, die einen Traumbericht zusammensetzen, haben eben nicht bloß *einen* Sinn, sondern sind vieldeutig." Beispielsweise kommen in Träumen häufig Wortspiele und Slang-Ausdrücke vor, und diese sind je nach Sprache und Bildung verschieden.

Wer ist wer?

Die Chancen stehen zwar gut, daß Sie im Traum immer Sie selbst sind, doch es ist genauso wichtig zu bedenken, daß Sie auch eine beliebige andere Person, ein Tier oder ein lebloses Ding sein können. An diesem Punkt wird daher die Gesamtdeutung eines Traums wesentlich komplexer. Um herauszufinden, wie dies funktionieren könnte, müssen Sie sich vielleicht als Stuhlbein, als Familienhund oder als einen Ihrer Verwandten vorstellen. Das Symbol der Sache, des Tieres oder der Person im Traum macht eine Aussage über Ihre Gefühle dazu. Das Stuhlbein in Ihrem Traum versucht vielleicht, die anderen Beine, die gebrochen sind, zu stützen. Sind Sie im Wachleben der einzige, der für den Unterhalt der Familie sorgt? Müssen Sie drei weitere Personen erhalten? Ihre Hauskatze könnte im Traum haaren, und wenn Sie sie bürsten, verliert sie ihr ganzes Fell. Müssen sie zu hart und zu lange arbeiten und büßen dadurch Ihr gutes Aussehen ein? Ein Verwandter könnte im Traum etwas gesagt haben, das Sie besonders verletzte; haben Sie im Wachzustand jemanden ebenso behandelt?

Es ist wichtig zu begreifen, daß Sie auf diese besondere Weise alle Symbole in Ihrem Traum einzeln rundherum abklären und sich an ihnen entlang durcharbeiten müssen, um den Traum ganz zu verstehen.

Stimmung

Manchmal können wir uns zwar an keine eigentlichen Symbole, wohl aber an eine allgemeine Stimmung erinnern. In solchen Fällen sollten Sie sich danach befragen. Fühlten Sie sich deprimiert oder glücklich? Waren Sie erschrocken und ängstlich oder energisch und begeistert? Wovon? Wenn Sie keine Antwort wissen, lassen Sie Ihre Gedanken über die Gefühle streifen. Falls dies nicht weiterführt, sollten Sie einfach diese Stimmung mit Ihrem Leben im Wachzustand in Beziehung bringen, denn sie könnte eine Aussage zu mindestens einem Problem oder Aspekt enthalten, auf das/den Sie sich zum gegenwärtigen Zeitpunkt konzentrieren müssen. Vielleicht bezog sich die Stimmung auf etwas, was kürzlich passierte – ein Einfluß mit Rückwirkung; in diesem Fall können Sie entweder Ihre Gedanken beiseite legen oder sich fragen, warum die Stimmung immer noch über Ihnen schwebt.

Spannungen locken Monster an

Dieses Bild von Goya zeigt, wie Spannungen im Wachleben im Traum Untiere (hier Raubvögel und Katzen) anlocken.

AUFFORDERNDE TRAUMBILDER
Richard Dadd wurde zu Komm auf diesen gelben Sand *weniger durch Shakespeares* Sturm *als durch eigene Träume inspiriert.*

UMGEBENDE ATMOSPHÄRE

Die Erinnerung an die physikalischen Umweltbedingungen im Traum ist in der Regel hilfreich, weil diese wahrscheinlich etwas über unsere derzeitigen Gefühle und unseren Umgang mit aktuellen Problemen aussagen. Wenn Sie Kälte, Hitze oder Nässe fühlten: Haben Sie starke und leidenschaftliche Gefühle, oder reagieren Sie gefühlsmäßig kühl? Falls etwas davon zutrifft, könnte Ihr Traum bedeuten, daß Sie Ihre Einstellung „kühlen“ sollten, oder aber daß Sie Ihre Gefühle stärker zum Ausdruck bringen sollten. Wenn Sie im Traum einen Sonnenbrand bekamen, könnte das eine Warnung sein, sich nicht zu großen Risiken auszusetzen. Färbte die Atmosphäre auch auf Ihre Stimmung im Traum ab, machte sie Sie energisch oder lethargisch? Überlegen Sie all dies, denn es könnte ein Hinweis darauf sein, wie Sie auf die Atmosphäre im Wachzustand reagieren.

FARBE

Viele Menschen sind unnötigerweise besorgt, weil sie nicht in Farbe träumen. Es scheint so zu sein, daß Menschen, die im Wachleben Farben intensiv wahrnehmen, auch farbenfroh träumen, während die mit weniger Empfänglichkeit für Farbe auch im Traum weniger Farbe sehen *(s. S. 75)*. Gleichgültig, ob Sie einfarbig oder mehrfarbig träumen: Sollte im Traum die Farbe eines Gegenstandes besonders auffällig sein, sollten Sie die Farbe nicht für sich allein als bedeutsames Symbol, sondern auch in Verbindung mit dem Gegenstand bewerten. Besondere Bedeutung hat dieses Symbol dann, wenn Sie sonst nicht farbig träumen.

TIERE

Tiere *(s. S. 42)* stellen oft unsere Urinstinkte, Triebe und Bedürfnisse dar. Im Traum nehmen sie oft die Gestalt von uns bekannten Menschen an oder tauchen als Verkörperung abstrakter Gefühle wie Eifersucht oder Angst auf. Wir können zu jedem Tier werden, das uns im Traum erscheint; wenn dies geschieht, sollten Sie überlegen, was dieses spezielle Tier für Sie verkörpert. In Ihrer Deutung könnte auch ein Wortspiel eine Rolle spielen. Wenn z. B. ein Schwein im Traum vorkommt, fragen Sie sich, ob Sie im sich im Wachzustand „schweinisch“ oder allzu gierig verhalten haben.

DIE HARPYIE
Diese Sagengestalt betörte Männer mit ihrem Gesang und tötete sie dann.

UM HILFE BITTEN

Es könnte eine gute Idee sein, Ihre Träume um weitere Hilfe zu bitten, d. h., sich selbst zu erklären. Falls das sonderbar klingt, denken Sie daran, daß Sie selbst der Ursprung Ihrer Träume sind und es daher keinen Grund gibt, warum Sie sich nicht selbst daran erinnern sollten, daß Ihre Botschaften zu vieldeutig sind.

Wenn Sie einen wichtig erscheinenden Traum nicht verstehen konnten, dann rufen Sie sich am nächsten Abend vor dem Schlafengehen diesen Traum ins Gedächtnis zurück, sagen Sie sich, daß er zu rätselhaft war, und bitten Sie um einen klareren. In der Regel schicken Sie sich dann einen Traum, der zwar vielleicht auf den ersten Blick dem vorhergehenden gar nicht ähnelt, aber doch das gleiche Thema und dieselbe Botschaft enthält oder aber einen Hinweis anbietet, der Ihnen zum Traumverständnis verhilft.

Dr. Frederick Perls, Psychotherapeut und Vater der Gestalt-Theorie, entwickelte eine weitere Methode, wie man einen Traum nach seinem Sinn fragen kann. Nehmen Sie zwei Stühle, und stellen Sie sie einander gegenüber auf. Setzen Sie sich auf den einen, und stellen Sie sich vor, Ihr Traum säße auf dem anderen. Fragen Sie den Traum, warum Sie ihn nicht verstehen. Dann setzen Sie sich auf den anderen Stuhl und beantworten Sie – als Traum – Ihre eigene Frage. Setzen Sie sich nach Frage und Antwort jeweils auf den anderen Stuhl.

Der Vorgang kann eine Weile dauern, doch irgendwann werden Sie (als Traum) einen Satz aussprechen, bei dem Ihnen ein Licht aufgeht. Dann müßte Ihnen die Zielsetzung des Traumes klar sein.

PROBLEME DER TRAUMDEUTUNG

Ihre Träume deuten zu lernen ist so ähnlich wie ein kompliziertes Kreuzworträtsel. Manche Menschen haben die Fähigkeit, die Art des Problems rasch und leicht zu begreifen, andere wiederum glauben, sie schaffen es nie. Es ist wichtig, die Traumdeutung in entspannter Gemütsverfassung anzugehen, denn jede Anspannung verschlimmert die Probleme, die Sie vielleicht damit haben.

ENTSPANNEN SIE SICH

Wenn Sie sich leicht Sorgen machen und merken, daß Sie bei dem Versuch, mit einem Ihrer Träume zu arbeiten und ihn zu analysieren, rasch verzweifeln, könnte es eine gute Idee sein, eine Ihrer beliebtesten Entspannungstechniken anzuwenden. Für die Traumarbeit suchen Sie sich am besten eine stille Ecke zu Hause, fernab vom Getriebe Ihres Wachlebens. Wenn Sie nachts aus einem hochinteressanten Traum erwachen, machen Sie sich eine kurze Notiz davon; versuchen Sie nicht gleich herauszufinden, „was er bedeutet".

ERGEBEN SIE SICH

Es ist wichtig, daß Sie sich Ihren Träumen ergeben, also sich nicht gegen das sträuben, was sie Ihnen sagen wollen. Ein besorgniserregender Traum wird sich bloß in anderer, drängenderer Form wiederholen, und wenn Sie sich gegen seine Botschaft sträuben, verleugnen Sie Ihre innere Natur.

Träume beschreiben Ihr innerstes Selbst. Dieses verleugnet Ihr bewußtes Ich allzu oft (vielleicht aufgrund Ihrer Erziehung, Bildung oder Ihres sozialen Umfelds). Jung sagte, ein Traum „zeigt innere Wahrheit und Wirklichkeit ..., wie sie wirklich ist: nicht wie ich vermute, daß sie ist, und nicht wie er (der Träumer) sie gerne hätte, sondern wie sie ist".

Weichen Sie also nicht vor dem zurück, was als Sinn des Traums zutage tritt, wenn er Ihrer Natur gegen den Strich geht. Folgen Sie dem Gedankengang bis zum Ende, und erst wenn Sie ganz sicher sind, daß Sie den Sinn des Traums genau begriffen haben, wenden Sie sich seiner Botschaft zu – sie braucht mit dem Sinn nicht identisch zu sein. Beispielsweise könnte ein Traum Sie als Massenmörder zeigen: Das heißt nicht, daß Sie je eine große Zahl von Menschen umgebracht hätten oder umbringen könnten; wohl aber könnte es bedeuten, daß Sie an einem unerwünschten Charakterzug oder einer Eigenschaft leiden, die es auszumerzen gilt.

Wenn Sie mit der Traumdeutung anfangen, finden Sie vielleicht, daß es Ihnen zunächst leichterfällt als befürchtet, dann aber rasch harte Arbeit daraus wird. Ihre Träume werden anscheinend immer „schwieriger", das heißt, sie verbergen ihren Sinn immer besser. Das ist ein recht häufig auftretendes Problem und hat vermutlich denselben Grund wie die Tatsache, daß Träume zunächst ihre Bedeutung verhüllen: Weil sie wissen, daß Sie ihnen auf der Spur sind, strengen sie sich besonders an, Sie in die Irre zu führen. Das ist aber ein Zeichen, daß Sie erfolgreich sind. Bei einem „schwierigen" Traum ist es wahrscheinlicher, daß er wichtig ist, als bei einem, der Ihnen auf den ersten Blick klar ist.

IHR INNENLEBEN

Ein Traum kann für Sie nicht nur schwer verständlich sein, weil er keinen Bezug auf Ihr Leben aufzuweisen scheint, sondern weil er Ihr Innenleben beschreibt – und dieses ist Ihnen im Wachzustand kaum bewußt.

Ein Traum ist unter Umständen nicht nur einfach die Folge von Schuld oder Liebe, Ehrgeiz oder Versagen, Problemen oder Freuden im Wachleben. Träume erzählen von Ihren wildesten Phantasien, Ihren fernsten tierischen Instinkten, Ihnen selbst nicht bewußten Überzeugungen und von Ängsten, die Sie nicht einmal sich selbst eingestehen würden. Träume könnten aber auch Bereiche Ihres Ichs ansprechen, von denen Sie gar nichts wissen. Unser Selbst ist vergleichbar mit einem Eisberg: Auf jeden Wunsch oder jede Angst, deren wir uns bewußt sind, kommen zehnmal so viele, die tief unter der Oberfläche, in unserem Unbewußten verborgen sind – und unsere Träume könnten auf jede/n davon Bezug nehmen. Das ist ein zusätzlicher Grund dafür, warum man den klar erkennbaren „Sinn" eines Traumes nie zurückweisen sollte.

WIE LAUTET DIE ANTWORT?

Es gibt die berühmte Geschichte von der amerikanischen Schriftstellerin Gertrude Stein, die sich sterbend ihrer Freundin, Alice B. Toklas, zuwandte und fragte: „Wie lautet die Antwort?" Sie erhielt keine Antwort. Da lächelte sie und sagte: „Nun, wie lautet die Frage?"

Wir könnten uns in bezug auf Träume dieselbe Frage stellen, weil die Beschäftigung mit ihnen leicht mutlos macht. Wenn wir nicht in der Lage sind, in der Traumarbeit Fortschritte zu machen, fragen wir uns vielleicht deprimiert, ob Träume all die dafür aufgewendete Zeit wirklich wert sind.

PHANTOME UND PHANTASIEGEBILDE
Odilon Redon (1840-1916) malte häufig Phantasiegebilde aus Träumen, Visionen und Alpträumen (hier: Der Traum*).*

PROBLEMATISCHE TRÄUME

Träume können aus vielen Gründen störend wirken. Manche verfolgen uns jahrelang, beunruhigen uns durch ihre Hartnäckigkeit und dadurch, daß wir sie nicht verstehen können. Wie gehen wir mit Alpträumen um, und wie kommt es dazu? Was sollen wir mit Träumen machen, in denen wir wissen, daß wir träumen? Oder mit Träumen, die uns vor nahenden Katastrophen warnen?

WIEDERHOLUNGSTRÄUME

Es gilt als sicher, daß ein sich manchmal jahrelang, oft von der Kindheit bis ins mittlere oder hohe Alter regelmäßig wiederholender Traum Wichtiges darüber sagen möchte, wie wir unser Leben im Wachzustand führen; es ist daher sicher den Versuch wert herauszufinden, wie seine Botschaft lautet.

Und das geht so: Man führt sorgfältig und detailliert Buch über diesen Traum *(s. S. 28-31)*. Vielleicht glauben wir, der Traum sei jedesmal derselbe, doch dies ist tatsächlich selten der Fall. Häufig gibt es Unterschiede – auch wenn es manchmal nur winzige sind –, und in der Regel enthält die Art dieser Veränderungen einen Hinweis auf die Bedeutung des Traums. Ein solcher Traum ist in der Regel auf eine emotionale Schwäche in unserem Wesen zurückzuführen, die über Jahre hinweg bewirkt, daß wir auf irgendeine Weise verletzt werden oder uns selbst verletzen. Dann kehrt der Traum häufig wieder, und selbst wenn er in wesentlichen Elementen derselbe bleibt, kann er in unserem Wachleben auf verschiedene Konstellationen von Umständen zutreffen, die uns dazu bringen, dieselbe Schwäche zu zeigen.

Erst wenn wir anfangen, den Bereich in uns zu stärken, den der Traum kritisiert, wird er beginnen, sich von Grund auf zu verändern, und schließlich (wenn wir das auslösende Problem lösen) verschwinden.

LUZIDE TRÄUME

Luzide Träume – in denen wir nicht nur wissen, daß wir träumen, sondern auch unsere Träume beeinflussen können – kommen nur bei wenigen Menschen vor. Es gibt Techniken, mit denen Sie sich die Kontrolle über Ihre Träume beibringen können, doch die Meinungen darüber, ob es klug ist, dies zu tun, gehen sehr weit auseinander. Luzide Träume können sehr unterhaltsam sein, wenn Sie darin z. B. fliegen, vom Rand eines Abgrunds abspringen oder von Land zu Land reisen.

Es gibt jedoch auch die These, daß luzide Träume der wichtigsten Aufgabe des Träumens – nämlich uns etwas beizubringen und uns zu helfen, mit uns selbst zurechtzukommen – entgegenwirken. Wenn wir uns in unsere Träume einmischen, berauben wir sie ihrer Eigenständigkeit, das heißt, wir unterdrücken jenen Teil unseres Unbewußten, der versucht, uns Wichtiges über uns selbst zu enthüllen.

Manche Traumkliniken fördern das luzide Träumen als Hilfsmittel für die Auseinandersetzung mit Alpträumen. Wenn Sie lernen, Ihre Träume zu beeinflussen, können Sie mit all Ihren Fähigkeiten in den Traum hineingehen und Ihre Schreckgespenster bändigen – dann sind Sie von dem Alptraum „kuriert". Das bedeutet jedoch, den Grund zu ignorieren, warum Sie überhaupt einen Alptraum hatten. Der Druck, der ihn hervorrief, wird – wenn ihm der Ausdruck in Ihren Träumen verwehrt wird – dafür an anderer Stelle in Ihrem Wachleben wieder auftauchen – und dann vielleicht Schlimmeres anrichten.

VISIONEN AUS DER LITERATUR
Der englische Illustrator Arthur Rackham (1867-1918) ließ sich von Traumphantasien und Gedichten wie Miltons Comus *inspirieren.*

ALPTRAUM-WELTEN
Gustav Klimt (1862-1918) malte schöne Figuren einer dunklen Welt; die Gesichter dieser Nixen *sitzen auf Seeschlangenkörpern.*

Manche Menschen argumentieren, daß luzide Träume ein Hilfsmittel für die Erlangung eines höheren Bewußtseins sein können, in denen unser Ich Potentiale mobilisieren kann, deren Entdeckung wir im wachen Zustand versäumt haben. Auf diesem Gebiet finden interessante Forschungen statt, und in Anbetracht der bemerkenswerten latenten schöpferischen Kräfte, die in Träumen offenbar werden, ist klar, daß diese eine Menge zur Entwicklung unseres geistigen Lebens beitragen könnten. Ob diese Art von Entwicklung am besten durch luzides Träumen bewerkstelligt werden kann, ist jedoch die Frage.

PROPHETISCHE TRÄUME

Falls Sie kein ernsthaftes Interesse an der Vorstellung haben, daß die Vorhersage künftiger Ereignisse wirklich möglich ist, ist es sowohl unklug als auch unnütz, sich von dem Gedanken an prophetische Träume *(s. S. 62)* beunruhigen zu lassen. In den meisten Fällen sind prophetische Träume zu vage und unpräzis, um hilfreich oder beängstigend zu sein.

ALPTRÄUME

Das Thema Alpträume wird auf den Seiten 154/155 ausführlich behandelt. Man kann sie loswerden – manchmal einfach dadurch, daß man sie versteht und die Spannung, die sie auslöst, beseitigt, und manchmal verschwinden sie mit der Zeit. Wiederkehrende Alpträume *(s. gegenüberliegende Seite)* weisen in der Regel auf ein besonders schwerwiegendes Problem in Ihrem Wachleben hin, mit dem Sie fertig werden müssen.

Es gibt Gruppen auf der ganzen Welt, in denen sich Menschen treffen, um über ihre Problemträume, und vor allem Alpträume, zu diskutieren. Manchmal sind diese Gruppen nicht ganz leicht zu finden, aber oft haben die Gesundheitsbehörden ihre Adresse.

SEXUELLE TRÄUME

Manche Personen (besonders die, die durch Verdrängung oder Hemmungen ihre eigene Sexualität nicht positiv erleben) sind beunruhigt, wenn sie aus sexuellen Träumen erwachen, in denen sie Dinge mitmachten – oder sogar genossen –, die ihr Wach-Ich mit Entsetzen oder Scham erfüllen würden.

Sexuelle Träume können aus einer Vielzahl von Gründen auftreten. Manchmal sind sie schlicht die Folge mangelnder sexueller Betätigung. Jungen und Mädchen in und nach der Pubertät haben häufig sexuelle Träume, die in einem Orgasmus gipfeln. Alle für die Sexualerziehung Verantwortlichen – wie z. B. Eltern und Lehrer –, sollten ihnen erklären, daß dies normal ist, zum Erwachsenwerden gehört, und daß man sich deshalb nicht zu schämen braucht.

Erwachsene, die ihre sexuellen Träume als besorgniserregend empfinden, sollten daran denken, daß sie nicht im Mittelalter leben; damals dachte man, daß solche Träume vom Teufel gesandt würden. Wie entsetzlich auch unsere Traumhandlungen (sexueller oder sonstiger Art) sein mögen, sie haben ihren Ursprung in uns selbst. Falls quälende Träume wiederkehren und Sie ernsthaft beunruhigen, sollten Sie den Rat eines geschulten Psychiaters einholen.

TRAUMTHEMEN

Man kann es gar nicht oft genug sagen: Träume sind etwas ganz Persönliches, und es ist unmöglich, sie anhand irgendeines Traums, den jemand anders einmal gehabt hat, zu deuten. Wenn Jung mit seinen Patienten über ihre Träume sprach, begann er gewöhnlich mit Fragen wie: „Was halten Sie davon? Wenn Sie an diesen Traum denken, was fällt Ihnen dazu ein?" Nach seiner Theorie kann jeder von uns seine eigenen Träume verstehen; und tatsächlich kommen wir oft im Gespräch von selbst auf die richtige Deutung, ohne daß uns jemand hilft. Trotzdem ist ein wenig Hilfe nützlich, und es gibt bestimmte Themen, die in den Träumen der meisten Menschen auftauchen und häufig in etwa dieselbe Richtung führen. Dieses Kapitel enthält eine Auswahl dieser Themen. Vielleicht fällt es Ihnen schwer, das Hauptthema eines Traums auszumachen, denn es tritt nicht unbedingt in den Vordergrund. Bleiben Sie bei Ihrem Traum, und überlegen Sie genau, welche Gefühle er bei Ihnen wachruft. Das „Gefühl", das Ihr Traum auslöst, wird Ihnen eher als die Erinnerung an ein Detail der Handlung einen Hinweis auf den Kern der Botschaft, die Ihr Unbewußtes Ihnen übermitteln will, geben.

WILLIAM BLAKE (1757-1827)
Nebukadnezar

DIE WELT DER NATUR
PHANTASIE- & FABELWESEN
KUNST & WISSENSCHAFT
MENSCHLICHER KÖRPER
GEBÄUDE & INNENRÄUME
ALLTÄGLICHE DINGE
GEFÜHLSLEBEN
TÄTIGKEITEN
BEFINDLICHKEITEN
RITUALE & RELIGION
THESAURUS DER TRÄUME

WIE SIE SICH ZURECHTFINDEN

Ihre Träume sind Ihr privatester Lebensbereich. Niemand kann Ihnen mit absoluter Sicherheit sagen, was Ihre Träume bedeuten, daher lernen Sie am besten selbst, sie zu verstehen. Das ist keine leichte Aufgabe und geht nicht ohne Arbeit ab. Wenn Sie über Ihren Traum nachdenken, möchten Sie sich vielleicht gleich dem dazupassenden Traumthema zuwenden (Sie finden es im Thesaurus der Träume in Großbuchstaben). Was dort über das Traumsymbol, das sich Ihnen gezeigt hat, steht, bringt vielleicht in Ihnen eine Saite zum Klingen. Ist dies nicht der Fall, halten Sie sich an die Anleitungen dieser Doppelseite und der S. 184. Denken Sie bitte auch daran, daß Ihre Träume nur für Sie bestimmt sind; derselbe Traum kann für zwei verschiedene Träumer eine jeweils ganz unterschiedliche Bedeutung haben.

THESAURUS DER TRÄUME

Jedes Traumbild hat einen Bezug zu einem oder mehreren Traumthemen (S. 42-183). Diese Traumthemen stehen in Großbuchstaben unter jedem Eintrag im Thesaurus der Träume, gefolgt von der Seitenzahl. Wörter in Kursivschrift unter den Traumthemen sind weiterführende Hinweise, falls das vorgeschlagene Traumthema oder die -themen auf Ihren besonderen Traum nicht zuzutreffen scheinen. Unterstrichene Einträge sind Hauptthemen.

DAS HAUPTSYMBOL

Das wichtigste Bild Ihres Traums schlagen Sie im Thesaurus der Träume nach.

SONSTIGE HINWEISE

Wenn keines der angegebenen Themen weiterhilft, gehen Sie zurück zum Thesaurus der Träume und sehen sich die Suchwörter in Kursivschrift an.

FEHLENDE EINTRÄGE

Nicht jeder Eintrag im Thesaurus der Träume kommt mit genau diesem Wort auf der angegebenen Seite bei den Traumthemen vor, obwohl Ihr Traumbild sich auf das Thema oder die Themen dort bezieht.

DOPPELSEITE IM THESAURUS DER TRÄUME

DER THESAURUS DER TRÄUME

DER THESAURUS DER TRÄUME

A

184

ÄHNLICHE TRAUMBILDER

Wenn das zentrale Sinnbild in Ihrem Traum nicht im Thesaurus der Träume zu finden ist, schlagen Sie den nächstliegenden Begriff nach. Wenn Sie z. B. im Traum Tango getanzt haben, sehen Sie unter „Tanz" nach.

QUERVERWEISE

Lesen Sie nach, was bei dem jeweils angegebenen Thema steht.

Doppelseite im Kapitel Traumthemen

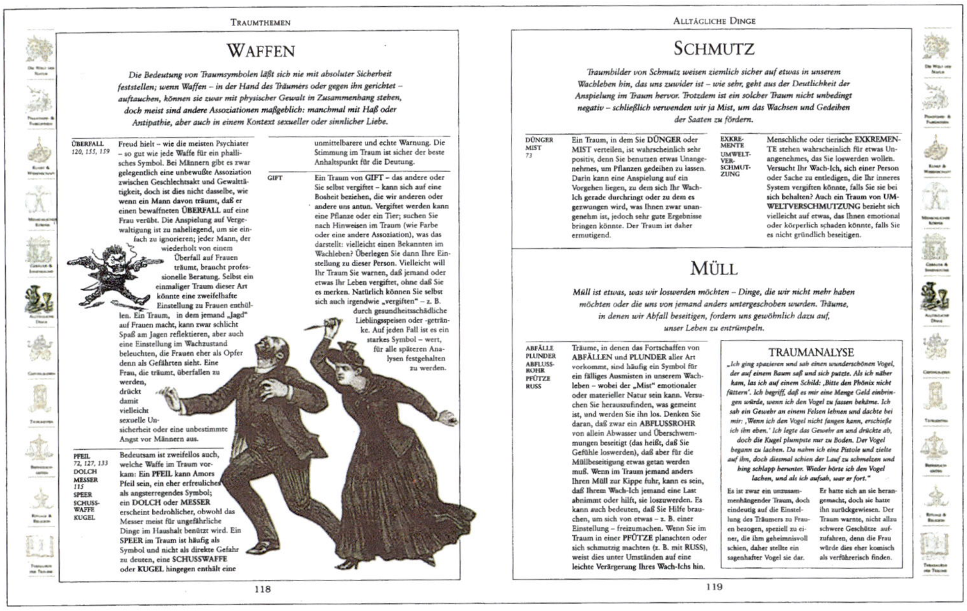

Traumthemen

Waffen

Die Bedeutung von Traumsymbolen läßt sich nie mit absoluter Sicherheit feststellen; wenn Waffen – in der Hand des Träumers oder gegen ihn gerichtet – auftauchen, können sie zwar mit physischer Gewalt in Zusammenhang stehen, doch meist sind andere Assoziationen maßgeblich: manchmal mit Haß oder Antipathie, aber auch in einem Kontext sexueller oder sinnlicher Liebe.

ÜBERFALL *120, 155, 159*

Freud hielt – wie die meisten Psychiater – so gut wie jede Waffe für ein phallisches Symbol. Bei Männern gibt es zwar gelegentlich eine unbewußte Assoziation zwischen Geschlechtsakt und Gewalttätigkeit, doch ist dies nicht dasselbe, wie wenn ein Mann davon träumt, daß er einen bewaffneten **ÜBERFALL** auf eine Frau verübt. Die Anspielung auf Vergewaltigung ist zu naheliegend, um sie einfach zu ignorieren; jeder Mann, der wiederholt von einem Überfall auf Frauen träumt, braucht professionelle Beratung. Selbst ein einmaliger Traum dieser Art könnte eine zweifelhafte Einstellung zu Frauen enthüllen. Ein Traum, in dem jemand „Jagd" auf Frauen macht, kann zwar schlicht Spaß am Jagen reflektieren, aber auch eine Einstellung im Wachzustand beleuchten, die Frauen eher als Opfer denn als Gefährten sieht. Eine Frau, die träumt, überfallen zu werden, drückt damit vielleicht sexuelle Unsicherheit oder eine unbestimmte Angst vor Männern aus.

PFEIL *72, 127, 133*
DOLCH
MESSER *115*
SPEER
SCHUSSWAFFE
KUGEL

Bedeutsam ist zweifellos auch, welche Waffe im Traum vorkam: Ein **PFEIL** kann Amors Pfeil sein, ein eher erfreuliches als angsterregendes Symbol; ein **DOLCH** oder **MESSER** erscheint bedrohlicher, obwohl das Messer meist für ungefährliche Dinge im Haushalt benützt wird. Ein **SPEER** im Traum ist häufig als Symbol und nicht als direkte Gefahr zu deuten, eine **SCHUSSWAFFE** oder **KUGEL** hingegen enthält eine unmittelbarere und echte Warnung. Die Stimmung im Traum ist sicher der beste Anhaltspunkt für die Deutung.

GIFT

Ein Traum von **GIFT** – das andere oder Sie selbst vergiftet – kann sich auf eine Bosheit beziehen, die wir anderen oder andere uns antun. Vergiftet werden kann eine Pflanze oder ein Tier; suchen Sie nach Hinweisen im Traum (wie Farbe oder eine andere Assoziation), was das darstellt: vielleicht einen Bekannten im Wachleben? Überlegen Sie dann Ihre Einstellung zu dieser Person. Vielleicht will Ihr Traum Sie warnen, daß jemand oder etwas Ihr Leben vergiftet, ohne daß Sie es merken. Natürlich können Sie selbst sich auch irgendwie „vergiften" – z. B. durch gesundheitsschädliche Lieblingsspeisen oder -getränke. Auf jeden Fall ist es ein starkes Symbol – wert, für alle späteren Analysen festgehalten zu werden.

118

Alltägliche Dinge

Schmutz

Traumbilder von Schmutz weisen ziemlich sicher auf etwas in unserem Wachleben hin, das uns zuwider ist – wie sehr, geht aus der Deutlichkeit der Anspielung im Traum hervor. Trotzdem ist ein solcher Traum nicht unbedingt negativ – schließlich verwenden wir ja Mist, um das Wachsen und Gedeihen der Saaten zu fördern.

DÜNGER
MIST *73*

Ein Traum, in dem Sie **DÜNGER** oder **MIST** verteilen, ist wahrscheinlich sehr positiv, denn Sie benutzen etwas Unangenehmes, um Pflanzen gedeihen zu lassen. Darin kann eine Anspielung auf ein Vorgehen liegen, zu dem sich Ihr Wach-Ich gerade durchringt oder zu dem es gezwungen wird, was Ihnen zwar unangenehm ist, jedoch sehr gute Ergebnisse bringen könnte. Der Traum ist daher ermutigend.

EXKREMENTE
UMWELTVERSCHMUTZUNG

Menschliche oder tierische **EXKREMENTE** stehen wahrscheinlich für etwas Unangenehmes, das Sie loswerden wollen. Versucht Ihr Wach-Ich, sich einer Person oder Sache zu entledigen, die Ihr inneres System vergiften könnte, falls Sie sie bei sich behalten? Auch ein Traum von **UMWELTVERSCHMUTZUNG** bezieht sich vielleicht auf etwas, das Ihnen emotional oder körperlich schaden könnte, falls Sie es nicht gründlich beseitigen.

Müll

Müll ist etwas, was wir loswerden möchten – Dinge, die wir nicht mehr haben möchten oder die uns von jemand anders untergeschoben wurden. Träume, in denen wir Abfall beseitigen, fordern uns gewöhnlich dazu auf, unser Leben zu entrümpeln.

ABFÄLLE
PLUNDER
ABFLUSSROHR
PFÜTZE
RUSS

Träume, in denen das Fortschaffen von **ABFÄLLEN** und **PLUNDER** aller Art vorkommt, sind häufig ein Symbol für ein fälliges Ausmisten in unserem Wachleben – wobei der „Mist" emotionaler oder materieller Natur sein kann. Versuchen Sie herauszufinden, was gemeint ist, und werden Sie ihn los. Denken Sie daran, daß zwar ein **ABFLUSSROHR** von allein Abwasser und Überschwemmungen beseitigt (das heißt, daß Sie Gefühle loswerden), daß aber für die Müllbeseitigung etwas getan werden muß. Wenn im Traum jemand anders Ihren Müll zur Kippe fuhr, kann es sein, daß Ihrem Wach-Ich jemand eine Last abnimmt oder hilft, sie loszuwerden. Es kann auch bedeuten, daß Sie Hilfe brauchen, um sich von etwas – z. B. einer Einstellung – freizumachen. Wenn Sie im Traum in einer **PFÜTZE** planschten oder sich schmutzig machten (z. B. mit **RUSS**), weist dies unter Umständen auf eine leichte Verärgerung Ihres Wach-Ichs hin.

Traumanalyse

„Ich ging spazieren und sah einen wunderschönen Vogel, der auf einem Baum saß und sich putzte. Als ich näher kam, las ich auf einem Schild: ‚Bitte den Phönix nicht füttern'. Ich begriff, daß es mir eine Menge Geld einbringen würde, wenn ich den Vogel zu fassen bekäme. Ich sah ein Gewehr an einem Felsen lehnen und dachte bei mir: ‚Wenn ich den Vogel nicht fangen kann, erschieße ich ihn eben.' Ich legte das Gewehr an und drückte ab, doch die Kugel plumpste nur zu Boden. Der Vogel begann zu lachen. Da nahm ich eine Pistole und zielte auf ihn, doch diesmal schien der Lauf zu schmelzen und hing schlapp herunter. Wieder hörte ich den Vogel lachen, und als ich aufsah, war er fort."

Es ist zwar ein unzusammenhängender Traum, doch eindeutig auf die Einstellung des Träumers zu Frauen bezogen, speziell zu einer, die ihm geheimnisvoll schien, daher stellte ein sagenhafter Vogel sie dar. Er hatte sich an sie herangemacht, doch sie hatte ihn zurückgewiesen. Der Traum warnte, nicht allzu schwere Geschütze aufzufahren, denn die Frau würde dies eher komisch als verführerisch finden.

119

Der Thesaurus der Träume

185

TRAUMTHEMEN

Jedes der Wörter, die im Fließtext in Großbuchstaben stehen, ist ein Traumbild und hat einen eigenen Eintrag im Thesaurus der Träume. Die Wörter in Großbuchstaben sind links neben dem Fließtext im Kapitel Traumthemen extra angeführt, um das Nachschlagen zu erleichtern; Ziffern darunter verweisen auf andere Seiten mit Traumthemen, in denen diese Traumbilder vorkommen.

TRÄUME ANALYSIEREN

Suchen Sie die Traumdeutung nicht nur im Abschnitt Traumthemen, sondern befolgen Sie auch die Ratschläge des zweiten Kapitels.

Die Welt der Natur
Phantasie- & Fabelwesen
Kunst & Wissenschaft
Menschlicher Körper
Gebäude & Innenräume
Alltägliche Dinge
Gefühlsleben
Tätigkeiten
Befindlichkeiten
Rituale & Religion
Thesaurus der Träume

DIE WELT DER NATUR
PHANTASIE- & FABELWESEN
KUNST & WISSENSCHAFT
MENSCHLICHER KÖRPER
GEBÄUDE & INNENRÄUME
ALLTÄGLICHE DINGE
GEFÜHLSLEBEN
TÄTIGKEITEN
BEFINDLICHKEITEN
RITUALE & RELIGION
THEASAURUS DER TRÄUME

SÄUGETIERE UND REPTILIEN

Die meisten Menschen träumen eher von Haustieren als von wilden Tieren. Träume von Haustieren kreisen meist um unsere eigenen Eigenschaften, die sich in Katzen, Hunden, Wellensittichen und sogar Fischen widerspiegeln. Freud war der Ansicht, daß Träume von wilden Tieren unsere sinnlichsten Begierden darstellen, manchmal auch die „bösen Instinkte", die tief in unserem Unbewußten schlummern.

PFERD *144, 170*
HUND *43*
KATZE *43*

Laut Statistik sind die Tiere, die am häufigsten in Träumen vorkommen, **PFERDE, HUNDE** und **KATZEN**; Frauen träumen anscheinend häufiger von Pferden als Männer. Nach Artemidor von Daldis (ca. 2. Jahrhundert n. Chr.) träumen Frauen häufig von Pferden. Manche Psychologen meinen, daß das Pferd für männliche Sexualität steht.

HUND *43*
KATZE *43*
RATTE
MAULTIER
ELEFANT
LÖWE

Träume von Tieren sind recht schwierig zu deuten, weil so viele verschiedene Assoziationen damit verknüpft sein können. Fast sicher bezieht sich Ihr Tiertraum auf die Gefühle, die Sie dem Tier entgegenbrachten oder -bringen. Hat es Sie je geängstigt oder angegriffen, mögen Sie es gern? Außerdem gibt es die altbekannten Assoziationen: **HUNDE** gelten als treu, **KATZEN** als gescheit oder weise, **RATTEN** als feige und hinterhältig, **MAULTIERE** als störrisch, **LÖWEN** als tapfer, und **ELEFANTEN** sind berühmt für ihr gutes Gedächtnis. Auch mythische Bezüge zu manchen Tieren sind vorhanden.

HAUSTIER *131*

Sie könnten von einem Löwen im Käfig träumen; von dem feigen Löwen des Films *Der Zauberer von Oz*; vom nemäischen Löwen der Herkulessage; von einem Löwen als Wappentier oder vom Löwen des Sternzeichens *(s. S. 69)*. Dies wäre vielleicht ein Hinweis auf Einschränkung, Feigheit, die Überwindung von Schwierigkeiten, auf Stolz und Ansehen oder eine Eigenschaft des Sternzeichens Löwe. Betrachten Sie den Kontext Ihres Traums, welche Gefühle Sie im Wachzustand für das Tier hegen, und alle Einzelheiten seines Verhaltens und Aussehens, die Ihnen erinnerlich sind. Das Tier (vor allem, wenn es ein **HAUSTIER** ist) könnte eine Seite Ihrer Persönlichkeit oder Ihres Charakters darstellen, von der Sie instinktiv spüren, daß Sie sie in einer bestimmten Situation einsetzen sollten. Wenn Sie im Traum ein Tier jagten, um es zu töten, könnte dies eine Charaktereigenschaft darstellen, von der Sie spüren, daß Sie sie loswerden sollten. Wenn im Traum ein Tier Sie verfolgt, könnte das bedeuten, daß Ihr Wach-Ich auf der Flucht ist vor einem Bereich Ihrer Persönlichkeit, der hartnäkkig nach Ausdruck verlangt.

AFFE
SCHIMPANSE
PAVIAN
ESEL
BÄR

Die nachstehenden Hinweise sind nur als mögliche Ausgangspunkte für das Traumverständnis zu betrachten. Der **AFFE** ist intelligent, neigt aber zu Streichen (wie der **SCHIMPANSE** und der **PAVIAN**); er äfft alles nach, daher könnte Ihr Traum etwas mit Nachahmen zu tun haben. Wer will Ihnen einen Streich spielen, eins auswischen oder Sie austricksen? Oder sind Sie das selbst? Der **ESEL** gilt als sanftmütiges, doch kräftig gebautes und auch dummes Geschöpf; könnte das eine Anspielung auf Ihre Einstellung zur Arbeit sein? Der **BÄR** ist

TEDDYBÄR
BÜFFEL
BIBER
AMEISE
44
STIER
KAMEL
KATZE
42
KUH
HERDE
ZIEGENBOCK
WIDDER
SCHAKAL
MAULWURF

in der Regel ein Sinnbild für Stärke und Gefahr, wird aber auch als liebenswerter **TEDDYBÄR** gesehen. Der **BÜFFEL** verkörpert Kraft und Entschlossenheit; waren Sie im Traum ein Büffel in einer Herde? Der **BIBER** und die **AMEISE** stehen für harte Arbeit und Ausdauer, während der **STIER** Männlichkeit, Unbesonnenheit, brutale Gewalt und Zorn darstellt. Ein zügelloser Stier, der ein Chaos anrichtet, könnte bedeuten, daß Sie Ihre sexuelle Leistungsfähigkeit überschätzen. Das **KAMEL** ist ein folgsames und genügsames Tier. Die **KATZE** assoziiert man mit Hexerei, Boshaftigkeit und Selbstverteidigung. In fast jeder Religion steht die **KUH** für mütterlichen Instinkt. Sagt dies etwas über die Haltung Ihres Wach-Ichs zur Mutterschaft? Falls Sie eine von vielen Kühen in einer **HERDE** waren, hüten Sie sich davor, zu viel auf die Meinung anderer zu geben. **ZIEGENBOCK** und **WIDDER** stehen für ungezügelte Sexualität. Der **SCHAKAL** steht im Ruf der Hartnäckigkeit, aber auch der Feigheit. Der **MAULWURF** buddelt sich unter der Erde durch; hat das etwas damit zu tun, wie Sie arbeiten oder arbeiten sollten? Sind Sie furchtsam wie eine

MAUS
SCHAF
TIGER
SCHWEIN
EBER
SAU
SCHLANGE

MAUS, dumm wie ein **SCHAF** (das allzu folgsam, willfährig und ein Herdentier ist), energisch wie ein Widder oder wild wie ein **TIGER**? Das **SCHWEIN** wird unweigerlich mit Gier gleichgesetzt; es gilt auch als eifrig und freundlich (den **EBER** identifiziert man mit Feindseligkeit, die **SAU** mit dem Aufziehen von Jungen). **SCHLANGEN** werden allzu oft automatisch als Phallussymbole betrachtet *(s. Erotische Träume, S. 96);* lauern Sie heimtückisch auf Ihr Opfer? Oder sind Sie das Opfer?

Sie sollten den Traum immer in seinem Kontext sehen: War der **HUND** wild, aber angebunden und daher unter Kontrolle; oder war er in seiner Wohnung eingesperrt? Sammelte das **EICHHÖRNCHEN** im Traum Nüsse für den Winter? Wenn ja, fürchten Sie sich davor, daß eine Art Winter Ihnen bevorsteht? Ein Tier im **ZOO** ist nicht nur eingesperrt, sondern es wird beobachtet. Werden Sie im Wachleben stark beachtet oder bewundert? Auch Körperteile bestimmter Tiere können von Bedeutung sein: Das Geweih von Hirsch und Rehbock sowie die Stacheln des Igels stehen vielleicht für Gereiztheit und Ärger; weicher **PELZ** ist angenehmer, jedoch ein Hinweis auf einen Hang zur Eigenbrötlerei.

GEFLÜGELTE TIERE

Ein Vogel im Fluge stellt oft den Drang zu Höherem, nach Spiritualität und Freiheit dar. Träume von Flügeltieren spiegeln unter Umständen das Bedürfnis nach einer Art Befreiung im Wachleben wider; manchmal geht es darin um die Freiheit, an einem bestimmten Glauben oder einer Überzeugung festzuhalten.

ALBATROS
FLEDERMAUS
WELLENSITTICH
PAPAGEI
HUHN

Einen **ALBATROS** zu töten, bringt Unglück; andererseits hat dieser Vogel eine enorme Flügelspannweite und fliegt hoch, kann also auch für Freiheit stehen. Die **FLEDERMAUS** könnte entweder Blindheit (wofür?) oder instinktiven Orientierungssinn bedeuten. **WELLENSITTICHE** und **PAPAGEIEN** sind hauptsächlich wegen ihrer Nachahmungskünste bekannt; machen Sie jemand nach oder sich über ihn lustig? Das **HUHN** gilt als ängstliches, übertrie-

HAHN
KUCKUCK

ben häusliches Tier. Sind Sie vielleicht eine Glucke? Der **HAHN** ist früh munter und wachsam; der morgendliche Hahnenschrei könnte ein Symbol sein für das Bedürfnis, etwas auf unmißverständliche Weise mitzuteilen; Sie sollten aber auch die gängige Anspielung auf die männliche Sexualität in Betracht ziehen. Ein **KUCKUCK** in Ihrem Traum steht vielleicht für einen Fremden, der sich in Ihre Familie hineindrängeln will, oder ein fremdes und unwillkommenes

DIE WELT DER NATUR
PHANTASIE- & FABELWESEN
KUNST & WISSENSCHAFT
MENSCHLICHER KÖRPER
GEBÄUDE & INNENRÄUME
ALLTÄGLICHE DINGE
GEFÜHLSLEBEN
TÄTIGKEITEN
BEFINDLICHKEITEN
RITUALE & RELIGION
THEASAURUS DER TRÄUME

DIE WELT DER NATUR
PHANTASIE- & FABELWESEN
KUNST & WISSENSCHAFT
MENSCHLICHER KÖRPER
GEBÄUDE & INNENRÄUME
ALLTÄGLICHE DINGE
GEFÜHLSLEBEN
TÄTIGKEITEN
BEFINDLICHKEITEN
RITUALE & RELIGION
THEASAURUS DER TRÄUME

TAUBE
ADLER
FALKE
GÄNSE
NACHTIGALL

Element in Ihrem Gefühlsleben. Die **TAUBE** ist ein Sinnbild für Frieden und Liebe: Stellt es Ihren Partner dar? Der **ADLER** ist meist ein Siegessymbol. Ein **FALKE** im Traum könnte eine Anspielung auf Ihre Beobachtungsgabe sein, aber auch auf den Wunsch, Probleme oder das Leben überhaupt besser zu überblicken. Der Falke ist ein Raubvogel – über wessen Kopf kreisen Sie lauernd? Obwohl **GÄNSE** als dumme Vögel gelten, sind sie auch gute Wächter; **NACHTIGALLEN** bewun-

STRAUSS
EULE
PFAU
SCHWAN

dert man wegen ihres Gesanges. Haben Sie „gesungen" – d. h., an falscher Stelle geprahlt oder geredet? Und umgekehrt: Werden Sie von den Worten eines anderen Menschen betört? Stecken Sie manchmal den Kopf in den Sand wie ein **STRAUSS**? Verweist Sie Ihr Traum auf die Weisheit einer **EULE**? Zum Stolz des **PFAUS** paßt seine Selbstsicherheit. Die Anmut des **SCHWANS** ist gepaart mit der Kraft seiner unter Wasser unsichtbar vorwärts paddelnden Füße.

SCHWIMM- UND KRABBELTTIERE

Es gibt eine starke symbolische Verbindung zwischen Christentum und Fisch, und das Element des Fisches ist das Wasser (s. S. 46), daher spielen Emotionen in einem Fischtraum vielleicht eine große Rolle. Der Fisch war oft auch ein Phallussymbol und ist das Symbol für das gleichnamige Sternzeichen. Insekten sind zielstrebig und aktiv; von Insekten träumen könnte ein Symbol für Ihre eigene harte Arbeit oder Ihr Streben sein.

KRABBE
64
AQUARIUM
KRAKE
AAL
KAULQUAPPE

Träume von einem bestimmten Fisch sind dann bedeutsam, wenn das Symbol etwas mit Ihrem Leben zu tun hat. **KRABBEN** gehen seitwärts; überlegen Sie also, ob Sie Ausweichmanöver im Sinn haben. Ihre Scheren scharren Sand zusammen – ein Symbol für Raffsucht und Besitzstreben, aber auch für Festklammern und Horten oder auch Groll. Ein **AQUARIUM** im Traum kann ein Hinweis auf Beengtheit des Gefühlslebens sein; ein Goldfischglas spielt schlicht auf Langeweile an. Ein **KRAKE** bedeutet vielleicht Geschäfte oder vielseitige Betätigung; **AALE** haben etwas Schlüpfriges und Lockendes an sich; eine **KAULQUAPPE** könnte für eine Veränderung in Ihrem Wachleben stehen.

STACHEL

Falls Sie im Traum von einem Insekt gestochen wurden, stellte dies einen Feind oder ein Ereignis Ihres Lebens dar? Der **STACHEL** könnte emotional schmerzen: Hat Sie jemand verletzt, oder stichelt jemand gegen Sie? Ist es der Stachel Ihres Gewissens? Wenn Sie im Traum Angst oder Abscheu empfanden, versuchen Sie eine Verbindung zu einer „echten" Gefahr in Ihrem Wachleben herzustellen.

AMEISE
43
AMEISENHAUFEN
RAUPE
SCHMETTERLING
FLOH
MÜCKE
MOTTE
SKORPION

Die **AMEISE** steht für Fleiß, und der **AMEISENHAUFEN** hat vielleicht mit Ihrem Arbeitsplatz zu tun. Die Metamorphose von **RAUPE** zu **SCHMETTERLING** scheint darauf hinzuweisen, daß Sie sich nach einer Image-Verbesserung sehnen (dies gilt vor allem, aber nicht nur, für Frauen). Ein **FLOH** ist berüchtigt für seine Allgegenwart; flink hüpft er von einem Opfer zum nächsten. Ist Ihr Denken sprunghaft? Eine **MÜKKE** und ein **MOSKITO** könnten dieselbe Bedeutung haben, doch letzterer läßt auch an Verärgerung und sogar an die Verbreitung von Krankheiten denken. Auf wen in Ihrem Wachleben spielt dieses Symbol an, und welche Vorkehrungen sollten Sie treffen? **MOTTEN** sind ebenfalls verdächtig: Sie fressen hochwertige Kleidungsstücke an, verursachen Schaden. Der **SKORPION** hat einen Stachel am Schwanzende. Was steckt dahinter: Sie selbst oder ein Feind?

Feuer

Ein Traum, in dem Feuer vorkommt, enthält eine Aussage über unsere Körperkräfte, Gefühlsstärke und die Art, wie wir diese im Wachleben ausdrücken. Wenn im Traum Feuer und Wasser miteinander in Verbindung stehen (s. S. 46), ist der Bezug fast sicher ein emotionaler: z. B. könnte das Löschen von Feuer mit Wasser bedeuten, daß physische Energie durch die kühles Denkens gebändigt wird.

HERD
BERGFEUER
LEUCHTFEUER

Sie sollten in jedem Fall versuchen, den Kontext Ihres Traums zu verstehen. Ein Feuer im häuslichen **HERD** spielt wahrscheinlich auf Ihr Privatleben an, während ein **BERGFEUER** eine eher öffentliche Bedeutung haben wird. Ein **LEUCHTFEUER** oder Bergfeuer steht für eine öffentliche Kundgebung: Es ist ziemlich sicher ein Symbol für Kommunikation – erfolgreiche oder sonstige. Welche Botschaft müssen Sie mitteilen? Könnte andererseits jemand versuchen, Sie gewaltsam mit einer Botschaft, die Sie ablehnen, zu beeindrucken? Ein Traum, in dem Feuer außer Kontrolle gerät, wütet und sich schnell ausbreitet, bedeutet vielleicht, daß Gefühle Ihres Wach-Ichs außer Kontrolle geraten sind und daß Sie sich über Schranken oder Mißbilligung hinwegsetzen. Wenn es Ihnen im Traum gelang, die Flammen zu bändigen, könnte das darauf schließen lassen, daß Sie derzeit bestimmte Situationen im Wachleben unter Kontrolle haben (auch wenn Sie dies bezweifeln).

KERZE

Was fraß das Feuer in Ihrem Traum, und was in Ihrem Wachleben könn-te das darstellen? Als Sie den Ge-genstand brennen sahen, empfanden Sie da Freude, Trauer oder Resignation? Wenn ein Feuer ein ganzes Gebäude *(s. S. 100)* oder einen Raum *(s. S. 103)* in Asche verwandelte, ist dies vielleicht ein Hinweis, daß unkontrollierbare Leidenschaften Sie verzehren. Andererseits verbreitet die winzige Flamme einer **KERZE** eine Menge Licht, so wie im Wachleben ein relativ kleiner Energieaufwand – richtig eingesetzt – bemerkenswerte Ergebnisse erzielen kann. Das Traumbild einer ausgeblasenen Kerze kann ein Ende bedeuten – z. B. das Ende einer Beziehung oder eines Lebensabschnitts. Männer träumen manchmal davon, daß sie ein Feuer mit dem Urinstrahl löschen, und dies läßt häufig auf Ablehnung einer Botschaft oder der An-sichten bzw. Moralbegriffe einer anderen Person schließen. Diese Methode, die Verbreitung einer Nachricht zu verhindern, wirkt im Traum gewalttätig und taktlos.

SCHMELZOFEN
SCHMIEDEN

Ein **SCHMELZOFEN** ist vielleicht das stärkste Bild für die Macht des Feuers. Die gesamte Energie des Feuers dient dazu, etwas zu machen: Dies könnte ein laufendes Projekt oder die Präsentation einer neuen Idee im Wachleben bedeuten. Ein Traum, in dem Sie ein Feuer zum **SCHMIEDEN** verwendeten – z. B. irgendeine Waffe *(s. S. 118)* oder ein Werkzeug *(s. S. 115)* –, könnte mehr als eine Bedeutung haben. Sind Sie bereits jetzt im Wachleben ein kreativer Mensch, der gerade ein neues Projekt starten will, oder ist der Traum ein Wink, daß Sie einen Teil Ihrer Energie auf kreativere Dinge verwenden sollten?

KOCHEN
GRILL
KOCHHERD
73

In Träumen wird Feuer sonst zumeist noch gebraucht, um Nahrung zuzubereiten. Was wollten Sie **KOCHEN**, und wofür steht es? Es könnte ein Symbol für eine Idee oder einen Plan sein oder einfach für die Versorgung Ihrer Familie. Ein **GRILL** anstelle eines **KOCHHERDS** im Traum deutet auf weniger Ernstes hin – vielleicht auf Ihr Gesellschaftsleben. Wer ein Feuer im **KAMIN** anzündet, will damit Wärme und eine behagliche Atmosphäre erzeugen – für sich selbst oder andere. Welche Situation in Ihrem Wachleben wollen Sie durch ein wenig Wärme und Verständnis erträglicher machen? Träume, in denen jemand das Feuer hütet, sind häufig. Manchmal gibt es einen Hinweis auf Einmischung: Wenn Sie z. B. am **SCHÜREN** waren, heißt das vielleicht, daß Sie sich im Wachleben in eine bestimmte Situation (unaufgefordert?) einmischen. Wollten Sie das Feuer anfachen oder löschen? Ein Traum, in dem Sie Holz ins Feuer nachlegen, läßt darauf schließen, daß eine Ihrer Ideen mehr Arbeitsaufwand, Forschung und Untermauerung durch Fakten braucht. Aber warum nährten Sie die Flammen? Überlegen Sie Ihre Motive, und reagieren Sie entsprechend.

SCHÜREN

WASSER

Träume, in denen Wasser eine Rolle spielt, beschäftigen sich häufig mit dem Gefühlsleben des Träumers. Der Grund dafür ist unklar, doch Psychologen meinen, daß es mit dem Fruchtwasser im Mutterleib etwas zu tun hat. Es ist kein Zufall, daß Brunnenwasser seit jeher Weisheit bedeutet.

TREIBEN
WASSERFALL
SCHWIMM-BECKEN
LAGUNE

Ein Traum, der uns sicher und ruhig auf warmem Wasser **TREIBEN** läßt, ist einer der beruhigendsten Träume überhaupt. Jedoch kommt Wasser in den Träumen in vielen Zusammenhängen vor, die zumeist Aussagen über den Gefühlszustand enthalten. Manche davon beziehen sich offensichtlich auf die Geburt – z. B. Träume von einem **WASSERFALL**, einem schnell dahinfließenden Strom oder warmem Wasser, das Sie durch einen Tunnel in ein **SCHWIMMBECKEN** oder in eine **LAGUNE** spült (man vermutet, daß wir alle im Unbewußten eine Erinnerung an unsere Geburt mit uns herumtragen).

BAD
146
MEER
47
ERTRINKEN
DUSCHE
146
WHIRLPOOL
REGEN
49

Träume, in denen wir ein **BAD nehmen** oder schwimmen, z. B. im **MEER**, können auf Ihren Gefühlszustand im Wachleben hinweisen – z. B. auf emotionale Sicherheit oder (bei rauher See und Angst vor dem **ERTRINKEN**) Unsicherheit. Eine **DUSCHE** oder ein Reinigungsbad könnte bedeuten, daß Sie Ihre Gefühle von falschen oder negativen Elementen säubern sollten, während ein **WHIRLPOOL** eine sexuelle Assoziation nahelegt. Ein Traum, daß Sie im **REGEN** pitschnaß geworden sind, könnte bedeu-

REGEN-SCHIRM
SCHWIMM-BAD
MEER
46

ten, daß Sie sich zu leicht von Ihren Gefühlen leiten lassen. Wenn Sie sich aber unter einen **REGENSCHIRM** geflüchtet haben: Schützt sich Ihr Wach-Ich vor Gefühlen, vor denen Sie Angst haben? Das Liegen im **SCHWIMMBAD** möchte Sie daran erinnern, wie wichtig Muße und Entspannung sind.

Das **MEER** ist ein gängiges Symbol für die Mutter: Ein Traum, in dem eine Welle über Sie herein-bricht oder Sie in die Tiefe zieht, läßt darauf schließen, daß Sie von Ihrer Mutter unter-drückt oder beherrscht werden; wenn Sie hingegen ruhig auf den Wellen reiten oder im warmen Meer schwimmen bzw. paddeln, bedeutet dies eine ideale Beziehung. Gegen die Flut ankämpfen und dabei weiterkommen könnte ein Hinweis sein, daß Sie im Kampf gegen eine repressive Beziehung die Oberhand gewinnen.

STROM
FLUSS
SCHIFF
BOOT

Träume, in denen man im Wasser dahintreibt – entweder in einem reißenden **STROM** oder einem **FLUSS** –, weisen in der Regel darauf hin, daß die Zeit vergeht und damit auch unser Leben. Sie können aber auch einen Bezug auf den Strom Ihres Gefühlslebens haben, und der Sinn des Traums erschließt sich dann aus anderen Hinweisen – hauptsächlich, welche Gefühle Sie hatten (z. B. Angst, Zuversicht, Freude). Wenn Sie im Traum auf einem **SCHIFF** oder in einem **BOOT** waren, ist dies vielleicht eine Anspielung auf die Umstände Ihres Gefühlslebens: Das Schiff könnte Ihre Familie, Ihr Leben zu Hause oder eine aktuelle Gefühlsbeziehung darstellen. Suchen Sie nach Hinweisen im Traum, wie dem Schiffsnamen und der Farbe der Segel.

DAMPFER
KANU
DINGHI
BOJE
WRACK

Der Kontext des Traums und die Bauart des Schiffs sind wichtige Anhaltspunkte. Fuhr das Schiff sicher dahin, oder war es am Untergehen? War es ein robuster **DAMPFER** oder ein leichtes **KANU** bzw. **DINGHI**? Wenn es an einer **BOJE** festgemacht war, wie sicher war es vertäut, und was stellte das dar? Das Boot könnte z. B. auf eine Person, Ihren Job oder Ihre finanzielle Lage hinweisen. Ein **WRACK** hat evidente Bezüge: Was passiert mit Ihrem Gefühlsleben?

BRUNNEN
SPRING-BRUNNEN
GEYSIR
GARTEN-SCHLAUCH
KLEMPNER
148

Manchmal tauchen in Träumen erkennbare Sexsymbole auf. Ein Traum, in dem ein **BRUNNEN, SPRINGBRUNNEN, GEYSIR** oder **GARTENSCHLAUCH** vorkommt, bezieht sich in der Regel eher auf Liebesgefühle als einfach nur auf die Ejakulation. Wenn der Strahl dünn war oder gar nichts floß, bedeutet der Traum vielleicht, daß das sexuelle Verlangen nicht von einer gleich starken Gefühlsbeteiligung begleitet wird (oder umgekehrt). Das Auftauchen eines **KLEMPNERS** könnte auf eine andere Person – oder Ihr eigenes Gewissen – verweisen. Ein gleichmäßiger Wasserstrahl ist wohl ein Symbol für Ihr Vertrauen im Wachleben.

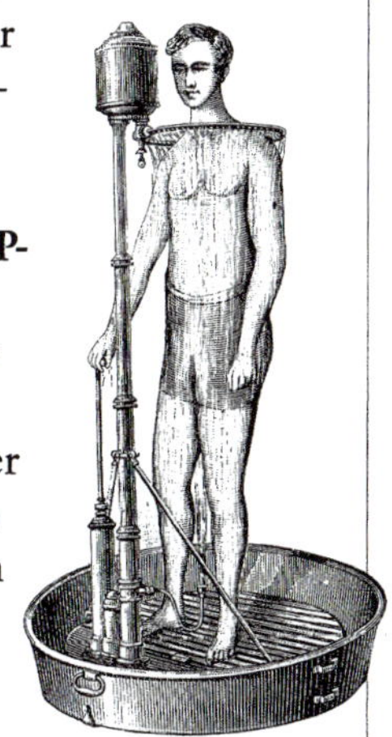

DIE WELT DER NATUR
PHANTASIE- & FABELWESEN
KUNST & WISSENSCHAFT
MENSCHLICHER KÖRPER
GEBÄUDE & INNENRÄUME
ALLTÄGLICHE DINGE
GEFÜHLSLEBEN
TÄTIGKEITEN
BEFINDLICH-KEITEN
RITUALE & RELIGION
THEASAURUS DER TRÄUME

ERDE

Erde – das Grundelement überhaupt – erinnert uns daran, daß wir sterblich sind. Feuer kann uns beleben, Wasser erquicken, Luft inspirieren, doch zu guter Letzt kehren wir doch zur Erde zurück. Im Traum bedeutet Erde nicht nur die Uranfänge der Menschheit, sondern auch die Tiefen unseres Unbewußten.

SCHLAMM
SAND
GRABEN *114, 144*
WÜHLEN

Menschen, die von Erde träumen, empfinden das meist als unangenehm. Träume, in denen man sich in Erde, **SCHLAMM** oder **SAND** begraben sieht, oder beim **GRABEN** bzw. **WÜHLEN** in der Erde, sind oft sehr beunruhigend. Es ist wichtig, sich den Kontext des Traums näher anzusehen. Versucht jemand, Sie zu begraben? Wenn ja, ist es vielleicht ein Hinweis auf einen Rivalen im Beruf oder auf einen Partner/eine Autoritätsperson, der/die Sie (vielleicht unbewußt) unterjocht. Sind Sie unter Arbeit oder Ängsten „zugeschaufelt"?

KAMMER

Wenn Sie Ihr Traum in eine unterirdische **KAMMER** führt, ist das, was Sie dort vorfinden, äußerst wichtig (jeder Träumer findet etwas ganz Eigenes). Der Traum spielt vielleicht auf die Tiefen Ihres Unbewußten an, und der Symbolgehalt wird sich als äußerst wichtig erweisen (doch aus demselben Grund auch als schwierig zu deuten).

ERDBEBEN *48, 121, 158, 161*
TREIBSAND
GARTENARBEIT

Träume von Erde können Sicherheit bedeuten; wenn Sie sich selbst begruben, könnte ein Gefühl der Unsicherheit Ihrem Traum zugrunde liegen. Dasselbe gilt unter Umständen, falls ein **ERDBEBEN** die Erde unter Ihnen erzittern oder aufbrechen ließ oder wenn Sie auf **TREIBSAND** gingen. Wenn Sie im **GARTEN** mit Erde arbeiteten, verweist das wahrscheinlich auf Kreativität: Der Traum könnte inneres Wachstum oder zunehmende emotionale und finanzielle Sicherheit bedeuten.

LUFT

Ein Traum „handelt" selten von Luft; das Element ist in der Regel nur Bestandteil eines Traums. In Flugträumen (s. S. 147) lassen wir uns von der Luft tragen, oder wir kämpfen gegen starken Wind.

SAUERSTOFF *94*
ERSTICKEN

SAUERSTOFF brauchen wir zum Überleben, und jeder Traum von Sauerstoffmangel bzw. **ERSTICKEN** symbolisiert wohl einen Mangel – auf psychologischer oder intellektueller Ebene. Ein Traum, in dem Sie sich im Freien befinden *(s. S. 58)* und die klare, kühle Luft bewußt wahrnehmen, könnte bedeuten, daß Sie Ihren Gedanken Freiheit lassen sollten. Andererseits bestätigt der Traum vielleicht ein Gefühl der Befreiung von einem Problem oder einer beengenden Situation, das Ihr Wach-Ich kürzlich hatte. Wie in allen Träumen, in denen Luft eine Rolle spielt, sind andere Traumbestandteile für die Deutung ebenso wichtig und zu berücksichtigen.

WIND *49*
RAUCH

Wenn Sie im Traum fliegen und die Luftwirbel um Sie herum spüren, oder wenn Sie am Boden gegen starken **WIND** ankämpfen müssen; wenn die Luft **RAUCH** enthält und Ihnen die Sicht nimmt oder wenn Steinchen herumschwirren, sollten Sie überlegen, was das bedeutet. Werden Sie im Wachleben in eine Lage gedrängt, in der Sie über Dinge nachdenken müssen, deren Erwägung Sie früher abgelehnt haben? Beunruhigen Sie feindselige „Attacken" von gewissen Leuten oder nagende Probleme in Ihrem Wachleben? Wie gingen Sie mit der Situation im Traum um, und was sagt dies über Ihr Problem oder Dilemma im Wachleben aus?

Wetter

Träume, in denen das Wetter eine wichtige Rolle spielt, könnten eine persönliche „Wettervorhersage" sein, die uns kommende Stürme oder einen sonnigen, ruhigen Abschnitt ankündigt. Träume dieser Art spiegeln jedoch häufiger unsere Stimmung im Wachzustand wider, als daß sie Künftiges vorhersagen.

BRISE

Es ist häufig der Fall, daß die Tagesstimmung in den Schlaf hinüberreicht, und dies könnte sich in der allgemeinen Atmosphäre unserer Träume widerspiegeln – muß aber nicht. Gerade wenn wir besonders niedergeschlagen und pessimistisch sind, kann ein Traum überraschend fröhlich sein, oder wir fühlen uns am Boden, und eine kräftigende **BRISE** im Traum ermuntert uns, uns zusammenzunehmen und die Dinge mit frischem Mut anzugehen.

GEWITTER
121, 158
STURM
HURRIKAN
UNTERSCHLUPF
SONNE
WIND
48

Ein Traum enthält manchmal Aussagen über das Klima in einer persönlichen Beziehung. Ein Krach mit einem geliebten Menschen taucht im Traum manchmal als **GEWITTER, STURM** oder **HURRIKAN** auf, vielleicht mit Tips, wie man dem Schlimmsten ausweicht. Fanden oder suchten Sie einen **UNTERSCHLUPF**? Schien dann wieder die **SONNE**? **WIND** kann Veränderung oder das Bedürfnis danach darstellen.

REGEN
47

REGEN als Erscheinungsform von **WASSER** *(s. S. 46)* hat in unseren Träumen meist emotionale Bedeutung. Wie verhielten Sie sich in der Traumsituation, und welche Hinweise gibt Ihnen das für Ihr Verhalten im Wachleben?

HAGEL
SCHNEE
160, 172
NIESELREGEN
WOLKE
NEBEL

HAGEL hat ähnliche Bezüge wie Regen, ist aber viel kälter; **SCHNEE** ist noch extremer, er liegt in der Regel auch dicker und länger auf der Erde als Hagel. Ihr Traum warnt Sie eventuell vor einer emotionalen Eiszeit. Ein **NIESELREGEN** steht vielleicht für weniger Ernstes. Tiefhängende **WOLKEN** wirken oft bedrohlich, aber brach vielleicht die Sonne durch? Wenn Sie sich „in den Wolken" befanden, flogen Sie vielleicht *(s. S. 147)*. **NEBEL** ist ein ähnliches Symbol: Wenn die Landschaft *(s. S. 58)* in Nebel gehüllt war, könnte es sein, daß Sie ein Problem – oder eine Person – in Ihrem Wachleben nicht klar erkennen. Können Sie einen Weg zu mehr Klarheit finden? Wie sehr strengten Sie sich in Ihrem Traum an, aus dem Nebel herauszukommen?

DONNER
158

In alten Zeiten galt der **DONNER** als Stimme der Götter, und im Traum wirkt er oft besonders ernst. Was sagt die Stimme? Meist wird es eine mißbilligende Stimme sein, doch oft ist nicht klar, was mißbilligt wird, obwohl es im Traum Hinweise darauf geben müßte.
Ein Gegenstand oder eine Person, die in einem Traum mit Donner

Die Welt der Natur
Phantasie- & Fabelwesen
Kunst & Wissenschaft
Menschlicher Körper
Gebäude & Innenräume
Alltägliche Dinge
Gefühlsleben
Tätigkeiten
Befindlichkeiten
Rituale & Religion
Theasaurus der Träume

auftaucht, könnte ein Symbol für jemand sein, dem Sie grollen oder gegen den Sie opponieren wollen, oder aber für eine Ihrer Geisteshaltungen, die Ihr Gewissen mißbilligt. Der Traum möchte Sie zwar vielleicht davor warnen, daß jemand eine Ihrer Handlungen oder Haltungen mißbilligt, der Donner ist aber unter Umständen auch die Stimme Ihres eigenen Gewissens oder eine Autoritätsperson wie ein Elternteil, Lehrer oder Vorgesetzter. Verstanden Sie, was der Donner sagte? Es ist ein kraftvolles Bild, und es „stößt Ihnen kräftig Bescheid".

BLITZ
158

Wenn ein **BLITZ** in Ihrem Traum aufzuckte, was beleuchtete er? Das Symbol könnte für Ihr plötzliches Begreifen eines Problems oder einer Situation stehen oder darauf hinweisen, daß eine rasche Enscheidung vonnöten (oder sinnvoll) wäre. Wenn Ihnen plötzlich ein „Licht aufging", dann könnte der Traum Sie beruhigen wollen, daß das Licht echt ist. Bedenken Sie aber, daß ein solcher Traum durch einen Einfluß von außen hervorgerufen sein kann, z. B. durch Autoscheinwerfer, die in Ihr Schlafzimmer hereinleuchten. Wer oder was war vom Wetter in Ihrem Traum am stärksten betroffen? Waren Sie selbst dem Wetter ausgesetzt, oder machten Sie sich Sorgen um jemand anders? Falls letzteres zutrifft, befürchten Sie vielleicht Folgen Ihres Handelns für jemand anders. Wenn eine Gebäude *(s. S. 100)* in Gefahr ist, könnten Sie die Traumdeutung vielleicht eher unter dem Gesichtspunkt, was beschädigt oder von Gefahr bedroht wurde, versuchen als durch Nachdenken über das Wetter.

TRAUMANALYSE

„Ich war wieder ein Kind und fuhr auf meinem Fahrrad die Dorfstraße hinunter; doch seine Räder begannen in schlammigem Erdreich zu versinken, so daß ich kaum weiterkam. Schließlich trocknete die Erde, und ich stellte fest, daß ich wieder ganz flott weiterfahren konnte."

Diesen Traum erzählte eine ältere Dame, die gegen eine schwere Krankheit ankämpfte. Die Erde symbolisierte nicht nur die Krankheit, sondern auch ihre Sorge, daß sie daran sterben könnte. Als Kind durfte sie nie radfahren, daher war der Besitz eines Fahrrads für sie gleichbedeutend mit Freiheit.Das Fahrrad war nicht nur Symbol für etwas heiß Ersehntes (Gesundheit), sondern auch für etwas, das ihr auf dem Weg der Besserung helfen könnte.

BÄUME

Unsere Träume wurzeln tief im Unbewußten, und da der Mensch selbst als Großstädter immer im Nebeneinander mit der Natur lebt, ist es nicht verwunderlich, daß Bäume und andere Pflanzen oft als Traumsymbole auftauchen.

ÄSTE
BLÄTTER
VÖGEL

Signifikant ist die Form eines Baumes: Er kann jahrhundertelang leben; seine Äste verzweigen sich wie die eines Stammbaums. Die **ÄSTE** eines Baumes im Traum könnten Ihr Familienleben darstellen, **BLÄTTER** und **VÖGEL** in den Zweigen hingegen Ihre Gedanken. In der Antike hielt man das Rauschen des Windes in den Zweigen für die Stimme der Natur; im Traum steht es für die Mitteilung von Grundwahrheiten. Finden Sie heraus, was Ihr Unbewußtes Ihnen mitteilen will.

WURZELN
BAUM-STAMM
109

Die **WURZELN** der Bäume breiten sich in der Regel noch weiter aus als deren Äste; und wegen ihrer Assoziation mit der Erde *(s. S. 48)* können sie als Symbol für unsere Vergangenheit stehen – die Erfahrung, die unsere Gedanken und Handlungen im Heute prägt. Ein Traum, in dem die Wurzeln im Himmel liegen, ist ein altes Symbol für Weisheit, das Zutagefördern von grundlegenden, verborgenen, manchmal unbewußten Vorstellungen und Theorien. Wurzeln und Äste verbindet der **BAUMSTAMM** miteinander; er könnte für Familientradition stehen, aber auch für Ihre Individualität: Es gibt zwar viele Wurzeln und Zweige, aber nur einen Stamm. Viel

JAHRES-RINGE
SAFT

leicht bezieht sich dieser auf das Familienoberhaupt. Wenn Sie einen Baumstamm mittendurchsägen, können Sie aus der Zahl der **JAHRESRINGE** sein Alter ersehen. Im Traum stellen diese Ringe vielleicht Ihre Erfahrungen in der Vergangenheit und die im Verlauf unseres Lebens erworbene Weiheit dar. Der **SAFT** ist meist ein Symbol für Blut.

Nicht nur das Traumsymbol ist wichtig, sondern auch die Gefühle sind es, die wir mit ihm verbinden. So ist es auch bei bestimmten Baumarten. In westlichen Ländern ist z. B. die **EICHE** ein Symbol für große Kraft und Dauerhaftigkeit. Eichen betrachtete man oft als heilige Bäume, sie wurden mit natürlicher Weisheit, Philosophie, Optimismus und Prophezeiung assoziiert. Falls Sie die Eiche aber mit Ihrem Zuhause assoziieren, also mit Ihrer Familie, könnte Ihr Traum Sie auffordern, sich Ihres

EICHE
ESCHE
LORBEER-BAUM
BUCHE
BIRKE
171
ULME
WEIDE

Hintergrundes zu erinnern und sich auf ihn zu stützen. Er rät Ihnen vielleicht, auf die Liebe und Bestätigung, die Sie in Ihrer Jugend bekamen, aufzubauen und dem Rat Ihrer Eltern mehr Beachtung zu schenken. Die **ESCHE** versinnbildlicht Optimismus, Kreativität und Großzügigkeit, und davon zu träumen galt seit jeher als besonders glückbringend. Die alten Mythen schrieben dem **LORBEERBAUM** Kräfte zu, die vor Hexerei schützen, und heute noch bringt man mit ihm die Abwehr von Unerfreulichem in Verbindung. Von der **BUCHE** sagte man, sie sei ein Sinnbild für Selbstsucht, Engstirnigkeit, Sorge und sogar Grausamkeit. Die **BIRKE** sah man – vielleicht wegen ihres hohen, geraden Stammes – als Sinnbild für Aufrichtigkeit, Tugendhaftigkeit und aufrichtige Liebe. Die **ULME** ist ein Symbol für Kälte und wird mit hohem Alter in Verbindung gebracht (wie gesund sah der Baum in Ihrem Traum aus?); sie steht auch für Vorsicht, Verantwortungsbewußtsein und Ausdauer. Die **WEIDE** wurde oft mit Schwangerschaft, Entbindung und Mutterschaft assoziiert. Man glaubte auch, sie sei ein Symbol für Gemütskrankheiten. Es mag unglaublich scheinen, daß altüberlieferte Assoziationen im 20. Jahrhundert immer noch gelten sollen, doch in Träumen haben sie oft durchaus nicht zu unterschätzendes Gewicht.

TRAUMANALYSE

„Ich sah eine Gruppe von Männern, die in einem Park einen großen Baum fällten; ein Schwarm von Vögeln kreiste darüber, und ich begriff, daß die Zerstörung des Baums deren Tod bedeutete. Einige der Männer schossen auf die Vögel. Ich protestierte dagegen bei dem Gruppenführer, doch der sagte nur: „Ach, das spielt keine Rolle – es sind doch kräftige Vögel, und sie werden es überleben." Dann sah ich einen großen Vogel mit vielen anderen auf dem Rücken davonfliegen."

Der Träumer hatte sich in seiner Firma mit Zukunftsplanung beschäftigt, doch seine Vorgesetzten hatten seine besten Vorschläge abgeschmettert und schienen entschlossen, ihn überhaupt zu ignorieren (der Baum stellte wohl den Träumer dar). Die Worte des Gruppenführers (der Chef des Träumers) lassen darauf schließen, daß der Träumer nicht so ineffizient ist, wie er vielleicht glaubt, sondern einige seiner Ideen kombinieren sollte; damit würde er mehr Eindruck machen.

Die Welt der Natur
Phantasie- & Fabelwesen
Kunst & Wissenschaft
Menschlicher Körper
Gebäude & Innenräume
Alltägliche Dinge
Gefühlsleben
Tätigkeiten

Andere Pflanzen

Pflanzen hat man häufig als deutlichste irdische Anzeichen für die geistige Kraft des Universums gesehen, und Jung sagte von ihnen, man betrachte sie „mit Ehrfurcht und mit philosophischem Staunen". Das heißt nicht, daß alle Träume, in denen Pflanzen aufscheinen, Botschaften von großer Wichtigkeit enthalten; sie können ebenso verspielt sein wie andere Träume und genauso oft Wortspiele oder vielsagende Anspielungen verwenden.

GRAS
HEU
GARTEN
54, 173

Jeder mögliche Bezug auf das Ich sollte bedacht werden. Wenn Sie im Traum **GRAS** mähten: Welcher Aspekt Ihres Wachlebens muß „zurechtgestutzt" oder „kurz gehalten" werden? Der Traum sagt vielleicht etwas über die Freizeit in Ihrem Wachleben aus, denn Gras wird oft mit Entspannung an sonnigen Nachmittagen oder mit Picknicks in Verbindung gebracht. Wenn Sie aber das Gras zu **HEU** zusammentrugen, möchte der Traum Sie wohl dazu bringen, den Augenblick zu nutzen und aus einer Situation im Wachleben das Beste zu machen. Träume, in denen Sie im **GARTEN** arbeiteten, haben eventuell eine Parallele mit irgendeiner Art von Arbeit im Wachleben, die aber eher mit Ihrer Familie zu tun hat als mit Ihrer Karriere. Sie sollten nach dem passenden Vergleich in Ihrem Wachleben suchen. Wenn Sie gar keinen Garten besitzen, könnte so ein Traum ein Wunscherfüllungstraum *(s. S. 150)* sein.

BASILIKUM
GINSTER
109
AMPFERBLÄTTER
BRENNNESSELN
FARN
KNOBLAUCH
GEISSBLATT
HOLUNDER
TOLLKIRSCHE
DISTELN
DORNENSTRÄUCHER

Pflanzen, vor allem Kräutern, sind uralte Bezüge und Assoziationen eigen: **BASILIKUM** im Traum ist vielleicht ein Hinweis auf Liebenswürdigkeit und tiefe Zuneigung. Der **GINSTER** gedeiht in der Wildnis und auf kargem Boden, ist daher häufig ein Symbol für Freiheit, Entschlußkraft und Zuversicht. Ginsterzweige verwendete man früher oft als Besen, daher könnte Ginster im Traum das Wegfegen von unerwünschten Personen oder Dingen bedeuten. **AMPFERBLÄTTER** verwendet man zur Linderung der Hautreizung durch **BRENNESSELN**, also könnte ein Traum, in dem sie vorkommen, etwas darüber aussagen, wie Sie mit einem Schmerz in Ihrem Wachleben umgehen sollten. Der **FARN** wurde zum Wahrsagen benutzt, könnte also einen Bezug auf Ihre Zukunftserwartungen (oder -ängste) haben. Jahrhundertelang galt **KNOBLAUCH** als wirksamer Schutz gegen Hexerei: Was gibt es in Ihrem Wachleben, wogegen Sie sich schützen müssen? Die Knoblauchwurzel ist auch ein wirksames Heilmittel: Vielleicht sollten Sie auf Ihre Gesundheit achten. Kletterpflanzen, insbesondere das **GEISSBLATT**, könnten ein Symbol für verschiedene Arten von Ehrgeiz sein, Träume von **HOLUNDER** sogar für sehr großen Ehrgeiz. Die **TOLLKIRSCHE** gilt zwar heute nicht mehr als tödliche Giftwaffe, doch sie wird immer noch mit einem gewaltsamen, zu frühen Tod in Verbindung gebracht. Gegen wen hegen Sie so starke Gefühle der Abneigung? **DISTELN** und **DORNENSTRÄUCHER** sind stachelige Symbole und deuten auf Feindschaft gegen Sie – oder in Ihnen – hin; sie könnten bedeuten, daß Sie einen Weg finden müssen, um Hindernisse auf Ihrem Weg zu überwinden.

Blumen

Träume von Blumen können beruhigend wirken. Im Wachleben gibt es kaum Menschen, die Blumen nicht mit Freude und Entspannung assoziieren. Wir erfreuen uns nicht nur an Blumen, wir verwenden sie auch als Zeichen der Liebe, Anerkennung, Sympathie und des Trostes. In einem dieser Zusammenhänge kommen Blumen aller Art häufig in unseren Träumen vor.

BLUMENSTRAUSS GIRLANDE

Wenn Sie im Traum jemandem einen **BLUMENSTRAUSS** schicken, überreichen oder selbst einen bekommen, sollten Sie feststellen, wer die andere Person in Ihrem Traum war – jemand, den Sie achten, lieben oder bemitleiden; oder von dem Sie wünschen, daß er Sie liebt oder schätzt; oder jemand, der mehr für Sie übrig hat, als Sie in wachem Zustand glauben. Wenn Sie im Traum jemandem, den Sie nicht identifizieren können, Blumen schenken oder von ihm welche bekommen, heißt dies wohl, daß Sie Ihrem Selbstbewußtsein auf die Beine helfen müssen. Eine **GIRLANDE** aus Blumen ist ein ähnliches, aber förmlicheres Sinnbild.

KRANZ

Wenn man im Traum jemandem einen **KRANZ** aus Blumen schickt, hat das zweifellos mit unbewußten Schuld- und Feindseligkeitsgefühlen zu tun, aber weniger starken, als in Träumen zum Vorschein kommen, in denen man denjenigen entweder angreift oder von ihm angegriffen wird. Es ist eher eine Geste des Mitgefühls, hervorgerufen durch das bewußte oder unbewußte Begreifen, daß dem Empfänger etwas verlorengegangen ist oder fehlt. Hat er Ihre Freundschaft verloren? Einen Kranz zu bekommen könnte dasselbe bedeuten: Wer schickte Ihnen den Kranz? War es jemand, dessen Sympathie Sie kürzlich verloren oder mit dem Sie sich zerstritten haben?

Die Welt der Natur

Phantasie- & Fabelwesen

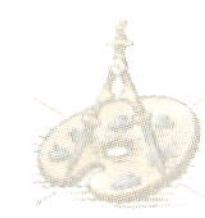

Kunst & Wissenschaft

Menschlicher Körper

DIE WELT DER NATUR
PHANTASIE- & FABELWESEN
KUNST & WISSENSCHAFT
MENSCHLICHER KÖRPER
GEBÄUDE & INNENRÄUME
ALLTÄGLICHE DINGE
GEFÜHLSLEBEN
TÄTIGKEITEN
BEFINDLICHKEITEN
RITUALE & RELIGION
THEASAURUS DER TRÄUME

GARTEN *52, 173*
WELKE BLUMEN
VERNICHTUNG
WURM ENGERLING

Das Erscheinungsbild der Blumen in Ihrem Traum könnte bedeutsam sein: Wenn sie sorgfältig gesteckt waren (vielleicht sogar von Ihnen selbst), deutet das vielleicht darauf hin, daß Ihr Gesellschaftsleben allzu sorgfältig geplant ist – oder in Ordnung gebracht werden müßte. In einem **GARTEN** kunterbunt durcheinanderwachsende – oder um Ihr Haus verstreute – Blumen würden darauf hindeuten, daß Ihr Leben voller Freude ist. Aber was geschah im Traum sonst noch? Kehrten Sie die Blumen weg, oder verstreuten Sie noch mehr? Ein Traum, in dem die Blumen in einem Garten überwiegen, könnte (falls Sie nicht ein begeisterter Blumenzüchter sind) darauf verweisen, daß Ihr Leben mehr Farbe braucht und daß Sie sich weniger Sorgen um den bloßen Lebensunterhalt machen sollten. Ein Traum von **WELKEN BLUMEN** ist oft deprimierend und sagt etwas über Trauer oder Gefahr aus. Die **VERNICHTUNG** von Blumen (vielleicht durch **WÜRMER** oder **ENGERLINGE**) hat ähnlich ominöse Bedeutung.

GIESSEN
DÜNGEN
BLÜTE

Wenn Sie im Traum mit **GIESSEN** oder **DÜNGEN** beschäftigt waren, heißt das vielleicht, daß Sie an einer Beziehung arbeiten sollten. Blumen mit Knospen oder in voller **BLÜTE** könnten das Entstehen einer Idee oder eine neue Beziehung symbolisieren – oder daß Sie in eine neue Lebensphase eintreten.

Freud sah in den Blumen ein weibliches Symbol, weil ihre Blüten schalenförmig sind und die Biene in sie hineinkriecht, um sie zu befruchten. Bei einem Mann kann eine Blume im Traum Frauen oder eine bestimmte Frau darstellen. Die Blume könnte auch für eine Idee stehen, die Sie zum Tragen gebracht haben.

WILDWACHSENDE BLUMEN
BLUMENBEETE
SCHNITTBLUMEN

WILDWACHSENDE BLUMEN betonen Natürlichkeit, schlichte Schönheit und Verachtung für künstlich angelegte **BLUMENBEETE. SCHNITTBLUMEN** stellt man zur Schau, statt sich von ihnen an ihrem natürlichen Standort erfreuen zu lassen, daher können sie Symbole für Künstlichkeit sein.

ROSE
DORNEN
BUTTERBLUME
ORCHIDEE
KAMELIE
LILIE

Für manche Träumer sind bestimmte Blumensorten mit ganz persönlichen Assoziationen verknüpft. Wenn eine Blumenart in Ihrem Traum besonderes Gewicht hat, suchen Sie nach allen möglichen Verknüpfungen. Manche Blumen haben auch traditionelle Bedeutung. Die **ROSE** z. B. ist seit jeher ein Symbol für Liebe, aber auch für Mut: Hatte die **ROSE** in Ihrem Traum **DORNEN**? Die **BUTTERBLUME** wird mit Kindheit verknüpft, die **ORCHIDEE** mit Schönheit, Bewunderung und Reichtum, die **KAMELIE** mit Feingefühl und die **LILIE** mit Eleganz, Kühle und Distanziertheit. Letztere sind meist eher eindrucksvoll als reizend.

OBST

Früchte symbolisieren seit jeher Unsterblichkeit und die Wonnen der Liebe. Der Grund für die Verbindung mit Unsterblichkeit ist leicht erkennbar: Ihre Samen stehen für den Anfang aller Dinge; aus ihnen reifen die Früchte, aus diesen wiederum neue Samen, und der Kreislauf beginnt von vorne.

APFEL *107*
BIRNE *55*
ANANAS
PFIRSICH *55*
FEIGE *106*

In westlichen Ländern sind mit dem **APFEL** die Begriffe von Versuchung, Sünde und Täuschung verbunden (aufgrund der biblischen Geschichte von Adam und Eva); in der griechischen Mythologie stand der Apfel für sexuelle Anziehungskraft. Die Chinesen sehen in der **BIRNE** ein Symbol für Langlebigkeit, und im Westen galt die **ANANAS** als Fruchtbarkeitssymbol. In vielen

Kulturen spielt der **PFIRSICH** ein Rolle: in China und Japan als Unsterblichkeitssymbol (die Blüte versinnbildlicht weibliche Reize), im Abendland als Sinnbild der Erlösung. Die **FEIGE** gilt universell als Fruchtbarkeitssymbol (vielleicht wegen der vielen Samen), mancherorts als Sinnbild für Bisexualität (die Blätter als

Phallussymbol und die Frucht als Abbild der weiblichen Scham). All diese – uns vielleicht nicht bewußten – Deutungen können in unseren Träumen zutreffen.

Früchte im Traum haben häufig einen sexuellen Bezug, etwa weil sie süß und köstlich schmecken, und vor allem dann, wenn wir sie mit großer Lust verzehrten. Erotische Bezüge sind in der Literatur

BIRNEN *54*
PFIRSICHE *54*
MELONEN
BANANE

oft klar erkennbar; z. B. verglichen Dichter der Antike die Brüste mit **BIRNEN** oder **MELONEN**, die Pobakken kleiner Jungen oder Mädchen mit **PFIRSICHEN.** Eine **BANANE** (Symbol für den erigierten Penis an) im Traum kämpft vielleicht gegen Prüderie an, erinnert an einen Lebensbereich, den Sie ablehnen, oder weist darauf hin, daß Sie sich zu leicht schockieren lassen.

GEMÜSE

Seit alter Zeit wurden Gemüse und die Pflanzenwelt überhaupt nicht nur als Symbole für Lebenskraft, Nahrung, Fülle, Fruchtbarkeit und Auferstehung gesehen, sondern auch für ein langweiliges Dahinvegetieren. Im Traum können Gemüse als Sinnbilder für elementarste Gefühle vorkommen.

Nicht ganz von der Hand weisen darf man die Möglichkeit einer sexuellen Anspielung, die sich oft aus der Form der jeweiligen Gemüsesorte ergibt. In Dramen, Filmen, auf Fotos und in der Literatur hat man diesen Gedanken so oft durchgespielt, daß man ihn nicht einfach ignorieren darf. Es gibt aber auch andere Deutungsmöglichkeiten: z. B. eine Anspielung auf Ihre Eßgewohnheiten – vielleicht essen Sie nicht genug Ballaststoffe, Getreideprodukte und grüne Blattgemüse. Falls Sie im Traum Gemüse allzu lange kochten, könnte das bedeuten, daß Sie sich zu lange und zu sehr auf ein Problem konzentrieren oder eine Beziehung überstrapazieren in dem Sinn, daß sie zu beengend wird.

Die symbolische Bedeutung einzelner Gemüsesorten war nie so stark ausgeprägt wie die Assoziationen zu bestimmten Früchten. Daher müssen Sie alle möglichen Bezüge genau überdenken, bevor Sie Bohnen, Kartoffeln oder Kohl in Ihrem Traum für sich abschließend deuten. Kohl z. B. ist in manchen Ländern Europas eine Anspielung auf Geburt, weil man Kindern dort erzählt, die Babys kämen in Kohlköpfen zur Welt.

BOHNEN
ERBSEN
WURZEL-GEMÜSE

Die Art und Weise, wie sich **BOHNEN** und **ERBSEN** zum Himmel emporranken, oder die Tatsache, daß **WURZELGEMÜSE** unter der Erde wachsen, kann bedeutsam sein *(s. S. 48)*, eventuell eine Anspielung – entweder auf Strebsamkeit und Ehrgeiz oder auf mühselige Gründlichkeit. Gekochtes oder zubereitetes Gemüse bedeutet unter Umständen etwas anderes als rohes: Stellt es Ideen dar, die sich entwickeln oder sich nur einfach Ihnen anbieten, noch wachsen und gepflegt werden müssen?

DER TRAUM VOM STIER

„Ich ging auf einem ebenen Weg, der von kleinen, bunten Blumen gesäumt war. Ich genoß diese Erfahrung, aber plötzlich änderte sich der Weg: Der Boden unter den Füßen wurde matschiger, und ich trat auf die Blumen. Sogar die Blumen neben dem Weg verwelkten. Das Gehen wurde immer mühsamer, weil der Boden so schlammig und schlüpfrig war; doch eine wunderschöne Lichtsäule in der Ferne ermutigte mich, weiterzugehen. Meine Füße wurden schwer, weil der Dreck an meinen Schuhen klebte. Allmählich schien die Lichtsäule immer schwächer und wurde zu einem großen, schwarzen Stier, der auf mich zugaloppierte, doch ich hatte keine Angst vor ihm, und als er bei mir ankam, rieb er sanft seine Nase an mir. Ich merkte, daß ich einen Korb mit Früchten trug, und begann den Stier damit zu füttern. Anfangs fraß er das Obst gierig, doch dann schien es schlecht zu werden, und er spuckte mich an. Darauf galoppierte er davon.
Ich lief hinter ihm her und merkte, daß ich immer jünger wurde. Doch obwohl dies bedeutete, daß ich viel schneller laufen konnte, gelang es mir nicht, den Stier einzuholen, und der Abstand zu ihm wurde immer größer. Plötzlich tauchte vor mir eine Mauer auf und entzog den Stier meinen Blicken. Ich lief zu schnell, um noch stehenbleiben zu können, und rannte in die Mauer hinein. Sie sah zwar wie eine Ziegelmauer aus, entpuppte sich aber als Kissenstapel."

TRAUMDEUTUNG

Beth, eine erfolgreiche und wohlhabende Geschäftsfrau, hatte einen Liebhaber. Zunächst war die Beziehung aufregend und schön – das stellen die Blumen und der ebene Weg dar. Mit der Zeit jedoch bemerkte sie, daß ihr Geliebter verschlossen, lieblos und grob wurde. Um ihn zu behalten, gab Beth ihm teure Geschenke und Geld. Im Traum wurde das durch den Stier, der ihr die Früchte aus der Hand fraß, dargestellt. Manchmal – vor allem, wenn er Geld brauchte –, war ihr Liebhaber nett zu ihr, sonst aber unwirsch und grausam. Das versinnbildlicht die schwächer werdende Lichtsäule, die sich in den Stier verwandelt: Die Säule war ein Phallussymbol, der Stier stellte das herrische Macho-Gehabe ihres Liebhabers dar. Eines Tages kam sie unerwartet nach Hause und fand ihn mit einer jüngeren Frau im Bett. Das Ende des Traums ist von Wunscherfüllung gefärbt, denn sie wurde im Traum jünger. Ihr Unbewußtes sagte ihr, daß sie die jüngere Frau sein wollte, doch als sie hinter dem Stier herlief (sie versuchte, im Wachleben ihren Liebhaber zu behalten), tauchte die Mauer plötzlich auf. Das war ihre Vernunft, die ihr sagte, sie sollte die Beziehung abbrechen. Beth stellte fest, daß die gepolsterte Mauer ihr eigene Sicherheit und ihr angenehmes Leben bedeutete, die harte Schläge weich abfangen würden. Der Traum stellte Beth ihre derzeitige Situation vor Augen und beruhigte sie gleichzeitig. Sie beendete die unbefriedigende Beziehung auf der Stelle, sobald sie ihren Traum analysiert hatte.

Landschaft

Für die Traumdeutung äußerst wichtig ist die Landschaft, in der die Traumhandlung abläuft. Stolperten Sie durch einen Wald, kämpften Sie sich durch eine Wüste, kletterten Sie auf einen Berg, oder gingen Sie in einer ländlichen Gegend spazieren? Wie wichtig auch die anderen Symbole im Traum sein mögen, ihr Sinn ergibt sich nur aus dem Kontext, in dem sie stehen.

FELSWAND *172*
STRASSE *59*
STADT
KÜSTE

Es gibt keinen Grund anzunehmen, daß sich irgend etwas in einem Traum rein zufällig dort befindet. Im Gegenteil, wir wählen unbewußt den Schauplatz unserer Träume aus, daher gibt es fast sicher einen Grund dafür, warum wir eine **FELSWAND** hinaufklettern, eine **STRASSE** entlanggehen, in einer **STADT** Auto fahren oder vor einer **KÜSTE** segeln. Die Felswand könnte ein Problem darstellen, das zu überwinden Sie fest entschlossen sind; die Straße kann bedeuten, daß der Weg vor ihnen frei ist; die Stadt kann ein Symbol für ein kompliziertes Dilemma sein, durch das Sie hindurch müssen; und die Küste steht vielleicht für ersehnten festen Boden, den Sie wieder unter die Füße bekommen, wenn Sie ein Gefühlsproblem lösen.

HÜGEL *144*
BERG *144, 172*
HANG

Ein **HÜGEL**, **BERG** oder auch nur ein sanft ansteigender **HANG** kann als Sinnbild für ein Problem in Ihrem Wachleben gesehen werden, und es ist wichtig, sich anzusehen, wie Sie sich dort verhielten: Kletterten Sie mutig drauflos, hatten Sie Schwierigkeiten oder Angst? Der Traum wird Ihnen nicht verraten, wie diese Probleme zu lösen sind, sondern was Sie in Ihrem Innersten glauben – ob Sie sich zutrauen, mit ihnen fertig zu werden oder nicht. Auch das Auftauchen besonderer Schwierigkeiten kann bedeutsam sein.

KLUFT
SCHLUCHT
GRÄBEN
HÜRDE

Wenn sich unter Ihren Füßen plötzlich eine **KLUFT** oder eine **SCHLUCHT** auftut, suchen Sie in Ihrem Wachleben nach einer unerwarteten Schwierigkeit. Kleinere Hindernisse im Traum, wie **GRÄBEN** oder **HÜRDEN**, über die Sie springen oder steigen müssen, haben ähnliche Bedeutung. Die Anwesenheit und das Verhalten von Personen, die Sie im Traum auf Ihrer Kletterpartie oder Ihrem Spaziergang begleiteten, könnte etwas über Kollegen oder Freunde und ihre Reaktion im Zusammenhang mit Ihren Problemen aussagen.

WÜSTE
FELD
STRASSE *59*
URWALD
EINSAME INSEL

Die Gefühle, die Sie in wachem Zustand der Landschaft Ihres Traums entgegenbringen, spielen eine Rolle; eine **WÜSTE** z. B. ist für manche etwas Schreckliches, andere sehen darin ein Symbol für Romantik, Ausbrechen aus dem Trott und selbstgewählte Abgeschiedenheit. Weite **FELDER** können für Großstädter genauso langweilig sein wie die **STRASSEN** einer Stadt für Landbewohner. In Träumen hat die Landschaft fast für jeden Träumer eine andere Bedeutung. Der eine sieht im **URWALD** ein Sinnbild für Phantasie und Wachstum, ein anderer, der sich vor Schlangen oder wilden Tieren fürchtet, ein Symbol für Angst und Schrecken, möglicherweise in einem emotionalen Kontext. Eine **EINSAME INSEL** bedeutet für manche Romantik, für andere vielleicht Isolierung im Wachleben (dies könnte entweder als starke Sehnsucht nach Alleinsein interpretiert werden oder aber als Hilferuf, daß die Einsamkeit ein Ende haben möge).

AUSLAND *121, 135*

Ein Traum, in dem Sie sich im **AUSLAND** in einer fremden Landschaft befinden, deutet auf eine verwirrende Situation hin, durch die Sie erst noch hindurchfinden müssen. Oder brauchen Sie einfach Ferien?

ARKTIS
ANTARKTIS
STRAND *127, 150*

Wenn Sie träumen, Sie seien in der **ARKTIS** oder **ANTARKTIS** – Sie frieren, sind allein und von Schnee und Eis zugedeckt –, ist dies wahrscheinlich eine Aussage über Ihr Gefühlsleben in wachem Zustand. Wenn Ihr Traum von einem **STRAND** kein Wunscherfüllungstraum ist *(s. S. 150)*, überlegen Sie, welche Gefühle Sie hatten: Liefen Sie mit einem Gefühl von Freiheit über den Sand, oder stapften Sie mühsam durch hohe Sanddünen?

ALLEE
PRACHT-STRASSE
STRASSE *58*
WEG

Wenn Sie von einer **ALLEE** träumen, könnte das ein Dilemma bedeuten, in dem Sie keine – oder kaum eine – Wahl haben, während eine breite **PRACHT-STRASSE** Unterstützung für einen Weg, den Sie eingeschlagen haben, bedeuten kann. Eine schnurgerade **STRASSE** könnte dasselbe, ein holperiger **WEG** das Gegenteil bedeuten. Das heißt aber nicht, daß er ein Unglücksweg ist, vor allem, wenn es ein interessanter und aufregender Weg war und Sie ihn zuversichtlich gingen.

SCHRANKE
GRENZE
ZAUN
TOR

SCHRANKEN oder **GRENZEN** im Traum weisen entweder auf eine Herausforderung, Kritik und Einschränkung hin oder aber auf die Fähigkeit, durch Probleme durchzufinden. Stießen Sie im Traum auf eine Schranke? Wenn ja, suchen Sie nach einer Schwäche im Wachleben, die Ihr Vorwärtskommen stoppen könnte. **ZÄUNE** im Traum, die Sie in eine bestimmte Landschaft einsperren, weisen auf eine Beschränkung in Ihrem Wachleben hin. Suchten oder fanden Sie ein **TOR** im Zaun? Oder waren Sie vielmehr ganz zufrieden mit der Einschränkung Ihrer Bewegungsfreiheit? Das kann eine Anspielung sein, daß Sie im Wachleben ein großes Bedürfnis nach Sicherheit haben.

LAGER
EXPEDITION

Ein **LAGER** im Traum könnte – weil dort das Leben viel ungezwungener ist als in der Stadt – auf Unsicherheit, Übergang und eine Zwischenstation hindeuten. Hat dies etwas mit einer Beziehung im Berufs- oder Privatleben zu tun? Wenn Sie von einer **EXPEDITION** in unbekannter Landschaft träumen, kann dies ein Hinweis sein, daß Sie in einer ungewohnten oder schwierigen Situation Unterstützung brauchen oder daß Sie ein

ENTDECKER

Projekt oder eine Idee gründlicher abklären sollten, als Sie vorhatten. Ob Sie als **ENTDECKER** im Traum Erfolg oder Mißerfolg hatten, ist natürlich wichtig.

STRASSE

STRASSEN aller Art stellen sehr wahrscheinlich eine Reise in wachem Zustand dar: eine symbolische Reise in Ihrem Berufs- oder Privatleben oder Ihr Tun auf finanzieller oder gesellschaftlicher Ebene. Wichtig ist, was Sie im Traum taten. Ob sie nun ein Rennen fuhren oder im Stau steckten, ängstlich über eine kurvenreiche Landstraße fuhren oder in verkehrter Richtung in einer Einbahnstraße – all dies ist für das Traumverständnis bedeutsam.

MINENFELD

Wenn Sie von einem **MINENFELD** träumen, verweist das vermutlich auf ein Wachleben voller Schwierigkeiten und Gefahren. Der Traum reflektiert entweder Ihre Sorgen, oder er gibt Ihnen einen Wink (und dies ist wahrscheinlicher), wie Sie damit umgehen sollen – den Rat eines Fachmanns einholen und vorsichtig auftreten. Welche Gefühle hatten Sie im Traum? Waren Sie besorgt und ängstlich, oder fühlten Sie sich zuversichtlich? Traten Sie gerade auf eine Mine, als Sie erwachten?

PARK
PICKNICK

Ein **PARK** oder **PICKNICK** in Ihrem Traum scheint zwar auf Entspannung und Vergnügen hinzuweisen, doch Ihre Gefühlsreaktion auf diesen Traum sowie Ihre Gefühle im Traum selbst sind wichtig. Es könnte ein Wunscherfüllungstraum *(s. S. 150)* sein. Versagen Sie sich in Ihrem Wachleben solche Freizeitvergnügungen? Auch nach anderen Sinnbildern sollten Sie Ausschau halten – was Sie im Traum taten und wer Ihnen dabei Gesellschaft leistete.

Wenn die Perspektive Ihrer Traumlandschaft verzogen war, dann liegen Sie wohl „schief" mit Ihrer Sicht der Dinge im Wachleben. Suchen Sie im Traum sorgfältig nach einem Symbol, das einen Hinweis auf einen Aspekt Ihres Lebens gibt, der nicht richtig ins Bild paßt.

Das Übernatürliche

Selbst die prosaischsten und materialistischsten Menschen träumen gelegentlich von übernatürlichen Wesen oder Vorfällen. Diese Träume können beunruhigend sein, wenn wir sie nicht als Metaphern für Ereignisse oder Gefühle in unserem Wachleben annehmen. Es gibt jedoch keine Beweise dafür, daß sie wirklich etwas mit übernatürlichen Dingen zu tun haben, auch wenn medial veranlagte Personen dies manchmal behaupten.

KREUZ
181
KRUZIFIX
181

Tiefgläubige Menschen reagieren auf Träume, in denen die Religion *(s. S. 180)* oder religiöse Symbole eine Rolle spielen, anders als Menschen ohne Glauben. In fast jeder Religion gibt es eine alte Überlieferung von Träumen als Botschaften von einer überirdischen Macht. Viele Leute sind vielleicht auch heute noch geneigt, Träume zu akzeptieren, in denen religiöse Symbole oder die Begründer des Glaubens als direkte Anweisungen von dieser Macht erscheinen. Für alle, die in einem bestimmten Glauben groß geworden sind, ist es wahrscheinlich, daß der Traum sie anweist oder drängt, im Einklang mit der Morallehre dieses Glaubens zu handeln. Dennoch ist es bei diesen Menschen – und sicher auch bei Neubekehrten – der Mühe wert, solche Träume zu untersuchen, denn sie könnten eher von Wunscherfüllung *(s. S. 150)* oder gefühlsmäßigen Überzeugungen herrühren als aus Glaubensgrundsätzen. Wahrscheinlich mahnen diese Träume dazu, ein Problem des Wachlebens im Licht des Glaubens zu betrachten. Ein Traum von einem religiösen Symbol, wie **KREUZ** oder **KRUZIFIX**, könnte Ihnen nahelegen, das spirituelle Element in Ihrem Leben zu bedenken, oder (je nach Kontext) auf einen Lebensbereich hinweisen, mit dem Sie sich moralisch auseinandersetzen.

CHRISTUS
181
BUDDHA
MOHAMMED
ISHVARA

Religionsstifter, wie z. B. **CHRISTUS**, **BUDDHA** und **MOHAMMED** oder Gottheiten wie **ISHVARA**, tauchen in der Regel nur im Zusammenhang mit einer wichtigen Episode oder Entscheidung in Ihrem Wachleben auf. Häufig sind solche Erscheinungen in den Träumen oder Visionen Sterbender, doch gibt es keine Anzeichen dafür, daß ein solches Phänomen den Tod ankündigt. Wie bei Todesträumen *(s. S. 86)* könnte es einen Wendepunkt – etwa in Ihrer moralischen Einstellung – signalisieren.

ZAUBERSPRUCH
MAGIE
HEXE
62
ZAUBERER

Ein Traum, in dem jemand einen **ZAUBERSPRUCH** oder **MAGIE** anwendet, um Ihnen zu helfen oder zu schaden, weist unter Umständen auf jemanden in Ihrem Wachleben hin, der Sie zu beeinflussen sucht, oder auf Menschen oder Vorfälle in Ihrem Umfeld. Wer da zaubert, ist selten erkennbar, doch meist gibt der Traum einen Hinweis für die Identifizierung. Vermutlich ist es jemand, den Ihr Wach-Ich nicht versteht und dem es auch nicht vertraut, und der Traum spiegelt wohl diesen Mangel an Vertrauen wider; er beschreibt vermutlich auch, wie Sie reagieren. Es ist wichtig, ob der Zauber wirkt oder versagt: Wenn er wirkt, könnte die **HEXE** bzw. der **ZAUBERER** Ihnen wertvollen Rat zu bieten haben, und Sie sollten ihn beachten. Zur Klärung der Lage sind vielleicht weitere Träume nötig; dann sollten Sie um eine weitere Begegnung mit der Hexe oder dem Zauberer bitten *(s. S. 33)*.

Im 17. Jahrhundert war ein englischer Arzt namens Sir Thomas Browne der Ansicht, daß „Schutzgeister manchmal unsere Träume herbeirufen; so kann manch seltsamer Hinweis, Antrieb oder Diskurs, der uns wunderlich erscheinen mag, entstehen.“

ENGEL
TEUFEL
62

Ein **ENGEL** oder **TEUFEL** in Ihrem Traum hat wahrscheinlich nichts mit Religion, sondern mit Ihren guten oder bösen Instinkten zu tun. Sein Verhalten im Traum – als Mahner oder Versucher – bezieht sich sicher auf eine kürzlich getroffene oder bevorstehende Entscheidung bzw. Handlung Ihres Wach-Ichs. Er (Ihre innere Stimme) sagt Ihnen wohl kaum direkt, was er von Ihnen will oder wovon er Sie abhalten will; weitere Traumsymbole stellen dies jedoch klar.

SPHINX
ZENTAUR
64
FABELWESEN

Gelegentlich erscheint Ihnen vielleicht ein fremdartiges Wesen im Traum, wie z. B. eine **SPHINX**, ein **ZENTAUR** oder ein weniger bekanntes **FABELWESEN**. Ebenso wie Mythen *(s. S. 64)* tauchen sie manchmal bei uns auf, auch wenn wir im Wachzustand gar nicht wissen, was sie versinnbildlichen.
Wenn sie im Traum auftauchen, kann das etwas mit ihrer Bedeutung in alter Zeit zu tun haben: Die Sphinx galt als

MINOTAURUS

Symbol für Weisheit, der Zentaur als Exhibitionist, der **MINOTAURUS** als Sinnbild für den gefährlichen Trieb, der in uns schlummert. Der Traum selbst spiegelt vielleicht Ihr derzeitiges Verhalten oder Ihre Lebenseinstellung wider, ermutigt Sie oder rät Ihnen davon ab.

GEIST

Nur kleine Kinder haben eine Chance, im Traum einen **GEIST** bzw. ein **GESPENST** zu sehen; manchmal ist ein Schreckerlebnis der Auslöser solcher Träume (obwohl sich sogar bei Kindern das Gespenst oft als Schatten einer tatsächlich existenten, aber unbeliebten Person entpuppt – z. B. eines Lehrers, eines bösen Nachbarn usw.).
Erwachsene sehen meist die Schatten verstorbener Freunde, Verwandter oder Feinde. Die Analyse zeigt meist, daß die Geister nicht die betreffenden Personen darstellen, sondern den Schatten von deren Eigenschaften.

Wenn Sie so einen Traum haben, erkennen Sie vielleicht einige dieser Eigenschaften, die Sie für tot hielten, jedoch zurückzukommen drohen, in sich selbst wieder. Umgekehrt könnten die guten Eigenschaften des Geistes, der Sie besucht, in Ihnen gestorben sein und es verdienen, auferweckt zu werden. Träume von Geistern werden oft eher beruhigend denn als beängstigend empfunden.

INKUBUS
SUKKUBUS
TEUFEL
61
HEXE
60

Als **INKUBUS** bzw. **SUKKUBUS** bezeichnete vor allem die Kirche einen meist nicht identifizierbaren männlichen bzw. weiblichen Geist, der Frauen bzw. Männer besuchte, während sie schliefen, um sie zu lieben. Geistliche, die seit jeher jedes Interesse an Sex für sündig hielten, identifizierten Inkubus und Sukkubus mit **TEUFELN** und **HEXEN**; sie galten als gefährlich und böse. Nun weiß man heute, daß die meisten Menschen irgendwann im Leben sexuelle Träume haben. Besonders häufig sind sie bei Jugendlichen, denen man sagen sollte, daß das völlig normal ist.

ZAUBERER
ZAUBERIN

Magie oder Übernatürliches in Ihrem Traum, das sich als das Werk eines **ZAUBERERS** oder einer **ZAUBERIN** herausstellt, sollte als Warnung interpretiert werden: Im Wachleben könnten Dinge anders liegen, als es den Anschein hat. Wer versucht Sie zu täuschen? Suchen Sie im Traum nach Hinweisen auf die Identität des Magiers. Oder sind Sie der Zauberer, der im Traum seine Tricks anwendet? Wenn ja: Spiegelt der Traum Unbehagen oder Angst wegen eines laufenden Projekts oder einer Verhandlung wider, das bzw. die mehr auf Ihrem Geschick als auf festen Fakten beruht?

Prophetische Träume

Träume, die die Zukunft vorhersagen, gehören zu den beunruhigendsten, aber auch den interessantesten. Für viele solche Träume gibt es eine Erklärung, doch einzelne stellen sich als zutreffende Vorhersagen heraus.

Die Überlieferung von Hellsehern, die Träume für Prophezeiungen benutzten, reicht zumindest bis zu den Babyloniern (1700 v. Chr.) zurück. Prophetische Träume deutet sie so: Wenn ein Priester von einem Tempeleinsturz träumte und danach ein verhängnisvoller Krieg ausbrach, dachte man das nächste Mal, wenn ein Priester vom Einsturz eines Tempels träumte, daß sein Traum einen Krieg vorhersage. Das war zwar keine sehr wissenschaftliche Methode, doch sie wurde jahrhundertelang beibehalten. Auch das Christentum sah in den Träumen ein Hilfsmittel, das Gott benutzte, um seinem auserwählten Volk die Zukunft zu zeigen (die Bibel berichtet von prophetischen Träumen). Der hl. Augustinus behauptete, daß seine Mutter in einem Traum seine Bekehrung „gesehen" habe, und zwar neun Jahre bevor sie stattfand.

Bis ins 16. Jahrhundert führten Bischöfe sorgfältige Aufzeichnungen über ihre Träume, und auf ähnliche Weise sagten Propheten vielerlei Ereignisse voraus – von der Wiedergeburt Christi bis zum Weltuntergang.

Obwohl es in jüngster Zeit Beweise dafür gibt, daß manche Träume kommen, um künftige Handlungen oder Ereignisse zu enthüllen, gibt es für die meisten davon eine vernünftige Erklärung. Im Traum wie im Wachleben versuchen wir uns im voraus vorzustellen, was in der Folge bestimmer Handlungen oder Umstände passieren wird. Wenn Sie z. B. träumen, daß eine bestimmte Person an einer verkehrsreichen Kreuzung einen Unfall hat, haben Sie vermutlich (bewußt oder unbewußt) gespürt, daß diese Person Gefahr läuft, an genau dieser Stelle zu verunglücken.

Das beste Beispiel für dieses Phänomen ist, daß aus aller Herren Länder berichtet wird, Träume hätten die Ermordung Kennedys vorhergesagt. In manchen Fällen hatten die Träumer damals sogar diese Träume aufgeschrieben, so daß kein Zweifel an ihrer Echtheit besteht. Dennoch muß daran erinnert werden, daß Kennedy zu den weltweit bekanntesten Männern zählte, und daß Präsidenten kaum vor Mordanschlägen geschützt werden können. Allein in den USA träumen über 255 Millionen Menschen pro Nacht bis zu zehnmal, was allein dort pro Nacht über zweieinhalb Milliarden Träume ergibt. Angesichts dieser Statistik, weltweit hochgerechnet, wäre es seltsam, wenn *nicht* ein paar Menschen von der Ermordung Kennedys geträumt hätten. Außerdem gibt es keinen zuverlässigen Traumbericht, der Todesart, Tatort, Mordzeit oder den Namen des Mörders präzisiert hätte. Es scheint, daß Jungs Ansicht zutrifft, wonach Träume „ebensowenig prophetisch sind wie eine Krankheits- oder Wetterprognose. Es handelt sich bloß um eine Vorauskombinierung der Wahrscheinlichkeiten, die gegebenenfalls allerdings mit dem wirklichen Verhalten der Dinge auch zusammentreffen kann, aber nicht notwendigerweise zusammentreffen und in allen Einzelheiten übereinstimmen muß".

Nichtsdestoweniger sind manche Träume als echt präkognitive Phänomene anzusehen, und fast jedem Traumforscher sind solche untergekommen. Wenn Sie dieser Aspekt interessiert, Sie selbst präkognitive Träume haben oder sich mit diesem Thema ernsthaft befassen möchten, ist es wichtig, ein detailliertes Traumtagebuch zu führen. Falls Sie einen Traum haben, der ein Ereignis von großer Bedeutung (beispielsweise ein Erdbeben) anzukündigen scheint, sollten Sie einen schriftlichen Traumbericht mit allen Details abfassen, diesen von Zeugen unterschreiben lassen und ihn dann in einem versiegelten Umschlag an eine angesehene Institution schicken, z. B. an Ihre Bank, mit der Anweisung, den Umschlag bei Eintreffen mit einem Posteingangsstempel zu versehen.
Häufig sind im Traum erlebte Katastrophen Anlaß zu Beunruhigung. Wenn

TRAUMANALYSE

„Ich träumte, ich ginge zur Schule, aber da war keine Schule. Etwas Schwarzes war daraufgefallen und hatte sie begraben."

Die Träumerin, ein zehnjähriges Mädchen, ging in Aberfan zur Schule und starb, als eine Schlackenhalde auf das Schulhaus stürzte. Die Geschichte scheint authentisch, und bisher hat man keine Erklärung für diesen offenbar präkognitiven Traum.

ASTROLOGEN
HANDLESER
KARTENLEGER

jemand z. B. von einem Flugzeugunglück träumt oder im Traum von einem **ASTROLOGEN, HANDLESER** oder **KARTENLEGER** ein solches angekündigt bekommt, macht er sich vielleicht Sorgen, wenn er am Tag darauf fliegen muß. Die meisten Menschen fliegen nur selten, daher sind sie vorher manchmal nervös und bekommen leicht solche Alpträume.

In Aberfan, einem Dorf mit Kohlenbergbau in Wales, kam es zu einem Bergrutsch, bei dem eine Schlackenhalde das Schulhaus unter sich begrub; 128 Kinder und 38 Erwachsene kamen dabei ums Leben. Es gab eine Reihe von Berichten, daß Träume dieses Unglück vorhergesagt hätten, und ein Dr. J. C. Baker untersuchte einige davon. Ein Traum, über den schon vor dem Unglück berichtet wurde, schilderte Kinder, die versuchten, aus einem Raum herauszukommen, und „Hunderte von Menschen, die zusammenliefen. Ihre Mienen waren schreckverzerrt. Manche weinten, andere hielten sich Taschentücher vors Gesicht". Andere Träumer beschrieben „schreiende Kinder, die unter einer Kohlenlawine begraben waren", sowie „eine Schule, schreiende Kinder, und eine schwarze, klebrige Masse, die über sie hinwegkroch". Diese Traumberichte enthielten zwei namentliche Hinweise auf Aberfan *(s. Traumanalyse oben).*

MYTHOLOGIE

Besonders seltsam an Träumen ist, daß sie uns manchmal mit Sagengestalten der Antike konfrontieren, von denen wir überzeugt sind, gar nichts zu wissen. Jung jedoch meinte dazu: „Die großen Gestalten der Vergangenheit sind nicht tot, wie wir denken; sie haben nur ihren Namen geändert." Wir träumen gelegentlich auch von Legenden unserer Zeit, zum Beispiel Superman.

Die Mythen der Antike sowie der Tierkreiszeichen *(s. S. 69)* haben bis heute überlebt, weil sie universell gültig sind und typisch Menschliches zeitlos darstellen – Liebe, Sinnenfreude, Gier und Zorn. Diese Themen werden in Sagen und Legenden bewahrt, die uns heute genauso ansprechen wie die Menschen vor mehreren tausend Jahren. Diese Mythen schlummern tief in unserem Unbewußten, genauso wie die Überreste alter Kulturen in der Erde, die auf ihre Entdeckung durch Archäologen warten. Mythologische Figuren sofort erkennen kann nur, wer sich mit ihnen schon einmal beschäftigt hat. Man erkennt sie jedoch an ihren typischen Merkmalen, und wenn wir die dazugehörigen Sagen näher betrachten, können wir daraus viel über sie – und über uns – lernen.

ZENTAUR *61*
EINHORN
KREBS *44*

Jede Gestalt, die in einem Traum eine tragende Rolle spielt (vor allem, wenn sie archetypisch, aber unidentifizierbar erscheint oder auf autoritäre Weise handelt), ist es wert, mit der mythologischen Figur, der sie am meisten ähnelt, verglichen zu werden. Anschließend sollten Sie sich selbst mit deren Merkmalen vergleichen und Ähnlichkeiten oder Unterschiede aufzeigen. Fabelwesen wie **ZENTAUR, EINHORN** und dem **KREBS** des gleichnamigen Sternzeichens *(s. S. 69)* kommt ebenfalls Bedeutung zu: Über Zentauren ist wenig bekannt, aber sie gelten als brutal (halb Tier, halb Mensch) und als Sinnbild für animalische Leidenschaft; das Einhorn ist ein sanfteres Geschöpf und legt der Jungfrau seines Herzens den Kopf in den Schoß.

JUPITER
ZEUS

JUPITER ist das römische Pendant zu **ZEUS**, dem „Göttervater" der Griechen, und könnte Ähnlichkeit mit jeder beliebigen Autoritätsperson in Ihren Träumen aufweisen, z. B. mit Ihrem Vater, Chef oder Lehrer – also jedem, der Gehorsam verlangt und Respekt einflößt. Jung sagte, er sei „der archetypische Führer, die Stimme der kollektiven Autorität, Herr, König oder Tyrann, aber auch Beschützer, die Gestalt ..., deren Wort Gesetz ist". Manchmal tritt Jupiter als erhabener Beschützer von Recht und Treue auf; andererseits war er dafür bekannt, daß er gerne Damen nachstellte und es mit dem Moralkodex, den er anderen auferlegte, selbst nicht so genau nahm. Sein Erscheinen als Traumbild könnte also Einspruch gegen eine Handlung Ihres Wach-Ichs bedeuten, aber auch, daß Sie korrektes Benehmen als Nebensache abtun. Bedenken Sie, daß Jupiter von seinen Untergebenen manchmal zurechtgewiesen und verspottet wurde: Keiner ist unantastbar. Jupiter in seiner „Du sollst nicht"-Pose steht eher **SATURN** nahe, dessen Name für finstere Mißbilligung steht.

SATURN

VENUS *151*
APHRODITE

Die römische **VENUS** entspricht **APHRODITE**, der schönen, aber zügellosen Liebesgöttin der Griechen. Ihr Tempel auf Zypern war berühmt als Schauplatz von Sexorgien, bei denen der Geschlechtsakt als eine Art Weihegebet zelebriert wurde. Bei Männern könnte das Erscheinen einer unbekannten, aber wunderschönen Frau schlicht ein sexueller Wunscherfüllungstraum *(s. S. 150)* sein, der nicht auf eine bestimmte Frau, sondern auf Frauen generell abzielt. Das Verhalten der Frau im Traum ist bedeutsam, denn es spiegelt Ihre bewußten oder unbewußten Sehnsüchte wider – das, was Sie von Ihrer Partnerin brauchen. Vielleicht gibt es einen Hinweis auf Ihre Einstellung zu Frauen oder die Art, wie Sie Frauen behandeln. Manchmal taucht die Venusfigur im Traum als bedrohliche Sexfigur auf *(s. S. 154)* – in der Regel bei Männern, die sich sexuell unsicher fühlen. Venus ist erpicht darauf, den Mann „rumzukriegen“, den sie will, und das Gegenteil der Mutterfigur, mit der sexuell unsichere Männer besser zurechtkommen.

MERKUR *151* **HERMES**

MERKUR war bei den Römern der Götterbote (bei den Griechen hieß er **HERMES**). Zwar ist jeder Traum in gewissem Sinne eine Botschaft (von Ihnen an Sie), doch einen Traum, in dem Ihnen jemand wirklich eine Botschaft überbringt, können Sie nicht einfach ignorieren. Denken Sie erst nach, welcher Art die Botschaft war, doch dann (und speziell) auch über den Überbringer. Merkur war auch ein Schwindler, impulsiv und ichbezogen und beherrscht von Begierden. Er könnte uns an unsere Sturm- und Drangzeit, der wir vielleicht nie ganz entwachsen sind, erinnern. War der Bote im Traum glaubwürdig, oder gab es einen Hinweis auf Doppelzüngigkeit? Dies könnte bedeuten, daß eine „Botschaft“ oder ein „Bote“ im Wachleben nicht so vertrauenswürdig ist, wie Sie denken.

MARS *151* **HELD** *136*

Den römischen Kriegsgott **MARS** kann jede Figur, die Sie oder einen anderen im Traum angreift, darstellen – sogar Sie selbst. Der Kriegsgott ist der tatendurstige **HELD** der griechischen Mythologie; er kann in Gestalt eines siegessicheren Soldaten, eines Geschäftsmanns oder eines sozialen Aufsteigers, der hoch hinaus will, auftreten. Die Markenzeichen eines Helden sind Mut, Entschlossenheit, Angriffslust und die Durchsetzung des eigenen Willens. Was er im Traum tut, könnte alle Probleme ansprechen, die Sie mit Ihren Zielsetzungen haben.

SUPERMAN **MARILYN MONROE** **JAMES BOND** **DIE QUEEN** *115, 162*

Phantasiegeschichten oder Tatsachen sind der Stoff, aus dem die Helden und Heldinnen moderner Mythen sind. **SUPERMAN, MARILYN MONROE, JAMES BOND** und die **QUEEN** können in unseren Träumen als archetypische Figuren auftauchen und – wie die Götter der Antike – bestimmte Handlungsweisen oder Zielsetzungen versinnbildlichen. Sie ermutigen uns vielleicht zu mehr Mut oder Ehrgeiz; unter Umständen finden wir sie gar nicht anziehend, wollen ihrem Beispiel nicht folgen. Doch bedenken Sie, daß Sie als der Träumer diese Gestalten ja auf den Plan gerufen haben. Wenn ein Krieger kampfbereit in voller Rüstung aufmarschiert, dann fast mit Sicherheit deswegen, weil der Teil Ihres Unbewußten, der sein Erscheinen in Ihrem Traum veranlaßte, Sie zum Handeln drängen will. Entsprechend ist das Auftauchen einer Figur, die Merkur ähnelt, vermutlich ein Hinweis darauf, daß jemand (Sie oder jemand anders) in ein Täuschungsmanöver verwickelt ist.

All diese Figuren helfen uns – wenn wir ihr Erscheinen und ihre Absichten im Traum richtig verstehen – beim Individuationsprozeß, d. h. bei der Selbstfindung (was ja eine der Hauptaufgaben aller Träume ist). Wie alle anderen Traumsymbole sind sie oft schwer einzuordnen. Ein Kind z. B. kann im Traum Symbole sehen, die sich – oberflächlich betrachtet – auf hohes Alter beziehen; im Fall des Kindes stehen sie aber vielleicht für den Übergang von der Kindheit ins Jugendalter oder von der Jugend ins Erwachsenenalter. Die Helden und Heldinnen der Mythologie können, sogar in moderner Verkleidung, unseren „Schatten“ *(s. S. 97)* darstellen, d. h. die Gesamtheit der verborgenen, unterdrückten und unerfreulichen Aspekte unserer Persönlichkeit, mit denen wir – laut Jung – „in ständigem Kampf um Befreiung“ stehen. In den Sagen gewinnt in der Regel der Held seinen Kampf gegen den Feind, der ein Mensch oder ein Ungeheuer sein kann; wenn er ihn verliert, geht er in die Finsternis, die so etwas wie Tod bedeutet. Das kann auch im Traum passieren, doch Sie sollten daran denken, daß Träume kreativ sind; sie führen uns durch die Dunkelheit ins Licht.

MÄRCHEN

MÄRCHEN kommen in unserer Zeit häufig in Träumen vor – vor allem bei Frauen. Psychologen haben festgestellt, daß die Geschichte „Die Schöne und das Biest“ in verschiedenen Varianten in den Träumen von Frauen durchgespielt wird. Diese Frauen leiden darunter, daß die Beziehungen zwischen Mann und Frau so schwierig sind in einer Welt, in der die männlichen und die weiblichen Haltungen noch nicht ganz miteinander versöhnt sind.

DER TRAUM VOM LABYRINTH

„Bei einem Schloßbesuch ging ich mit meiner Familie in den Irrgarten. Gleich am Anfang verlor ich meine Frau und meine Söhne aus den Augen. Ich fühlte mich allein und besorgt. Die Hecken des Labyrinths waren hoch und sehr dicht. Ich konnte niemanden sehen und hörte nichts außer einem schnaubenden Geräusch, das immer lauter wurde, je näher ich zur Mitte des Irrgartens kam.

Vor mir sah ich eine Lücke in der Hecke und wußte sofort, daß dies der Eingang zur Irrgartenmitte war. Als ich darauf zuging, wußte ich, daß irgend etwas Böses jenseits davon auf mich lauerte. Ich wußte, daß ich hineingehen sollte, konnte es aber nicht ertragen zu sehen, was mich erwartete, also machte ich kehrt und ging durch die Lücke zurück. Das Schnauben hörte auf, und es wurde still. Ich wollte weglaufen, doch nun sah ich sechs oder sieben verschiedene Ausgänge, und ich mußte unbedingt den richtigen finden, sonst würde das, was hinter mir her war, mich einfangen.

Dann sah ich ein Computer-Magnetband auf dem Boden liegen. Ich hob es auf und ging ihm nach, denn ich wußte, es würde mich aus dem Labyrinth herausführen. Das Ungeheuer hatte die Verfolgung aufgegeben – das spürte ich. Doch das Schnauben war wieder zu hören, und ich fühlte, daß ich umkehren und das Ungeheuer töten mußte, sonst würde es meine Familie und mich angreifen."

TRAUMDEUTUNG

Norman war ein Programmierer und interessierte sich nicht besonders für Mythologie, doch sein Traum bezog sich erkennbar auf die griechische Sage vom Minotaurus – einem stierköpfigen Ungeheuer, das im Labyrinth eingesperrt und von dem griechischen Helden Theseus getötet wurde. Ariadne hatte Theseus, den sie liebte, einen Knäuel Bindfaden mitgegeben, mit dessen Hilfe er aus dem Labyrinth wieder herausfand.

Der Traum schien eine Situation zu beschreiben, die sich an Normans Arbeitsplatz entwickelt hatte. Er hatte Aussicht auf Beförderung in eine leitende Stellung und nur einen einzigen Konkurrenten. Die Rolle dieses Rivalen spielte im Traum der Minotaurus, denn Normans Frau, die sich für Astrologie interessierte, hatte einmal dessen Hartnäckigkeit mit den Worten „Was kannst du schon von einem Stier (gemeint war dessen Sternbild) erwarten?“ kommentiert. Der Irrgarten stellte das komplizierte System dar, nach welchem seine Eignung für diese Stellung beurteilt wurde. Er befürchtete, daß sein Rivale im Rennen um die Beförderung vor ihm liegen könnte (versinnbildlicht durch die Mitte des Irrgartens). Seine Frau hatte ihm gut zugeredet, daß alles gut werden würde, wenn er sich nur von seinen Instinkten und seiner Erfahrung (dem Computer-Magnetband) leiten ließe. Der Traum drängte ihn dazu, ihren Rat anzunehmen. Norman hatte seine Familie „aus den Augen verloren“, weil er so sehr mit seiner Arbeit beschäftigt war, daß seine Beziehung zur Familie darunter litt. Die Hecken des Irrgartens waren höher und dichter, als er erwartet hatte – das heißt, er wuße, daß die neue Position höhere Anforderungen an ihn stellen würde, als er zunächst dachte. Das Schnauben könnte ein Hinweis auf die Hartnäckigkeit seines Rivalen sein, der Norman gegenüber immer behauptet hatte, er sei nicht an einer Beförderung interessiert. Die Tatsache, daß Norman ihm nicht gegenübertreten konnte (er ging durch die Lücke in der Hecke zurück), verweist auf sein Mißtrauen und seine Abneigung gegen Konfrontationen.

DIE WELT DER NATUR
PHANTASIE- & FABELWESEN
KUNST & WISSENSCHAFT
MENSCHLICHER KÖRPER
GEBÄUDE & INNENRÄUME
ALLTÄGLICHE DINGE
GEFÜHLSLEBEN
TÄTIGKEITEN
BEFINDLICHKEITEN
RITUALE & RELIGION
THESAURUS DER TRÄUME

DAS MANDALA

Das Mandala zählt zu den mächtigsten Symbolen, die häufig in Träumen auftauchen und – obwohl sie nicht erkannt werden – uns meist Wichtiges mitzuteilen haben. Es besteht aus einem Kreis, der ein Viereck einschließt, und in dessen Mitte befindet sich in der Regel eine Figur (die häufig uns selbst darstellt).

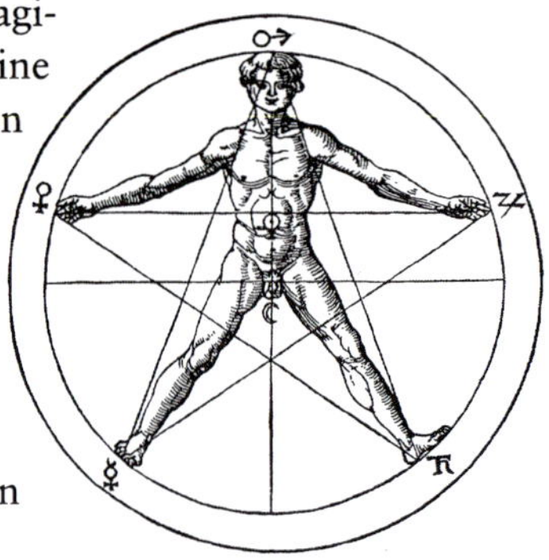

Jung gab diesem Motiv den Hindu-Namen „Mandala" oder „magischer Kreis" und sah darin eine Darstellung der menschlichen Seele. Dieses Symbol erscheint weltweit als Grundmuster: Romulus legte dem Bauplan Roms das Mandala zugrunde, und viele andere Städte der Antike – einschließlich Jerusalem – haben ebenfalls diese Form. Der Hindutempel wird als Mandala gebaut. Es stellt die vier Ecken der Erde dar, die um ihre Mitte kreisen, oder „das Ich, das in Zeit und Raum um sich selbst kreist" – das heißt, eine vollständige Integration Ihres äußeren und inneren Selbst. In der hinduistischen und buddhistischen Kunst stellt das Mandala das Universum und die innere Welt der Menschenseele dar.

KREIS
SCHEIBE
ERDKUGEL
RAD
REIFEN

Es lohnt sich, darüber nachzudenken, daß jedes kreisförmige Symbol – **KREIS, SCHEIBE, ERDKUGEL, RAD,** ja sogar ein Hula-Hoop-Reifen – ein Mandala sein kann. Obwohl das Symbol schwer zu erkennen ist, wird es sich wegen seiner Wichtigkeit häufig selbst zu erkennen geben. Es wird Ihnen „sagen", daß es wichtig ist, indem es sich weigert, aus Ihren Gedanken zu verschwinden. Beim Erwachen können Sie sich vielleicht manchmal ein bestimmtes, Ihnen zunächst belanglos erscheinendes Bild nicht aus dem Kopf schlagen. Jedes derartige Bild ist wahrscheinlich wichtig, und wenn es kreisförmig ist, könnte es ein Mandala sein. Ob es nun ein Mandala ist oder nicht, ist für den Träumer nicht besonders wichtig, solange es als wichtiges Symbol erkannt wird. Vermutlich werden Sie es als solches erkennen, weil es Ihnen nicht aus dem Kopf geht.

KALEIDOSKOP
168

Über die Bedeutung des Mandalas könnte man zwar noch seitenlang schreiben, doch dies würde dem durchschnittlichen Träumer nicht unbedingt weiterhelfen. Leider bleibt es, wenn es erkannt ist, eines der Traumsymbole, die besonders schwierig zu verstehen sind – einfach, weil seine Bedeutung so mysteriös ist und anscheinend Assoziationen mit den Tiefen der Träumerseele vorhanden sind. Es kann das Konzept Ihres gesamten Lebens, von der Geburt bis zum Tod, ausdrücken. Das Mandala könnte in Ihrem Traum auch als **KALEIDOSKOP** oder in geometrischen Mustern, wie man sie mit dem Zirkel anfertigt, auftauchen. Jede Farbe in Verbindung mit dem Mandalasymbol kann – wie Farben überhaupt – wichtig sein.

Eine Zeichnung von Ihrem Traum anzufertigen ist dann ganz besonders nützlich, wenn ein Mandala darin im Mittelpunkt steht. Einige Psychologen raten dazu, das Symbol, das Sie im Traum sahen, nicht einfach minuziös nachzuzeichnen, sondern es als Ausgangspunkt zu verwenden und Ihren Stift oder Pinsel improvisieren zu lassen. Wenn möglich, sollten Sie für Ihr Traumbild Farben verwenden und auch Wörter einbauen, wenn diese Ihnen im Traum begegneten. Vermutlich finden Sie heraus, daß Sie einige Bildteile sehr genau zeichnen möchten, während andere sich fast von selbst zeichnen – fast so, als ob Sie sie träumten. Das fertige Traumbild zeigt dann das Muster Ihres derzeitigen Lebens mit seinen Bedrohungen oder Freuden, Wünschen oder Ängsten. Die Bereiche Ihres Bildes, die aus Ihrem Unbewußten hervorgegangen sind, werden Ihnen Hinweise auf Ihre wahren Gefühle und die Richtung, die Sie einschlagen sollen, geben.

DER TIERKREIS

Träume, in deren Mittelpunkt der Tierkreis mit seinen Sagengestalten und Symbolen steht, sagen viel über das Wesen der Menschen aus – meist verweisen sie entweder auf die Eigenschaften der Tiere in den Sonnenzeichen, die sich im Verhalten spiegeln, oder auf Menschen, die wir bestimmten Zeichen zuordnen können.

WIDDER
STIER
ZWILLINGE
KREBS
94
LÖWE
JUNGFRAU
WAAGE
SKORPION

Wenn Sie von einem bestimmten Tierkreiszeichen träumen, sollten Sie sich dessen Eigenschaften ansehen und diese dann auf sich selbst oder andere anwenden. Typisch für den **WIDDER** sind Tatkraft und das Bedürfnis zu siegen. Widdergeborene sind direkt, entschlußfreudig, selbstlos und rücksichtslos. Verläßlichkeit, gesunder Hausverstand, Sinnlichkeit und praktische Veranlagung sind die Merkmale des **STIERS**. Stiergeborene können aber auch eigensinnig, besitzergreifend und gefräßig sein. Merkmale der **ZWILLINGE** sind Lebhaftigkeit und jugendliches Auftreten, aber auch Dualität, Falschheit und Debattierfreude. **KREBS**-Geborene sind meist fürsorglich, beschützend, zärtlich und verständnisvoll, neigen aber auch dazu, sich an jemand zu klammern und sich ständig Sorgen zu machen. Der **LÖWE** ist eine Führernatur, ein Organisationstalent, begeisterungsfähig, kreativ und großzügig, kann aber auch tyrannisch und sehr starr in seinen Ansichten sein. Die im Zeichen der **JUNGFRAU** Geborenen denken analytisch und nüchtern, sie sind gesundheitsbewußt, praktisch, gesprächig und bescheiden; sie unken, nörgeln, klatschen und sind überkritisch. Das Sternzeichen der **WAAGE** verkörpert Romantik, Sympathie, Freundlichkeit und Entspannung. Waage-Menschen können übelnehmerisch, unentschlossen, allzu gelassen und manchmal boshaft sein. **SKORPION**-Geborene leben intensiv, haben starke Gefühle und handeln zielstrebig. Eifersucht, Haß und nachtragendes Verhalten sind ebenfalls typisch für den Skorpion.

SCHÜTZE
STEINBOCK
WASSERMANN
FISCHE

Im Zeichen des **SCHÜTZEN** Geborene sind in der Regel geistig rege, begeisterungsfähig, energisch, optimistisch, sportlich und aufgeschlossen. Sie können jedoch auch ruhelos, zu impulsiv und leichtsinnig sein. Der **STEINBOCK** ist ehrgeizig, aufstrebend, progressiv, politisch interessiert und hat einen ausgeprägten Sinn für Humor. Negative Merkmale dieses Sternzeichens sind der Hang, sich zu beklagen, unterdrückt zu fühlen und Sorgen zu machen, Pessimismus, Geiz und Gefühlskälte. Im Zeichen des **WASSERMANNS** Geborene sind originell, freundlich, hilfsbereit, mondän und haben eine fortschrittliche Lebensauffassung, meist auch künstlerische oder wissenschaftliche Begabungen. Der unberechenbare, eigensinnige, kühldistanzierte Wassermann verliebt sich oft und neigt zu übertriebener Romantik. Der typische **FISCH** ist freundlich, einfühlsam, liebevoll, verträumt, kreativ und gefühlsbetont, aber auch chaotisch, hinterlistig, realitätsfremd, leichtgläubig und sentimental.

Die Welt der Natur
Phantasie- & Fabelwesen
Kunst & Wissenschaft
Menschlicher Körper
Gebäude & Innenräume
Alltägliche Dinge
Gefühlsleben
Tätigkeiten
Befindlichkeiten
Rituale & Religion
Theasaurus der Träume

MUSIK

Obwohl in den meisten Träumen das visuelle Erleben im Vordergrund steht, können Menschen, für die Musik sehr viel bedeutet, durchaus auch von Musik träumen. Dies ist dann vor allem auf der Gefühlsebene wichtig, denn der Klang der Musik hat mit praktischen Dingen wenig zu tun (außer mit dem technischen Können, das man braucht, um ein Instrument zu spielen).

ORCHESTER *176*
CHOR

Die Wahrscheinlichkeit, daß Sie von Musik träumen, ist dann am größten, wenn sie ein wichtiger und angenehmer Bestandteil Ihres Alltags im Wachleben ist. Es ist bekannt, daß Komponisten manchmal ganze Musikstücke träumten – Strawinsky ein Sextett, Paul McCartney die Melodie von „Yesterday". Für Ihr Traumverständnis ist nicht so sehr die Art der Musik wichtig, die Sie hören (außer es ist ein Stück, das Sie in wachem Zustand besonders lieben), sondern die Gesamtheit der sonstigen Umstände: ob Sie anderen beim Spielen zuhörten, selbst in einem **ORCHESTER** ein Instrument spielten oder in einem **CHOR** sangen. Dies könnte etwas über Sie im sozialen oder beruflichen Kontext aussagen: wie leicht oder schwer Ihnen der Umgang mit anderen Menschen fällt, und wie gut Sie mit dieser Art von Situation derzeit umgehen. Fügte sich Ihr Spiel im Traum harmonisch ins Ganze ein, oder gab es Dissonanzen?

OUVERTÜRE
FANFARE
KONZERT
DIRIGENT

Unter Umständen ist wichtig, was Sie hören: Eine **OUVERTÜRE** weist auf den Beginn von etwas Neuem hin, eine **FANFARE** bedeutet Erfolg. Ein Solisten-**KONZERT** könnte darauf anspielen, daß Sie in irgendeiner Hinsicht auf sich allein gestellt sind oder daß Sie sich vielleicht nur auf ein oder zwei andere Menschen verlassen – je nachdem, ob Sie von einem Pianisten, einer kleinen Gruppe von Musikern oder von einem großen Orchester begleitet wurden. Falls letzteres zutrifft: Ist Ihnen bewußt, daß Sie die Unterstützung einer großen Kollegenschar haben? Wenn Sie sich im Traum als **DIRIGENT** sahen, könnte das Verantwortung bedeuten: Sind Sie im Wachleben verantwortlich für eine Abteilung oder eine Firma? Oder wollen Sie bloß „den Ton angeben"?

INSTRUMENT
CELLO
GITARRE

Im Traum vorkommende **INSTRUMENTE** enthalten Hinweise unterschiedlicher Art. Das **CELLO** und speziell die **GITARRE** werden oft als Symbole für den weiblichen Körper angesehen; die Gitarre vor allem in der Dichtung und in der erotischen Kunst. Wenn ein Mann träumt, er spiele auf einem dieser beiden Instrumente – oder auf einem anderen Saiteninstrument –, sollte er überlegen, ob es ein erotischer Traum ist. Der Traum bietet vielleicht an anderer Stelle einen Hinweis an, der Ihnen hilft, die Frau, um die es geht, zu identifizieren. Wichtig wird sein, wie gut Sie spielen.

TROMPETE
PAUKE

Haben Sie im Traum **TROMPETE** gespielt? Wenn Sie träumten, daß Sie auf die **PAUKE** hauten, heißt das vielleicht, daß Sie im Wachleben zuviel Aufhebens von einer Angelegenheit machen.

GEIGE Das Vorkommen einer **GEIGE** im Traum bezieht sich häufig darauf, wie schwer das Geigenspielen ist: auf den herrlichen Klang, den ein Virtuose der Geige entlockt, oder aber auf das infernalische Quietschen bei Anfängern. Wie gut spielten Sie im Traum? Oder spielte Ihnen jemand etwas vor? Auch die Wirkung auf das Publikum und Ihre eigenen Gefühle im Traum spielen eine Rolle. Versuchen Sie, den Traum mit einer Aufgabe in Ihrem Wachleben zu verknüpfen – vielleicht hoffen Sie, andere damit zu beeindrucken.

KARAOKE **KARAOKE** ist heute überall beliebt und gibt jedem die Möglichkeit, mit einem Anstrich von Professionalität, aber ohne professionelle Ausbildung oder Technik – und häufig auch ohne jedes Talent – aufzutreten. Wenn Sie davon träumen, an einem Karaoke-Wettbewerb teilzunehmen oder einfach vor einem bewundernden Publikum in Karaoke zu schwelgen, bedeutet das eventuell, daß Sie sich in einem Bereich Ihres Wachlebens Ihrer Leistung oder Ihres Erfolges allzu sicher sind. Wenn das Publikum Sie im Traum auspfeift, liegt diese Vermutung noch näher. Möglich ist, daß Sie die Situation einfach genießen; auch könnte darin ein Hinweis stecken, daß Sie eines Ihrer Talente im Wachleben verschwenden oder endlich zum Tragen bringen sollten.

TROMMEL Die **TROMMEL** hat im Taum häufig einen ähnlichen Sinngehalt wie die Trompete oder das Becken. Sie wird aber in der Regel eher mit einer Neuigkeit oder dem Versuch, andere im Gleichschritt marschieren zu lassen, in Zusammenhang gebracht. Wenn Sie der Welt nichts verkünden bzw. nicht die Aufmerksamkeit anderer erregen möchten, drückt Ihr Traum vielleicht Ihren Wunsch aus, jemand auf Ihren Standpunkt einzuschwören. Wenn Sie selbst zur Trommel marschieren, könnte das bedeuten, daß es Ihnen wichtig ist, als Individuum und nicht als „einer in der Masse“ zu leben, aber auch Schritt zu halten mit Ihren Hoffnungen und Wünschen.

ORGEL Wenn Sie im Traum eine **ORGEL** spielen oder hören, könnte dieses Orgeln eine versteckte Anspielung auf Liebeswerben oder sogar auf den Geschlechtsakt sein. Wie gut spielten Sie das Instrument in Ihrem Traum?

KLAVIER Das **KLAVIER** ist eines der Instrumente, die am schwierigsten zu spielen sind, und ein guter Pianist erntet mit Recht Bewunderung und Applaus. Ein Traum, in dem Sie als Pianist auftraten und viel Beifall bekamen, wirkt in der Regel äußerst beruhigend. Wenn Sie jedoch nur Tonleitern spielten oder erfolglos ein schwieriges Stück übten, verweist das vielleicht auf eine mühevolle Aufgabe in Ihrem Wachleben, der sie mehr Aufmerksamkeit oder Zeit widmen sollten. Oder haben Sie sich für Ihr jetziges Können zuviel vorgenommen?

TRAUMANALYSE

„Ich spielte auf einem so riesigen Cello, daß ich es mit dem Arm kaum umfassen konnte. Als ich den Bogen ansetzte, verbog er sich und brachte keinen einzigen Ton hervor. Schließlich verlor ich die Beherrschung und schüttelte das Cello, das auf die Größe einer Geige zusammenschrumpfte. Ich klemmte mir die Geige unter das Kinn und spielte wunderschön.“

Der Träumer hatte eine Beziehung mit einer sehr unabhängigen Frau, die sexuell wesentlich erfahrener war als er. Er hatte deswegen Hemmungen und war impotent geworden. Der Traum riet ihm, die Kontrolle zu übernehmen und einzusehen, daß sie als gleichberechtigte Partner harmonischer zusammenleben könnten.

Die Welt der Natur
Phantasie- & Fabelwesen
Kunst & Wissenschaft
Menschlicher Körper
Gebäude & Innenräume
Alltägliche Dinge
Gefühlsleben
Tätigkeiten
Befindlichkeiten
Rituale & Religion
Theasaurus der Träume

GESCHICKLICHKEIT

Im allgemeinen spiegeln Träume, in denen körperliche Geschicklichkeit eine Rolle spielt, einen Bedarf an Fertigkeiten im Wachleben wider, doch in der Regel auf einer anderen als der rein physischen Ebene (außer, wenn Ihr Beruf Rechtshändigkeit erfordert oder Sie z. B. ein begeisterter Heimwerker sind).

BILLARD *132*
BOGEN-SCHÜTZE
PFEIL
ZIELSCHEIBE *118, 127, 133*
AKROBAT *163*
GLEICH-GEWICHT *163*

Wenn Sie ein Tischler, guter **BILLARD**-Spieler oder **BOGENSCHÜTZE** sind, benutzen Ihre Träume Ihre Geschicklichkeit auf diesem Gebiet wahrscheinlich als Symbol für das Geschick, das Sie in einem anderen Lebensbereich benötigen. Die Traumdeutung hängt stark davon ab, wie erfolgreich Sie im Traum waren: Lochten Sie die Kugeln erfolgreich ein, oder traf Ihr Pfeil die **ZIELSCHEIBE**? **PFEILE** sind oft Sexsymbole (wegen der Liebespfeile Amors); wenn Sie die Scheibe treffen, könnte das ein Symbol für eine Beziehung sein oder bedeuten, daß Sie jemand verführen (oder selbst verführt werden) möchten. Wenn Sie in Ihrem Traum als **AKROBAT** auftraten, fielen Ihnen die Kunststücke leicht? Behielten Sie das **GLEICHGEWICHT**?

AKROBAT *163*
TRAPEZ *178*
KUNST-FLIEGER

Wenn es im Traum um Geschicklichkeit ging, waren Sie vielleicht ein trauriger Versager oder kamen mit Ihrer Aufgabe nur schwer zurecht. Das könnte eine Warnung sein, daß Sie die Dinge zu leicht nehmen, oder daß Sie sich auf Ihre derzeitige Aufgabe konzentrieren sollten. Falls Sie als **AKROBAT** die Hand eines Partners verfehlten oder Ihre Hände vom **TRAPEZ** abglitten, „begreifen" Sie vielleicht eine Situation nicht richtig. Wenn Sie im Traum als **KUNSTFLIEGER** mit anderen Kollegen waghalsige Kunststücke vorführten, arbeiten Sie im Wachleben gut (oder mäßig) mit Teamkollegen zusammen *(s. Fliegen, S. 147)*.

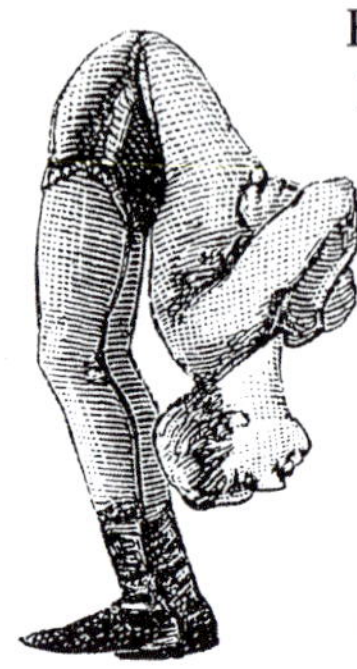

Der Traum kann natürlich auch einfach bewußte oder unbewußte Ängste widerspiegeln: Ballettänzer z. B. träumen oft, daß sie einen schwierigen Schritt nicht exakt ausführen konnten, oder Billard-Profis, daß sie es nicht schafften, die schwarze Kugel einzulochen. Die meisten Menschen haben Angstträume in bezug auf ihre Arbeit, und in der Regel steckt auch nicht mehr dahinter.

ENERGIE

Anspielungen auf Ihr Energiepotential können in vielerlei Gestalt in Ihren Träumen auftauchen. Jedes Energiesymbol sollte festgehalten werden. Wichtig ist dies vor allem, wenn im Traum ein Energieausfall vorkommt.

STROM
GAS
SICHERUNG
131
OFEN
HERD
46
BENZIN

Wenn im Traum der **STROM** oder das **GAS** ausfällt bzw. eine **SICHERUNG** durchbrennt, ist das vielleicht ein Hinweis auf Ihr niedriges Energiepotential. Ihr Traum könnte Ihnen nahelegen, Ihre Lebensgewohnheiten zu ändern – also sich gesünder ernähren, mehr Ruhe gönnen und Möglichkeiten suchen sollen, Ihre Kräfte wieder aufzubauen. Andererseits bedeuten gleichmäßig brennende Gasflammen *(s. S. 45)*, **ÖFEN** und **HERDE**, daß reichlich Energie vorhanden ist. Sie sollten auch daran denken, daß Feuer- und Hitze of sexuelle Symbole sind. Ein Traum davon, daß das **BENZIN** ausgeht, könnte z. B. auf Angst vor Libidoverlust oder – bei Männern – sogar vor Impotenz hinweisen.

SICHERUNG
131

Das Durchbrennen einer **SICHERUNG** im Traum ist möglicherweise eine Warnung davor, daß Sie die Geduld mit einer Person oder Sache verlieren oder daß Ihre Energie nicht gebändigt wird und sich voll verausgabt. Wenn Sie

TRAINING
LAUFEN
GEHEN
GEWICHTE

davon träumen, daß Sie Fitneß-**TRAINING** betreiben, kann das Verschiedenes bedeuten, je nachdem, wie Sie trainierten: **LAUFEN** oder schnelles **GEHEN** läßt vermuten, daß Sie im Wachleben hinter irgend etwas herlaufen. Wenn Sie auf einem Heimtrainer liefen: Treten Sie vielleicht auf der Stelle? Welches Ziel versuchen Sie im Wachleben zu erreichen? Wenn Sie schwere **GEWICHTE** hoben: Legt Ihnen jemand schwere Lasten auf? Oder laden Sie sich selbst Bürden auf und nehmen es sich dann übel?

KREATIVITÄT

Träume, in denen man kreativ tätig ist, sind weniger bedeutsam, wenn Sie von Natur aus ein kreativer Mensch sind. Wenn Sie hingegen noch nie Ihre Hände gebraucht haben, könnte ein Traum, in dem Sie töpfern oder einen Roman schreiben, bedeuten, daß Sie sich überlegen sollten, dies zu tun – oder zumindest Ihrem Einfallsreichtum mehr Spielraum zu geben.

SAMENKORN
KERN
DÜNGER
119

Wenn Sie noch nie ein kreatives Hobby gehabt haben, weisen Ihre Träume Sie vielleicht darauf hin, daß es Zeit wird. Ein Traum von einem **SAMENKORN** oder **KERN** könnte auf eine aufkeimende Idee, aus der Großes entstehen wird, hinweisen. Die Verteilung von **DÜNGER** im Traum bedeutet ähnliches – ein Vorhaben will genährt und gehegt werden. Wenn Sie ein kreativer Mensch sind und sich im Traum beim **MALEN**,

MALEN
74, 76
ZEICHNEN
74, 76
TÖPFERN

ZEICHNEN oder **TÖPFERN** sahen, ist darin vielleicht ein Hinweis auf einen anderen Aspekt Ihres Wachlebens zu sehen, der Ihnen genauso wichtig ist wie Ihre kreative Arbeit. Versuchen Sie sich an jedes Detail Ihres Tuns im Traum zu erinnern, und bringen Sie es mit einer Erfahrung Ihres Wachlebens in Verbindung, denn es könnte sein, daß der Traum Ihnen eine Lösung für ein Problem an Ihrem Arbeitsplatz anbietet.

DIE WELT DER NATUR
PHANTASIE- & FABELWESEN
KUNST & WISSENSCHAFT
MENSCHLICHER KÖRPER
GEBÄUDE & INNENRÄUME
ALLTÄGLICHE DINGE
GEFÜHLSLEBEN
TÄTIGKEITEN
BEFINDLICHKEITEN
RITUALE & RELIGION
THEASAURUS DER TRÄUME

Die Welt der Natur
Phantasie- & Fabelwesen
Kunst & Wissenschaft
Menschlicher Körper
Gebäude & Innenräume
Alltägliche Dinge
Gefühlsleben
Tätigkeiten
Befindlichkeiten
Rituale & Religion
Theasaurus der Träume

AUFZEICHNUNGEN

Träume, in denen Sie eine Szene oder ein Detail sorgfältig festhalten (z. B. in schriftlichen Aufzeichnungen, Zeichnungen oder Fotos), verleihen dem Gegenstand Ihrer Aufzeichnungen besonderes Gewicht – vielleicht nicht dem Gegenstand selbst, sondern dem Aspekt Ihres Wachlebens, den er symbolisiert.

SCHREIBEN

Wenn Sie davon träumen, daß Sie eine Reihe von Namen und Adressen aufschreiben, kann das eine Mahnung sein, daß Sie an Ihre Freunde denken oder von Feinden Notiz nehmen sollten. Von Figuren, die in Ihrem Traum auftauchen und einer dieser beiden Gruppen zuzuordnen sind, sollten Sie alle Äußerungen notieren – das könnte sich als nützlich erweisen.

MALEN *73, 76*
ZEICHNEN *73,76*
VIDEO

Ein Traum, in dem Sie eine Landschaft **MALEN**, **ZEICHNEN** oder auf **VIDEO** festhalten, weist Sie unter Umständen auf die Notwendigkeit hin, von einem bevorstehenden Geschäft oder schlicht von den Umständen Ihres Wachlebens zu diesem Zeitpunkt Notizen zu machen.
Ihr Traum rät Ihnen damit, sich um die Erfassung dieser besonderen Szene oder Situation mit visuellen Mitteln oder in Worten zu bemühen *(s. a. Landschaft, S. 58)*.

ZEICHNUNG *73, 76*
VIDEOFILM
FOTO *76*

Die Interpretation von Träumen dieser Art hängt weitgehend davon ab, wie erfolgreich Sie die Situation bzw. die Ereignisse festhalten:
Wenn eine **ZEICHNUNG** nichts Zufriedenstellendes wird, ein **VIDEOFILM** durchgehend unscharf ist oder ein **FOTO** sich nicht entwickeln läßt, stimmt etwas nicht mit Ihrer Sicht der Dinge im Wachleben, und Ihr Traum macht Sie darauf aufmerksam. Der Traum will Sie warnen, daß Sie manchen Aspekten nicht den richtigen Stellenwert beimessen oder sie nicht klar genug sehen.

TRAUMANALYSE

„Ich sah durchs Fenster auf eine Straße, und unten gingen alle Personen, denen ich je begegnet war, vorbei. Ich versuchte ihre Namen aufzuschreiben, und jeder, den ich aufschrieb, winkte mir zu. Als ich mir das Blatt ansah, fand ich es leer, und ich war enttäuscht."

Der Träumer war vor kurzem aus einer aufregenden Position in Rente gegangen. Ich hatte ihm vorgeschlagen, seine Biographie zu schreiben, doch er zögerte noch, weil er dachte, einige Betroffene könnten ihm das übelnehmen. Die freundlichen Winke der Vorübergehenden hätten ihn diesbezüglich beruhigen sollen, das leere Blatt und seine Enttäuschung jedoch waren ein Zeichen dafür, daß er es bedauern würde, wenn er sich nicht an die Arbeit machte.

FARBEN

Nicht jeder träumt farbig: Menschen, die im Wachleben einen ausgeprägten Farbensinn haben, haben in aller Regel auch „Technicolor"-Träume, während diejenigen, die Farben in ihrer Umgebung nicht so bewußt wahrnehmen, meist auch einfarbig träumen. Eine im Traum besonders stark betonte Farbe sollte als eigenständiges Symbol betrachtet werden.

ROT

ROT ist die Farbe der Hitze und der Leidenschaft, des Feuers und des Zorns. Wenn die Farbe Rot in Ihrem Traum vorkommt, heißt das vielleicht, daß Sie sich über ein Problem oder über das Verhalten einer Person ärgern. Da außerdem Rot und Energie miteinander in Beziehung stehen, sollten Sie überlegen, ob Sie Ihre Energie möglichst nutzbringend einsetzen. Ihr Traum könnte andeuten, daß Sie im Wachleben energischer auftreten sollen.

GELB ORANGE

GELB und **ORANGE** sind positive Farben, die Sonnenschein darstellen. Wenn diese Farben in Ihrem Traum vorherrschten, sollte das vorherrschende Thema bei Ihnen Fröhlichkeit und Optimismus sein. Ein solcher Traum will Sie ermutigen, Ihre Ziele zu verfolgen. Ein schmutziges Gelb ist hingegen ein Hinweis auf den (möglicherweise schlechten) Zustand Ihrer Leber.

BLAU

BLAU ist die Farbe, die unsere Stimmungen versinnbildlicht. Ein dunkles und geheimnisvolles Blau im Traum ist daher anders zu deuten als ein helles Himmelblau. Kam ersteres vor: Fühlen Sie sich vielleicht nostalgisch oder deprimiert, oder vermissen Sie jede Romantik in Ihrem Leben? War es letzteres: Geht Ihre Fahrt „ins Blaue" – in den Urlaub? Oder steigen Sie gerade in ein wichtiges und aufregendes neues Projekt ein?

GRÜN

Wenn die Farbe **GRÜN** in Ihrem Traum auftaucht, weist das vielleicht darauf hin, daß Sie mit der Umwelt – und mit grünen Anliegen überhaupt – gut harmonieren. Weitere Symbole in Ihrem Traum werden zum besseren Verständnis Ihrer Haltung in solchen Fragen beitragen. Bezüglich Ihrer Einstellung und Beziehung zu anderen Menschen sollten Sie darüber nachdenken, ob Sie im Wachleben auf jemand eifersüchtig sind, und gegebenenfalls Ihre Meinung und Ihre Aussichten überprüfen. Andererseits kann Ihr Traum auch darauf hinweisen, daß Sie in letzter Zeit auf eine Situation oder Anregung im Wachleben naiv reagiert haben.

SCHWARZ

Das Auftauchen von **SCHWARZ** in Ihren Träumen ist ein ernstzunehmendes Zeichen. Schwarze Dinge oder durchgehende Schwärze im Traum spiegeln eventuell depressive Gefühle in Ihrem Wachleben wider, die sich entweder auf das Leben im allgemeinen, auf einen bestimmten Bereich Ihres Lebens oder auf jemand, der Ihnen nahesteht, beziehen. Achten Sie bei wiederholtem Vorkommen von Schwarz auf die Form, die es annimmt, und auf Ihre Stimmung im Traum. Hoffentlich sehen Sie bald eine positivere Farbe – dann haben Sie und Ihre Probleme das Allerschlimmste überstanden.

WEISS

War **WEISS** die hervorstechendste Traumfarbe? Das fühlen Sie sich vermutlich hoffnungsfroh und positiv. Sie stehen vielleicht vor einem Neubeginn (nach Abschluß einer Veränderungsphase). Beherzigen Sie, was der Traum Ihnen sagen will: etwa, daß Sie sich von alten Problemen oder Verantwortungen freigemacht haben und nun für einen neuen Anfang bereit sind.

PURPUR

PURPUR ist die Farbe der Autorität, der Majestät und des Gesetzes. Überlegen Sie, ob Sie in jüngster Zeit „souverän" – im guten oder schlechten Sinn – gehandelt haben. Andere Symbole in Ihrem Traum könnten enthüllen, daß Sie ein wenig bescheidener werden sollten, oder aber daß die Königsfarbe Purpur Sie ermutigt, mehr Selbstvertrauen zu entwickeln.

BILDER

Von Bildern (die man in Muße betrachtet, im Kino sieht oder selbst auf irgendeine Weise anfertigt) zu träumen, kann eine erfreuliche oder erschreckende Traumerfahrung sein. Bilder, die wir im Traum betrachten oder selbst erzeugen, sind im allgemeinen Abbilder unseres derzeitigen Wachlebens; und was wir sehen oder darstellen, ist oft die Sicht, die unser inneres Selbst davon hat.

FOTO *74*
GEMÄLDE *73, 74*
ZEICHNEN *73, 74*
NEGATIV
DUNKEL-KAMMER

Wenn Sie sich ein **FOTO** oder **GEMÄLDE** ansahen, wollte Ihr Traum vielleicht auf Ihren Orientierungssinn im Wachleben hinweisen. War das Bild klar oder verschwommen? Es sagt etwas darüber aus, ob Sie in Ihren Handlungen oder Einstellungen sicher oder unsicher sind. Vielleicht fotografierten Sie im Traum: ein Symbol dafür, daß Sie das Steuer in der Hand haben. Wenn Sie sich im Traum beim **ZEICHNEN** oder Malen sahen, wie kamen Sie mit der Perspektive zurecht? Ihre Antwort könnte darüber Auskunft geben, ob Sie die Dinge in Ihrem Leben unter dem richtigen Blickwinkel sehen. Falls Sie sich im Traum ein **NEGATIV** ansahen, kann das heißen, daß Sie ein Problem oder einen Aspekt Ihres Wachlebens sehr negativ sehen und außerdem mehr Feingefühl entwickeln sollten. Wenn Sie in einer **DUNKELKAMMER** standen: Warten Sie ab, wie sich die Dinge entwickeln werden?

FERNSEHEN *82*

Falls Sie sich in Ihrem Traum beim **FERNSEHEN** sahen, ist in erster Linie wichtig, was Sie sich ansahen und mit welcher Einstellung bzw. was Sie daneben taten. Saßen Sie lässig in einem Fauteuil? Oder kochten Sie gerade, waren Sie mit Hausarbeit beschäftigt oder auf dem Sprung auszugehen und sahen nur aus den Augenwinkeln zum Fernseher hinüber? Ihr Traum könnte Sie warnen wollen: entweder daß Sie zu bequem sind, sich wirklich mit dem Leben auseinanderzusetzen; oder daß Ihnen manches entgeht, weil Sie viel zu beschäftigt sind. Wenn Sie jedoch träumten, daß die Sendung mit Interesse verfolgten, Ist Ihr Leben wahrscheinlich im Gleichgewicht.

KINO *137*

Der Sinngehalt von **KINO**-Träumen ist ähnlich wie bei Fernsehträumen. Das Kino ist jedoch ein öffentlich zugänglicher Ort, und wir müssen für einen Kinobesuch mehr tun als nur das Fernsehgerät einschalten; ein Kinotraum wirkt daher stärker auf Sie ein. Das gilt besonders dann, wenn Sie einen Film auf Breitleinwand sahen und von seinen Großaufnahmen, großartigen Landschaften oder den dargestellten Charakteren tief beeindruckt waren.

PIN-UP

Das Betrachten von **PIN-UP-FOTOS** ist in der Regel ein Wunscherfüllungstraum *(s. S. 150)* – sowohl bei Männern als auch bei Frauen. Entweder fühlen Sie sich zu dem abgebildeten Fotomodell hingezogen oder würden gerne ebenso gut aussehen (falls das Modell dem gleichen Geschlecht angehört wie Sie). Der Traum könnte auch etwas über Ihre Einstellung zu Sex aussagen – vielleicht, daß Sie etwas Exhibitionistisches an sich haben.

Rechnen

Ein Traum, in dem Mathematik oder Maße eine Rolle spielen, steht höchstwahrscheinlich mit irgendeiner Art von „Berechnung“ oder Einschätzung im Wachleben in Beziehung. Er kann einen kühlen Blick auf die Ereignisse in Ihrem Wachleben sowie den Versuch bedeuten, verstandesmäßig und emotionslos an ein bestimmtes Problem oder eine Situation heranzugehen.

BUCHHALTER ZÄHLEN GLEICHUNG COMPUTER

Der Traum von einem **BUCHHALTER**, der versucht, sich den Durchblick durch Geschäftsbücher zu verschaffen, oder das DurchZÄHLEN einer endlosen Zahlenreihe kann mit einem Problem oder mit einer Situation in Ihrem Wachleben zu tun haben, die kühle Überlegung erforderlich macht. Vermutlich sind Sie selbst der Buchhalter, falls Sie die Figur nicht mit jemand anders in Verbindung bringen können, der ein Interesse an Ihrem Wachleben hat. Es könnte jemand sein, der Sie verstehen, zur Ordnung rufen oder in die Realität zurückholen will. Vielleicht drängt Ihr Traum Sie dazu, Ihre übliche emotionale Reaktion über Bord zu werfen und sich mit Ihren Sorgen gelassener auseinanderzusetzen. Auch ob Ihre Mühe erfolgreich ist oder nicht, kann sich auf die Wachsituation beziehen. Falls Sie es im Traum mit einer Rechenaufgabe oder **GLEICHUNG** zu tun haben, die einfach nicht aufgeht: Haben Sie einen Flüchtigkeitsfehler übersehen, der Ihre gesamte Haltung im Wachleben abwerten könnte? **COMPUTER** rechnen meist richtig, falls nicht ein Bedienungsfehler sie daran hindert; wenn im Traum ein Computer immer wieder denselben Fehler macht, sollten Sie überlegen, ob Sie im Wachleben auch alles richtig geplant haben? Oder ist Ihre nächste Zukunft nicht so exakt „programmiert“ worden, wie Sie glauben?

BAROMETER THERMOMETER ZÄHLER LINEAL

Falls Sie von Messungen träumen, die die Berechnung von Längen, Temperatur oder Durchflußmenge erfordern, stehen diese in direkter Beziehung zu Versuchen, Ihre Gefühle zu beherrschen und einzuordnen. Einer der deutlichsten Hinweise dieser Art ist das Auftauchen eines **BAROMETERS** oder **THERMOMETERS** im Traum, denn diese Instrumente messen Luftdruck- und Temperaturschwankungen. Stieg das Thermometer in Ihrem Traum? Hatten Sie sich für jemand/etwas erwärmt, kochten Ihre Gefühle über? Hatten Sie Fieber? Stieg oder fiel das Barometer und zeigte dadurch stürmisches Wetter oder Windstille an? Ein solcher Traum ist nicht unbedingt eine Vorhersage – d. h. er bedeutet nicht, daß Sie Ihren „kühlen Kopf verlieren“ oder daß stürmische Zeiten bevorstehen. Er könnte Sie vor einer Wendung der Dinge in Ihrem Wachleben warnen, die eintreten würde, wenn Sie sich nicht vorsehen. Mit etwas Übung sollten Sie solche Hinweise für eine Änderung Ihres Verhaltens nutzen können, Ruhe bewahren und damit den Sturm umschiffen. Ein Traum von einem Gas- oder Wasser-**ZÄHLER** kann ähnliche Hinweise geben. Reden Sie im Wachleben zuviel, oder lassen Sie Ihrem Gefühlsstrom allzu freien Lauf? Haben Sie andererseits Angst, daß Sie das teuer zu stehen kommt? Wenn Sie im Traum mit einem **LINEAL** oder mit einem anderen Instrument etwas maßen, spiegelt das den Wunsch wider, eine bestimmte Situation (oder Ihre Gefühle) ins rechte Licht zu rücken. Das könnte schwierig werden, doch der Wunsch ist vorhanden und sollte nicht verleugnet werden.

TRAUMANALYSE

„Ich maß ein Zimmer in meinem neuen Haus für den Spannteppich aus, doch mitten in der Arbeit schrumpfte das Maßband, bis es unbrauchbar wurde. Schließlich zog ich mir die Schuhe aus und maß die Raumlänge in Schritten. An der Wand angekommen, drehte ich ich mich um, und meine Verlobte kam und küßte mich.“

Der Träumer stand kurz vor der Hochzeit und machte sich Gedanken, denn er war sich nicht sicher, ob er in seiner Position auch eine Frau erhalten konnte. Der Traum ermutigte ihn, die kühle Rechnerei fallen und sich statt dessen von seinen Gefühlen leiten zu lassen (die nackten Füße sind diesbezüglich ein wichtiges Zeichen), dann würde sich das Glück einstellen.

DER COPPELIA-TRAUM

„Auf hübschen Terrassen im Freien wurde gerade das Ballett Coppelia *aufgeführt, und zwar tanzte man die einzelnen Szenen auf verschiedenen Ebenen. Ich hatte die Aufführung inszeniert und wollte gerade hinausgehen, um die Mazurka im ersten Akt solo zu tanzen. Ich dachte noch, daß diese Mazurka eigentlich vom gesamten Ballettcorps getanzt werden müßte und nicht als Solo; hoffentlich würde das Publikum sich nicht daran stoßen. Dann kam mein Einsatz, ich stürzte hinaus und tanzte mutig meinen Part, wobei ich mich exakt an meine Choreographie für diese Aufführung hielt. Als mein Auftritt zu Ende war, spielte die Musik weiter, doch ich konnte nicht sehen, ob die anderen Tänzer auch wirklich auf ihren Plätzen waren. Irgend jemand versicherte mir aber, alle seien da.*

Später, als die Aufführung vorüber war, feierten wir meinen Geburtstag; zunächst tauchte niemand von der Truppe auf, doch dann kamen sie irgendwann, und es wurde eine besonders fröhliche Party. Ich trug immer noch das Coppelia-Kostüm, den Kopfschmuck mit den Bändern und die roten Schuhe, und fühlte mich großartig darin. Andere Partygäste bewunderten es und sagten, daß ich darin reizend aussähe."

BALLETTSZENEN AUF DEN TERRASSEN

SALLY TANZT DIE MAZURKA

TRAUMDEUTUNG

Im Wachleben hatte Sally Szenen dieses Balletts choreographiert und selbst getanzt, doch jahrelang in einem Büroteam gearbeitet. Kurz bevor sie diesen Traum hatte, war sie zur Büroleiterin befördert worden. Sie mußte ihre Beziehung zu ihren früheren Kollegen ändern und befand sich nun in einer viel verantwortungsvolleren und einsameren Position.
Im Traum zeigt sich das deutlich an der Stelle, wo sie entdeckt, daß sie allein tanzt statt gemeinsam mit dem gesamten Corps. Sie war besorgt, was das Publikum wohl dazu sagen würde – das spiegelt ihre Gefühlsreaktion auf die Beförderung wider. Der Traum bestätigte, daß sie sich richtig entschieden hatte – sie ging mutig hinaus auf die Bühne. Die Tatsache, daß sie nicht sehen konnte, ob die übrigen Tänzer auf ihren Plätzen waren, verwies auf ihre Sorge, wie wohl die Kollegen sich ihr gegenüber verhalten würden. Der „Jemand" in ihrem Traum, der ihr sagte, alle seien zur Stelle, war vermutlich ihre innere Autoritätsperson, die sie beruhigte.
Als Sally befördert wurde, waren ihre Kollegen sich nicht sicher, wie sie künftig mit ihr umgehen sollten. Das war Sally bewußt, und der Traum brachte die Situation auf den Punkt – ihre Mittänzer gingen zunächst nicht auf die Geburtstagsparty. Der Traum endete jedoch damit, daß alle sie und ihr Kostüm bewunderten. Positiv war auch, daß Sally sich in ihrem Kostüm wohl fühlte: Es bedeutete, daß sie sich auch in ihrem neuen Job gut einleben würde. Rot ist eine kräftige Farbe, und die Schuhe, in denen sie so mutig tanzte, zeigten ihre Entschlossenheit, Erfolg zu haben und alle Hindernisse zu überwinden.
Kurz vor der Beförderung hatte Sally ihren dreißigsten Geburtstag gefeiert. Es war ihr klar, daß sie ein entscheidendes Lebensjahr vor sich hatte, denn sie würde eine Menge Verantwortung tragen müssen. Das ist eines der Hauptthemen ihres Traums, denn Sally war ja für die Ballettaufführung verantwortlich. Das andere Symbol, das auftauchte, war die Tatsache, daß das Ballett auf Stufenterrassen aufgeführt wurde, die die Hierarchie der Angestellten in der Firma (und ihren eigenen Aufstieg) darstellten. Sallys Traum verwies auf ein früheres Ereignis in ihrem Leben. Auf diese Weise spiegelte er wider, was sie empfunden hatte, als sie eine große Personengruppe zu führen hatte, die „nach ihrer Pfeife tanzen" mußte.

SALLYS KOSTÜM WIRD BEWUNDERT

ZAHLEN

Wenn eine bestimmte Zahl im Traum eine Rolle spielt, ist es manchmal hilfreich, ihre Bedeutung aufgrund der seit alten Zeiten überlieferten Zahlensymbolik zu hinterfragen.

EINS
ZWEI
DREI
VIER

Die Zahl **EINS** ist das Symbol für Kommunikation, Vielseitigkeit und Verstand. Sie kann auch für das Selbst stehen. Prüfen Sie Ihre Ansichten, und sorgen Sie dafür, daß sie den Menschen in Ihrem Umfeld mitgeteilt werden. Die **ZWEI** bedeutet Fleiß, Sorgfalt und Perfektionismus. Das macht Sie vielleicht unbeliebt bei weniger pingeligen Menschen, doch der Traum könnte Ihnen raten, mehr Sorgfalt aufzuwenden. Die **DREI** weist auf diplomatisches Geschick und Feingefühl, aber auch auf Unentschlossenheit hin. Ein Traum, in dem sie auftaucht, kann Ihnen nahelegen, im Wachleben zu einem Entschluß zu kommen und Ihren Standpunkt taktvoll zu vertreten, aber auch auf Labilität in bestimmten Bereichen Ihres Wachlebens hinweisen. Entschlossenheit, Kraft, Leidenschaft, Besessenheit und Eifersucht sind die Gefühle, die traditionell von der **VIER** verkörpert werden, einer geraden Zahl, die auch ein Symbol für Ausgewogenheit auf der emotionalen Ebene ist.

FÜNF
SECHS
SIEBEN
ACHT
NEUN

Die **FÜNF** steht traditionell für Studium und Lernen; sie gilt auch als optimistische Zahl und Symbol für Gerechtigkeit. Die **SECHS** bedeutet Emotion, aber nicht Leidenschaft wie bei der Vier, sondern eher auf Stabilität abzielende Sinnenfreude. Bei Hochzeiten wurde die Sechs traditionell als Symbol für dauerhafte Beziehungen verwendet. Individualität, Freiheit und Redlichkeit stellt die **SIEBEN** dar, außerdem Taktlosigkeit im Ausdruck von Gefühlen, die vielleicht von weniger abenteuerlustigen Menschen nicht geteilt werden. Die **ACHT** wurde seit jeher mit harter Arbeit, Ehrgeiz, Geduld und praktischer Veranlagung in Verbindung gebracht. Die **NEUN** steht für Erfindungsgeist, Originalität, Optimismus und geistige Unabhängigkeit. Speziell diese Zahl wurde manchmal als Symbol für Perversität und Unberechenbarkeit verwendet.

ZEIT

In unseren Träumen werden wir nur selten daran erinnert, daß die Zeit vergeht, und es ist auch kaum erkennbar, wie die Zeit in ihnen zum Ausdruck kommt. Wenn wir träumen, erleben wir nicht in „Echtzeit", denn wir träumen länger erscheinende Szenen und Abenteuer in wenigen Sekunden.

UHR
SONNENUHR

Eine **UHR** im Traum kann ein Hinweis darauf sein, daß entweder genügend Zeit (z. B. für die Lösung eines Problems, für eine Terminvereinbarung oder die Planung einer Unternehmung) vorhanden ist, oder aber darauf, daß die Zeit knapp wird. Sehen Sie sich die Uhr näher an. Ist es Ihre eigene Uhr? Ist Ihnen die Uhr bekannt? Oder sind die Gegenstände in Ihrem Traum Ihnen fremd und stellen daher einen Einfluß oder Druck von außen dar? Es ist ein Unterschied zwischen einer modernen Uhr und einer **SONNENUHR**; letztere könnte ein Symbol für einen wirklichkeitsfremden oder unzeitgemäßen Aspekt Ihres Lebens sein und Ihnen nahelegen, Ihr Wachleben danach zu durchsuchen.

KALENDER

Ein **KALENDER** im Traum verweist vielleicht auf Ihre Vergangenheit. Waren die Blätter herausgerissen, um das Vergehen der Jahre darzustellen? Ein solcher Traum könnte Sie daran erinnern, daß die Zeit schneller verstreicht, als Sie glauben. Wenn ein Datum in Ihrem Traum vorkommt, hat es vermutlich eine Bedeutung, auch wenn Sie es nicht sofort einordnen können.

Theater

Das Theater könnte man als Ort der Untersuchung, Deutung und Projektion des Menschenlebens bezeichnen, und unsere Träume gehören, wenn es darin um Theater geht, in dieselbe Kategorie. Sie enthalten oft deutliche Aussagen über unser Wachverhalten, vor allem im Umgang mit anderen; häufig beschuldigen sie uns, daß wir uns affektiert und anders geben, als wir sind – also „eine Show abziehen".

AUFTRITT *178* **BÜHNE** **APPLAUS** **BUHRUFE** **PUBLIKUM** *175* **BALLETT** **OPER**

Für jeden, der nicht Schauspielerei als Beruf oder Hobby betreibt, bedeuten Träume, in denen er einen **AUFTRITT** hat, daß er um seine Persönlichkeit und seine Wirkung auf andere besorgt ist. Auf der **BÜHNE** stellen wir uns zur Schau, genau wie im Alltagsleben: Wir hoffen auf **APPLAUS** und ernten manchmal **BUHRUFE.** Das **PUBLIKUM** stellt wahrscheinlich Freunde, Nachbarn und Kollegen unseres Wach-Ichs dar. Versuchen Sie sich an jedes Detail Ihres Traumpublikums zu erinnern, und Sie sollten im Traum Hinweise für die Identifizierung finden. Menschenmengen können Probleme darstellen. Treten Sie ihnen mutig entgegen, wissen Sie, wie Sie zu antworten und was Sie zu sagen haben? Oder spielen Sie Ihre Reaktion? Der Schauspieler sind Sie wahrscheinlich selbst; jede Unzulänglichkeit Ihres Spiels (wenn Sie Ihren Text vergessen oder Ihren Part nicht überzeugend spielen) könnte (Ihnen vielleicht unwußte) Unzulänglichkeiten in Ihrem Wachleben darstellen. Ein Traum, in dem Sie ein **BALLETT**- oder **OPERN**-Star sind, könnte entweder Wunscherfüllung *(s. S. 150)* oder aber ein Hinweis sein, daß Sie Ihr Gleichgewicht verlieren oder bewahren, oder daß Ihr Wach-Ich in einer Situation die falsche Tonart anschlägt.

Traumanalyse

„Ich probte ein Stück, das in einem Büro spielte. Dauernd stieß ich an die Schreibtische und sprach die Texte der anderen, doch als ich beschämt von der Bühne abtreten wollte, konnte ich den Ausgang nicht finden. Die anderen Schauspieler ärgerten sich und schimpften laut, daß ich dazubleiben hätte."

Der Traum bezog sich auf die Karriere des Träumers. Seit seiner Beförderung fühlte er sich unsicher und versuchte, alles auf einmal zu tun - seinen eigenen Job und den der anderen. Er merkte, was da vor sich ging, und wollte gehen, doch der Traum sagte ihm, daß er bleiben und sich mit den Kollegen einigen solle.

VORSPRECHEN **VORSINGEN** **VORTANZEN**

Ein Traum, in dem Sie jemand beim **VORSPRECHEN, VORSINGEN** oder **VORTANZEN** zuschauen, könnte auf eine Art Bewährungsprobe – wie eine Prüfung, ein Vorstellungsgespräch oder einen Test, den Sie vor sich selbst bestehen müssen – im Wachleben hinweisen. Wie Sie sich verhielten und wie andere im Traum darauf reagierten, könnte Ihnen Hinweise geben, wie Sie mit der Situation im Wachleben umgehen sollten.

MAKE-UP **SCHMINKE**

Schauspieler verwenden **MAKE-UP** oder **SCHMINKE**, um ihrem Publikum etwas vorzutäuschen. Sind Sie im Wachleben in irgendein Täuschungsmanöver verwikkelt – wenn auch in bester Absicht?

SOUFFLEUR
PROBE

Beherrschten Sie im Traum Ihren Text und Ihre Gesten, Ihre Auftritte und Abgänge nicht? Mußte Ihnen der **SOUFFLEUR** aus der Patsche helfen? Oder umgekehrt: Sie überstanden die PROBE gut, doch andere Schauspieler stotterten herum? Ihr Traum will sagen, daß das Leben keine Probe ist, und Sie warnen: Wenn Sie Ihren Text (den nötigen Sachverstand im Wachleben) nicht parat haben, ist es Zeit, ihn zu lernen. Das Stück, das Sie im Traum probten, könnte Ihnen einen Hinweis geben, welcher Bereich Ihres Lebens gemeint ist. Wenn Sie eine bestimmte Szene probten, ist diese vielleicht ein Hinweis auf einen Aspekt Ihres Lebens, den Sie nicht sicher im Griff haben und auf den Sie achten sollten.

FERNSEHEN
76
FILM

Manche Träume beziehen sich erkennbar auf Szenen, die Sie kurz vor dem Schlafengehen im **FERNSEHEN** oder in einem **FILM** gesehen haben. Wenn dies bei Ihnen eintritt, fragen Sie sich, warum Ihr Unbewußtes aus all den Bildern, die Sie am Abend vorher im Fernsehen sahen, ausgerechnet diese ausgesucht hat.

SURREALISTISCHE TRÄUME

Die meisten Träume enthalten irgendein surrealistisches Element – sie schöpfen aus Welten, die unser Verstand in wachem Zustand weder sich ausmalen noch begreifen kann. Surrealistische Träume sind jedoch bedeutungsvoll; sie sprechen in Metaphern zu uns und sind meist schwierig zu deuten.

Die seltsamen surrealistischen Traumwelten, die uns manchmal umfangen, sind für uns deshalb sehr wichtig, weil sie einen Teil unserer Persönlichkeit darstellen, der nach Ausdruck und Befreiung verlangt. Als ab 1920 die Surrealisten einen eigenen Malstil begründeten, zeigten ihre Bilder unmögliche Welten, in denen Uhren schmelzen, Züge aus dem Kamin auftauchen und ein Mann, der in einen Spiegel schaut, nicht sein Gesicht, sondern seinen Hinterkopf sieht. Diese Maler zeigten uns mit visuellen Mitteln Bilder aus dem Land der Träume, wo solche Dinge ganz „normal" sind.

Wie finden wir Zugang zum Verständnis solcher Träume, die oft anscheinend mit der Wirklichkeit nichts zu tun haben? Der erste Schritt in diese Richtung könnte sein, sie wörtlich zu nehmen. Wenn Sie träumen, daß eine Uhr schmilzt, kann das bedeuten, daß die Zeit selbst dahinschmilzt und Sie vielleicht nicht das Beste daraus machen. Wenn Sie im Traumspiegel Ihren Hinterkopf erblikken, sollten Sie vielleicht in Ihrer Persönlichkeit oder in Ihrem Wachleben Aspekte prüfen, die Ihnen nicht direkt ersichtlich sind, die Sie aber klar sehen und verstehen müssen.

TRAUMANALYSE

„Ich trug eine Standuhr im Garten herum. Alle Blumen verwandelten sich in Uhren, und die Standuhr wurde zu einer riesigen Sonnenblume mit einem Zifferblatt-Gesicht. Dann war ich in der Küche: Ein Topf kochte über, und als ich hinlief, um das Gas abzudrehen, wuchsen Blumen aus dem Kochtopf, starben dann aber ab.

Das Zeitthema ist in diesem Traum wichtig. Der Träumer – ein Bäcker – war auf Jobsuche, und der Traum spiegelte seine Angst wider, weil die Zeit knapp – die Situation „brenzlig" – wurde. Es war Zeit, die Diskussionen zu beenden, „den Hahn zuzudrehen", und zu handeln. Die Blumen weisen auf den Job hin (das englische Wort flower = Blume klingt gleich wie flour = Mehl).

Auch wenn die Aussagen eines surrealistischen Traums erkennbar sein mögen, was sollen wir mit ganzen Bildfolgen anfangen, die anscheinend keinen Sinn haben? Sie gehören zweifellos zu den Träumen, deren Deutung uns schwerfällt, und oft geben sie auch dann, wenn sie analysiert werden, ihren Sinngehalt erst nach beträchtlichem Arbeitsaufwand preis. Eine bewährte Methode, die in solchen Fällen weiterhilft, besteht darin, sich selbst um Hilfe bei diesen Träumen zu bitten. Wenn Sie mit der Deutung zunächst nicht weiterkommen, sollten Sie Ihrem Traum-Ich am nächsten Abend kurz vor dem Einschlafen mit Bestimmtheit sagen: „Den Traum der letzten Nacht habe ich nicht verstanden; bitte gib mir einen Tip.“ Sehr oft träumen Sie dann zwar nicht dasselbe, aber eine Parallele dazu (dieser Weg steht Ihnen bei jedem „schwierigen“ Traum offen). Eine andere Methode, den Sinn eines surrealistischen Traums zu finden oder zumindest die Hauptsymbole darin zu entdecken, ist die, einen Bleistift zu nehmen, sich hinzusetzen, an den Traum zu denken und zu kritzeln. Ihre Kritzeleien werden – völlig ohne Ihr Zutun – einen Bezug zum Traum aufweisen. Manchmal liefern die so entstandenen Bilder einen Anhaltspunkt für die Deutung Ihres Traums.

Natürlich können Sie einen schwierigen Traum auch einfach zurückweisen. Aber oft ist es dann genau dieser Traum, den Sie nicht ergründen können, der Sie tage-, wochen- und sogar monatelang verfolgt und Ihnen so lange zusetzt, bis Sie ihn verstehen. Der Traum enthält dann meist eine wichtige Botschaft. Viele Psychologen glauben, daß es keine sinnlosen Träume gibt, daher lohnt es sich, auch länger an einem Traum, der Sie belästigt, zu arbeiten. Wenn jedoch Träume Sie wirklich beunruhigen, ist es wohl das beste, professionelle Hilfe in Anspruch zu nehmen.

DIE WELT DER NATUR
PHANTASIE- & FABELWESEN
KUNST & WISSENSCHAFT
MENSCHLICHER KÖRPER
GEBÄUDE & INNENRÄUME
ALLTÄGLICHE DINGE
GEFÜHLSLEBEN

KLEIDUNG

Träume, in denen Kleider eine Rolle spielen, sind sehr häufig und sagen meist etwas über unser Selbstbild oder unseren Status aus. Oft geht es in solchen Träumen darum, ob wir die richtige Kleidung für den richtigen Anlaß tragen. Manchmal haben wir Schwierigkeiten beim Anziehen oder erscheinen nackt (s. S. 96) bzw. ohne ein wichtiges Kleidungsstück in der Öffentlichkeit.

Wenn Sie im Traum unsicher sind, ob Ihre Kleidung passend ist, macht das deutlich, was Sie selbst von der Stellung denken, die Sie in der Gesellschaft einnehmen oder einnehmen sollten. Haben Sie den richtigen Platz darin gefunden, und fühlen Sie sich dort wohl?

Ein Traum, in dem Sie schmuddelige oder unpassende Kleidung tragen und von tadellos angezogenen Menschen umringt sind, bedeutet, daß Sie sich unterlegen oder unsicher fühlen bzw. nicht zu den anderen „passen". Wenn Sie festlich gekleidet sind, alle übrigen aber im Freizeitdreß, könnte Ihr Traum bedeuten, daß Sie sich „für etwas Besseres halten" oder sich über Ihre Stellung im unklaren sind; vielleicht warnt Ihr Traum Sie vor Snobismus. Falls Sie aber in einem festlichen Rahmen so nachlässig gekleidet auftreten, daß Sie im Traum damit sogar andere beleidigen, ist dies wohl als Wink zu verstehen, daß Ihr Verhalten oder Ihre Einstellung Ihrem Ruf oder Ihren Aussichten im Wachleben schaden könnten – auch dann, wenn sich darin die Ansicht widerspiegelt, man sollte Sie so nehmen, wie Sie sind.

SCHÜRZE
OVERALL

Kleiderträume enthalten oft Wortspiele in Bildern. Wenn Sie eine **SCHÜRZE** oder einen **OVERALL** tragen: Haben Sie etwas zu verdecken oder praktische – vielleicht „schmutzige" – Dinge zu

TARNANZUG
SCHLEIER
MANTEL
SCHNALLE
GÜRTEL
KNOPF
REISSVERSCHLUSS

erledigen? Wer im Traum einen **TARNANZUG** trägt, versteckt unter Umständen etwas (vielleicht seine wahren Gefühle); das Tragen eines **SCHLEIERS** könnte dasselbe bedeuten (aber mit religiösen oder spirituellen Anklängen). Ein sorgfältig zugeknöpfter **MANTEL** oder ein Kleidungsstück mit **SCHNALLEN** verweist auf Zurückhaltung, legere Kleidung auf Zwanglosigkeit hin. Ein enger **GÜRTEL** könnte eine Warnung sein, sich zu beherrschen oder auf Ihr Benehmen zu achten. Ein Traum, in dem Sie **KNÖPFE** oder einen **REISSVERSCHLUSS** aufmachen, weist darauf hin, daß Sie Entspannung brauchen oder eine unbeschwertere Beziehung zu den Menschen Ihrer Umgebung oder einer speziellen Person (deren Identität aus anderen Hinweisen im Traum hervorgeht) entwickeln möchten.

HUT
KAPUZE

Laut Freud ist „der Hut immer ein sexuelles Symbol", doch heute eher ein Zeichen altmodischer Autorität, obwohl ein Mann, der im Traum seinen **HUT** vor jemand zieht, damit immer noch bewußt Ehrerbietung bezeugt. Für Frauen ist der Hut häufig ein Statussymbol oder ihr ganzer Stolz. Eine Kapuze könnte Heimlichkeit bedeuten.

KRAWATTE
BIKINI
DESSOUS
UNTERWÄSCHE

Für Männer ist eine **KRAWATTE** manchmal ein Sexsymbol. War sie zu eng gebunden oder zu auffällig? Fast jedes Kleidungsstück kann ein sexuelles Symbol sein, vor allem, wenn es die Aufmerksamkeit auf das lenkt, was es bedeckt, wie z. B. **BIKINIS, DESSOUS** und **UNTERWÄSCHE** aller Art. War das Kleidungsstück im Traum abgetragen oder schmutzig? Und was sagt ein

SCHUH
STRUMPFBAND

Ja auf diese Frage über Ihr Sexualleben oder Ihre Einstellung zur Sexualität aus? Vielleicht präsentierten Sie sich stolz in Reizwäsche und waren sich Ihrer anziehenden Wirkung auf andere voll bewußt; Ihr Traum könnte Ihnen sagen, daß Sie zu selbstsicher sind. Solche Träume können angenehme erotische Phantasien (meist bei Männern), wahrscheinlich Wunscherfüllung, *(s. S. 150)* sein. Auch **SCHUHE** und **STRUMPFBÄNDER** stehen traditionell im Brennpunkt männlichen Begehrens und können im Traum auftauchen.

ANZIEHEN
AUSZIEHEN
AUFKNÖPFEN
REISSVERSCHLUSS ÖFFNEN
PYJAMA
NACHTHEMD

Der Kontext des Traums ist wichtig. Fühlten Sie Scham oder Stolz? **ZOGEN** Sie sich **AN** oder **AUS**? Zogen Sie Ihre eigenen Kleider an? Oder, falls Sie die Kleider von jemand anders anzogen, brachten Sie damit Ihre Bewunderung für diese Person zum Ausdruck? Ein Traum, in dem Sie Kleidungsstücke **AUFKNÖPFEN** oder einen **REISSVERSCHLUSS ÖFFNEN**, hat vielleicht mit Sex gar nichts zu tun, sondern eher mit Ihrem Wunsch, offener und ungezwungener mit anderen umzugehen, als dies derzeit der Fall ist. Ähnlich weisen Träume, in denen Sie einen **PYJAMA** oder ein **NACHTHEMD** bügeln oder bereitlegen, vielleicht schlicht darauf hin, daß Sie mehr Schlaf benötigen.

STIEFEL
HOLZSCHUH
HANDSCHUH

Trugen Sie im Traum schwere **STIEFEL** oder **HOLZSCHUHE**? Falls ja: Auf wessen Gefühlen trampeln Sie herum? Wenn in Ihrem Traum **HANDSCHUHE** eine zentrale Rolle spielten, sollten Sie eine Person oder Situation vielleicht „mit Samthandschuhen" anfassen oder sich selbst auf eine bestimmte Weise schützen? Freud assoziierte den Handschuh mit Sexualität oder mit Empfängnisverhütung. Seit jeher war bei Frauen der Handschuh ein Sinnbild der Reinheit; das Ausziehen des Handschuhs bedeutete auch den Wunsch, offen und ehrlich zu sein.

HEMD
STOPFEN

Wenn ein Mann von einem **HEMD** träumt, könnte ein Bezug zu Glücksspiel bestehen – alles „bis aufs Hemd verlieren". Ein Traum, in dem es um das **STOPFEN** von Kleidungsstücken geht, weist darauf hin, daß es in Bereichen Ihres Lebens etwas zu reparieren gibt.

GEWEBE
LEDER
SEIDE
CHIFFON

Das Material Ihrer Kleidungsstücke im Traum kann wichtig sein. Wenn Sie unbequeme Kleider (aus kratzigem **GEWEBE** z. B.) trugen, bedeutet dies vielleicht, daß ein Bereich Ihres Wachlebens Ihnen Unbehagen und Ärger bereitet – z. B. eine Person, ein Ort, ein Job. **LEDER**, **SEIDE** und **CHIFFON** gelten als sinnlich und können im Traum sexuelle Assoziationen haben.

KOSTÜM

Wenn Sie im Traum ganz anders als gewohnt angezogen waren, könnte das heißen, daß Sie mit einem Bereich Ihres Wachlebens – höchstwahrscheinlich mit Ihrem Image – unzufrieden sind. Sie sollten sich anhören, was Ihr Traum Ihnen sagen will: Ist es an der Zeit, ruhiger zu werden und alle Extravaganzen abzustreifen? Ist es Zeit, sich altersgemäß zu verhalten oder die Dinge lockerer zu sehen und etwas Neues auszuprobieren? Farbe und Beschaffenheit Ihrer Traumkleider verweisen vielleicht auf den Bereich Ihres Lebens, der umgestaltet werden sollte. Ein historisches **KOSTÜM**, das Sie im Traum statt Alltagskleidung trugen, könnte bedeuten, daß Ihre Einstellung oder Ihr Image altmodisch ist und auf den neuesten Stand gebracht werden müßte; wenn Sie es auf einem Kostümfest oder auf der Bühne trugen, ist es als Hinweis zu deuten, daß Sie Ihr wahres Ich verbergen bzw. eine Rolle spielen. Falls Sie sich aber in Ihrer Kostümierung wohler fühlten als in Ihrer Alltagskleidung, haben Sie offenbar ein Identitätsproblem zu lösen.

Die Welt der Natur
Phantasie- & Fabelwesen
Kunst & Wissenschaft
Menschlicher Körper
Gebäude & Innenräume
Alltägliche Dinge
Gefühlsleben
Tätigkeiten
Befindlichkeiten
Rituale & Religion
Thesaurus der Träume

GEBURT

Geburtsträume können ganz verschiedene Bedeutungen haben. Oft vermitteln sie Gefühle wie Freude und Hoffnung, schlichte Wunscherfüllung kann ebenfalls mitspielen; es sind aber viele andere Auslegungen möglich, die mit Fortpflanzung kaum etwas zu tun haben.

ENTBINDUNG

Wenn Sie als Frau von einer **ENTBINDUNG** träumen, fragen Sie sich zunächst, ob Sie sich derzeit wünschen, schwanger zu werden. Wenn dies der Fall ist, handelt es sich um einen klassischen Wunscherfüllungstraum *(s. S. 150)*. Wenn Sie mit Ihrem Partner gerade versuchen, ein Baby zu bekommen, könnte Ihr Traum Ihnen vorzeitig mitteilen, daß Sie schwanger sind – Träume kennen die Diagnose anscheinend manchmal früher als jeder Arzt. Ihr Traumbaby steht aber eher für etwas im Wachleben: etwas, das Sie geschaffen haben, einen vor kurzem erworbenen Besitz, an dem Sie sehr hängen, oder sogar ein sorgfältig ausgearbeitetes Zukunftsprojekt.

WEHEN

Litten Sie im Verlauf der Geburt Schmerzen? Waren die **WEHEN** langwierig? Sie könnten Probleme darstellen, die Ihr Wach-Ich bereits überwunden hat – oder mit denen es noch kämpft. Wenn letzteres zutrifft, will der Traum Sie vielleicht beruhigen, daß sich das erhoffte Ergebnis schon einstellen wird – falls Sie Ihr Traumbaby hocherfreut und glücklich in die Arme schlossen. Falls dem nicht so war oder Sie aufwachten, bevor Sie das Baby sehen konnten, möchte Ihr Traum Ihnen vielleicht sagen, daß die Pläne Ihres Wach-Ichs unzulänglich und Sie noch nicht in der Lage sind, sie zu einem guten Ende zu bringen.

ABNABELUNG

Sahen Sie im Traum die **ABNABELUNG**? Gab es Probleme dabei? Oder ließen Sie diese nur widerstrebend zu? Vielleicht bezieht sich dies auf erwachsene Kinder, die aus dem Haus gehen, oder ein anderes Element in Ihrem Leben, das Ihnen entgleitet.

FEHLGEBURT TOTGEBURT

Ein Traum von einer **FEHLGEBURT** oder **TOTGEBURT** kann bis in Ihre wachen Gedanken nachwirken; er könnte die Botschaft enthalten, daß Ihr Wach-Ich eine fruchtlose Anstrengung unternimmt oder daß ein Vorhaben für Sie „gestorben" ist und aufgegeben werden sollte. Insgesamt sind Geburtsträume aber ermutigend.

TOD

Todesträume, also Träume, in denen man selbst stirbt oder einen geliebten Menschen verliert, sind sehr häufig und erschrecken uns, bedeuten jedoch selten wirklich Tod, sondern kündigen Veränderungen an.

BEGRÄBNIS FRIEDHOF GRAB SARG

Die Teilnahme an einem **BEGRÄBNIS** im Traum heißt nicht, daß bald jemand sterben wird. Wenn Sie durch einen **FRIEDHOF** zum vorbereiteten **GRAB** gingen, will Ihr Unbewußtes Sie vielleicht auf eine Veränderung vorbereiten. Falls Sie sahen, wie der **SARG** hinuntergelassen wurde, ist wahrscheinlich das, was sich ändern wird, schon fast da. Wenn Sie gerade begraben werden sollten, versuchen Sie, sich zu erinnern, was Sie dabei fühlten; Tod ist die letzte Verwandlung, und eine Veränderung in Ihrem Wachleben wird den Traum ausgelöst haben. Tod verweist auf Wiedergeburt, und Todesträume kommen häufig an Wendepunkten des Lebens vor – etwa bei Heirat oder Scheidung.

GRABSTEIN GRABPLATTE

In Ihrem Traum lasen Sie vielleicht in einer Inschrift auf einem **GRABSTEIN** oder einer **GRABPLATTE** den Namen

einer Person, die Sie kennen. Denken Sie an deren typische Eigenschaften, denn in solchen Fällen sagen uns die Träume, daß wir diese Eigenschaften in uns ausmerzen (abtöten) oder ändern sollten. Wenn Sie die Inschrift traurig lasen, sollten Sie wohl Ihre Einstellung zu der genannten Person oder dem, was sie verkörpert, neu überdenken. Fragen Sie sich, ob Sie z. B. nachsichtiger, gütiger oder rücksichtsvoller werden müßten, wenn die Person diese guten Eigenschaften in hohem Maße besitzt.

GRUFT

Eine **GRUFT** in Ihrem Traum weist in eine etwas andere Richtung. Auf alten Friedhöfen kann man oft in eine Familiengruft hinein und die Särge darin zerfallen sehen: Ihr Traum könnte bedeuten, daß Sie zwar die Notwendigkeit von Veränderungen sehen, sich aber mit dieser „Einsicht" zufriedengeben, statt einen Schlußstrich unter die Vergangenheit zu setzen.

LEICHENBESTATTER
LEICHENSCHAUHAUS

Ein **LEICHENBESTATTER** in Ihrem Traum könnte eine Autoritätsperson in Ihrem Wachleben darstellen – jemand, der für andere die Erledigung einer notwendigen und schmerzlichen Aufgabe übernimmt, die diese nicht selbst besorgen können. Sie selbst können der Leichenbestatter sein und eine schwere Verantwortung tragen. Übernimmt Ihr Wach-Ich zuviel Verantwortung? Wenn der Leichenbestatter Sie und die Trauergemeinde zum Grab führte, könnte Ihr Traum bedeuten, daß Ihrem Wach-Ich eine Zeit des Wandels bevorsteht. Wenn Sie im Traum in ein **LEICHENSCHAUHAUS** gehen mußten, lassen Sie wohl Vergangenes ungern vorbei sein. Oder hat Ihre Vergangenheit Sie eingeholt? Die Leichenhalle weckt vielleicht Reue- und Schuldgefühle; gibt es ein Problem, mit dem sich Ihr Gewissen befassen müßte?

TRAUERFALL
124
WITWE
WITWER

Wenn in Ihrem Traum ein **TRAUERFALL** Sie eines geliebten Menschen beraubte, Sie zur **WITWE** oder zum **WITWER** machte, spiegelt dies wider, daß sich Ihr Wach-Ich einsam fühlt. Selbst wenn Sie eine Beziehung haben, könnte Ihr Traum ein Hinweis auf mangelndes Verständnis zwischen Ihnen und Ihrem Partner sein. Kam es zu einem Bruch zwischen Ihnen und Ihren Kindern? Fühlen Sie sich am Arbeitsplatz allein oder isoliert? Bekommen Sie genug Unterstützung von Menschen, die Ihnen wichtig sind? Wenn Sie allein leben, versuchen Sie, mehr unter Menschen zu gehen und Ihren Freundeskreis zu erweitern.

TODESURTEIL
HINRICHTUNGSBEFEHL
STERBEHILFE

Wenn Sie träumen, daß Ihnen das **TODESURTEIL** verkündet wird oder Sie einen **HINRICHTUNGSBEFEHL** erhalten, sind dies dramatische Zeichen dafür, daß Sie in Ihrem Leben etwas ändern müssen. Dasselbe gilt, wenn Sie aktiv oder passiv mit **STERBEHILFE** zu tun hatten, doch in diesem Fall baten Sie sich selbst inständig um die notwendige

Die Welt der Natur
Phantasie- & Fabelwesen
Kunst & Wissenschaft
Menschlicher Körper
Gebäude & Innenräume
Alltägliche Dinge
Gefühlsleben
Tätigkeiten
Befindlichkeiten
Rituale & Religion
Thesaurus der Träume

TÖTEN
MASSAKER

Änderung Ihrer Haltung. Wenn Sie im Traum gewalttätig werden, jemanden **TÖTEN** oder ein **MASSAKER** anrichten, kann das ein Indiz dafür sein, daß Ihr Wach-Ich jemandem bitterböse ist. Sind Sie sich selbst, einem Mitmenschen oder sogar aller Welt böse?

TOTENKOPF
SKELETT

Ein **TOTENKOPF** oder **SKELETT** ist ein Symbol, dessen Auftauchen im Traum meist weit weniger erschreckend wirkt als im Wachleben. Das Skelettsymbol bedeutet, daß Sie die wesentlichen Punkte einer wichtigen Aufgabe, eines Projekts oder Problems herausgearbeitet haben. Falls Sie Gelenkschmerzen haben, könnte es andererseits aber auch ein Hinweis sein, daß rein physisch etwas nicht in

Ordnung ist. Wenn am Totenkopf die Zähne besonders auffällig waren, rät Ihr Unbewußtes Ihnen vielleicht zu einem Besuch beim Zahnarzt.

HIMMEL
HÖLLE
171

Ein Traum vom **HIMMEL** ist eindeutig ein erfreulicher – Ihr Wach-Ich fühlt sich „im siebenten Himmel", oder Ihr Traum ist einfach ein Aussteigen aus einer derzeit besonders trostlosen Lebenssituation – dann ist es ein Wunscherfüllungstraum *(s. S. 150)*. Ein **HÖLLEN**-Traum spiegelt unter Umständen Ihr momentanes Leben wider und ermuntert Sie, es zu ändern. Vielleicht streiften Sie in der Unterwelt, im Hades, umher und hatten Ihre Freude an verrückten, wunderbaren Genüssen aller Art. Andererseits könnte ein religiöser Hintergrund Sie wegen einer Sünde zurechtweisen oder davor warnen, daß Ihr derzeitiges Verhalten Sie in eine viel schlimmere Hölle führen könnte.

KINDHEIT

Kindheitsträume erscheinen uns zwar manchmal als reine Nostalgieprodukte, doch stehen sie oft in enger Beziehung zu unserer aktuellen Lebenssituation. In Träumen von der Vergangenheit manifestiert sich häufig der unbewußte Wunsch, den Problemen und Verpflichtungen unseres Wachlebens zu entrinnen.

Kindheitsträume korrigieren manchmal Selbstgefälligkeit, denn sie erinnern uns daran, daß unsere Grundbedürfnisse und Sehnsüchte – auch wenn wir noch so alt sind – dieselben sind wie die eines Kindes. All unsere Lebenserfahrung macht uns nicht unfehlbar, immunisiert uns nicht gegen Dummheit, Grausamkeit und üble Laune. Der Traum will vielleicht sagen, daß unser Wach-Ich sich vieler Dinge – besonders seiner Intelligenz – nicht allzu sicher sein sollte.

WUTANFALL

Ein Traum von einem – vielleicht fremden – Kind könnte durchaus ein Traum von Ihnen selbst sein. Versuchen Sie, sich an das Verhalten des Traumkinds zu erinnern – war es freundlich oder unfreundlich, lachte es, oder hatte es einen **WUTANFALL**? –, und überlegen Sie, ob der Traum eine Aussage über Ihr derzeitiges Leben und Verhalten beinhaltet. Ein Kind, das sich selbstsüchtig und respektlos benimmt, ist vielleicht ein Abbild Ihrer eigenen Fehler. Haben Sie sich kürzlich „kindisch" verhalten?

WIEGE
150
BABYSITTER

Wenn Sie in Ihrem Traum an einer **WIEGE** saßen, könnte diese ein Symbol des mütterlichen Schoßes und der Geborgenheit der frühen Kindheit sein. Ein Traum von einem **BABYSITTER** könnte eine Warnung sein, aber auch ein Hinweis, daß Sie sich sicher fühlen.

COMIC-HEFT
LEHRER
89, 174
TAFEL

In Kindheitsträumen erhalten wir manchmal eher kindische Botschaften. Vielleicht lesen wir in einem **COMIC**-Heft oder schreiben Unfreundlichkeiten über einen **LEHRER** an die **TAFEL**. Solche Traumsymbole sagen etwas über unsere Gefühle gegenüber einer Autoritätsperson aus oder raten uns, das Leben von der lustigen Seite zu sehen.

JUGEND

Kindheitsträume sind häufig nostalgisch, Jugendträume hingegen oft Wunscherfüllungen (s. S. 150). Dennoch können solche Träume uns auch nahelegen, unsere Einstellung zu Jugendlichen neu zu überdenken, unsere Jugendlichkeit auf einem Gebiet zurückzugewinnen oder vielleicht das Leben nicht nur vom Seniorenstandpunkt aus zu sehen.

Mit zunehmendem Alter blicken wir gelegentlich wehmutsvoll auf unsere Jugendjahre zurück. Vielleicht würden wir die Sturm-und-Drang-Zeit gar nicht gerne ein zweites Mal durchleben, aber wir hätten gerne die Möglichkeit, das erworbene Wissen und unsere Erfahrung mit der Körperkraft und Begeisterung der Jugend zu verbinden.

JUGENDLICHE
TEENAGER

Ein Jugendtraum könnte ein Hinweis sein, daß wir uns von Verpflichtungen, die häufig zur Last werden, befreien und ein bißchen Bewegungsfreiheit zurückgewinnen sollten. Machen Sie sich übertriebene Sorgen um Dinge, die sich bei unvoreingenommener Betrachtung viel einfacher darstellen würden? Leiden Sie unter Streß, den Sie sich selber machen? Handelte der oder die **JUGENDLICHE** in Ihrem Traum typisch für sein Alter? Falls dies zutrifft, könnte Ihr Traum mahnend auf Ihr derzeitiges unreifes Verhalten anspielen: Vielleicht haben Sie Vorurteile, handeln unüberlegt, sind boshaft oder eifersüchtig in einer Weise, die Sie bei einem **TEENAGER** als dumm und unproduktiv bezeichnen würden.

SCHULE
171, 174

Falls Sie im Traum wieder zur **SCHULE** gingen, hängt es von Ihrer Einstellung zur Schulzeit ab, was der Traum bedeutet. Vielleicht brauchen Sie neue geistige Herausforderungen oder ein größeres Betätigungsfeld für Ihren Verstand, z. B. durch das Studium eines neuen Fachs oder ein neues Hobby. Doch wenn Sie – wie viele andere – die Schule haßten, dann weist ein Traum, in dem Sie wieder die Schulbank drücken, darauf hin, daß der Schatten Ihrer unrühmlichen Schulzeit noch immer auf Ihnen liegt. Er will Ihnen vielleicht sagen, Sie sollten sich von der Vorstellung befreien, daß Sie arbeiten müssen, um zu leben, statt zu leben, um zu arbeiten. Er rät Ihnen, nach

Möglichkeiten zu suchen, die eine positive Einstellung zu Ihrem Alltagsleben fördern.

LEHRER
88, 174
KINDER
173

Das Auftreten eines bestimmten – vielleicht unbeliebten – **LEHRERS** in Ihrem Traum könnte etwas mit einer Autoritätsperson (z. B. einem Vorgesetzten) zu tun haben, die einen repressiven und negativen Einfluß auf Sie ausübt. Wenn Sie im Traum wieder in der Schule waren, dort aber nur mit einer Schar von **KINDERN** herumspielten, heißt das entweder, daß Sie mit Alltagsproblemen gut fertig werden, das Leben nicht allzu ernst nehmen und vielleicht eine Menge Spaß haben; oder aber, daß Sie öfter ausspannen sollten. Es müßte ganz klar sein, welche dieser beiden Möglichkeiten zutrifft.

DIE WELT DER NATUR
PHANTASIE- & FABELWESEN
KUNST & WISSENSCHAFT
MENSCHLICHER KÖRPER
GEBÄUDE & INNENRÄUME
ALLTÄGLICHE DINGE
GEFÜHLSLEBEN
TÄTIGKEITEN
BEFINDLICHKEITEN
RITUALE & RELIGION
THESAURUS DER TRÄUME

Die Familie

Träume, in denen Familienmitglieder eine Rolle spielen, können beruhigend wirken, uns Vertrauen und Unterstützung signalisieren, oder aber sich auf aktuelle oder seit langem bestehende Probleme konzentrieren, aus denen es kaum einen Ausweg zu geben scheint. Bei Personen, die keine Familie haben, sind sie allzu oft Wunscherfüllung (s. S. 150).

PARTNER *167*
EHEMANN *146*
EHEFRAU *146*

Häufig nehmen wir unseren Lebens-**PARTNER – EHEMANN** oder **EHEFRAU** – im Traum wahr, doch treten sie nur selten als sie selbst auf. Der Grund dafür könnte sein, daß sie ein wesentlicher Bestandteil unseres Wachlebens sind und daher kaum Bedarf an ihrem Auftreten im Traum besteht. Anders liegen die Dinge, wenn wir auf Distanz gegangen sind, und wenn uns nicht nur die Entfernung, sondern auch ein Abbruch der Beziehung trennt, kann ihr Auftauchen in einem Traum eine wichtige Botschaft beinhalten. Ein negativer Traum von einem Partner in einer Zeit, in der alles gutzugehen scheint, ist manchmal eine Warnung, daß es ein unterschwelliges Problem gibt. Sehen Sie sich den Kontext, in dem das negative Verhalten Ihres Partners im Traum steht, näher an. Ihr Unbewußtes könnte einen Makel an Ihrer Partnerschaft entdeckt haben, den Ihr Bewußtsein noch nicht erkannt hat oder nicht erkennen will. Bedenken Sie jedoch, daß Ihr Traum sich auf einen anderen negativen Bereich Ihres Lebens beziehen kann: Ihr Partner stellt vielleicht jemand anders, der Ihnen nahesteht, dar.

VATER
MUTTER

Träume, in denen **VATER** oder **MUTTER** erscheinen, stellen nicht nur höchste Autoritätspersonen dar, sondern auch die Eigenschaften, die wir von unseren Eltern geerbt haben. Wenn Sie Charakterzüge Ihrer Eltern als abscheulich oder unangenehm empfanden und sich dessen voll bewußt sind, stehen die Chancen gut, daß Sie mit Ihren schmerzlichen Gefühlen klarkommen. Schwierige Eltern können in Ihren Träumen freundlich und tolerant auftreten, doch eine mitfühlende Traummutter sind vielleicht Sie selbst, der/die versucht, die Folgen des mütterlichen Verhaltens gegen Sie als Kind wiedergutzumachen. Wenn Ihr Vater sehr autoritär war, spiegelt sein Auftauchen im Traum vielleicht Ihren Mangel an Selbstvertrauen wider. Ihre Träume könnten Ihnen Hilfe bringen: Suchen Sie nach positiven Symbolen, und ermutigen Sie diese, in künftigen Träumen wieder zu erscheinen *(s. S. 33)*.

SOHN TOCHTER

Träume, in denen Ihr **SOHN** oder Ihre **TOCHTER** erscheinen, sollten Sie im Zusammenhang mit den übrigen Symbolen analysieren. Eltern haben meist ein sicheres Gespür für alles, was ihre Kinder betrifft, und dies könnte sich auch in Ihrem Traum erweisen. Überlegen Sie praktisch: Wenn Ihr Traumkind Ihnen vorwarf, daß Sie sich zu viele Sorgen machen oder herumnörgeln, sollten Sie das zur Kenntnis nehmen.

BRUDER SCHWESTER

BRUDER oder **SCHWESTER** stellen im Traum manchmal die Charakterzüge dar, die Sie an Ihren Geschwistern bewundern oder ablehnen. Der Traum will Ihnen etwas über Ihre Einstellung zu diesen Eigenschaften bei Ihnen selbst sagen.

GROSS-ELTERN

Sehr oft gibt es eine sehr starke und positive Beziehung zwischen **GROSSELTERN** und Enkeln. Wenn Sie träumen, daß ein Großelternteil gestorben ist, soll Sie dies höchstwahrscheinlich beruhigen und Ihnen sagen, daß Sie ein bißchen von dessen Weisheit geerbt haben. Wenn Ihre Großeltern streng waren, können Sie die Weisheit ihrer Reaktionen in der Vergangenheit erkennen? Falls dies nicht der Fall ist und Ihr Wach-Ich sich immer noch verletzt fühlt, sollten Sie Ihre Träume um weitere Hilfe bitten *(s. S. 33)*.

Der Körper

Ein Traum von einem verletzten oder schmerzenden Körperbereich sollte immer genau abgeklärt werden, denn er enthält möglicherweise die Selbstdiagnose einer Krankheit, noch bevor ein Arzt Symptome erkennen kann. Träume benutzen aber auch Körperteile als Symbole für andere Lebensbereiche.

Seit langem ist bekannt, daß unsere Träume Hinweise auf Krankheiten geben können, bevor wir bewußt erkennen, daß irgend etwas nicht stimmt, und mit Sicherheit bevor Krankheitszeichen für einen Arzt ersichtlich sind. Fürchten Sie nicht, daß jeder Alptraum eine ernsthafte Erkrankung ankündigt! Doch wenn Sie davon träumen, daß Ihnen medizinisch etwas fehlt (vor allem, wenn der Traum sich wiederholt), ist es Zeit, zum Arzt zu gehen.

BLUT *95* **BLUTUNG**

BLUT ist ein äußerst wichtiges Symbol, manchmal für das Leben überhaupt, manchmal für die Seele, Körperkraft und Verjüngung. Es kann schwierig zu deuten sein, doch ein Blutverlust im Traum hat sicherlich etwas mit dem Verlust von körperlicher oder moralischer Stärke zu tun. Wenn Sie träumen, daß Sie Blut trinken, ist das ein starkes Symbol für Feindschaft und für das Aufzehren der Kraft Ihres Feindes. Ein Traum von einer **BLUTUNG** könnte bedeuten, daß Ihnen Kräfte „abgezapft“ werden, Sie mehr Nahrung brauchen oder einfach urlaubsreif sind. Bei Frauen kann es das Einsetzen der Periode bedeuten. Wenn eine Frau von **MENSTRUATION** oder **WECHSELJAHREN** träumt, kann dies Angst vor dem Ende des aktiven Lebens bedeuten, aber auch die Verheißung eines neuen Lebens ohne Bürden (z. B. Kinder); es könnte sogar Angst vor dem Ende des Sexuallebens widerspiegeln.

MENSTRUATION WECHSELJAHRE

RÜCKGRAT RÜCKEN WIRBELSÄULE HAND

Träume vom **RÜCKGRAT, RÜCKEN** oder der **WIRBELSÄULE** symbolisieren den Willen, Festigkeit und Entschlossenheit. Zeigen Sie nicht genug Rückgrat? Die **HAND** ist ein eminent wichtiger Körperteil. Eine nicht einsatzfähige oder verletzte Hand im Traum kann ein Hinweis auf die Unfähigkeit, eine (nicht unbedingt manuell lösbare) Aufgabe zu erfüllen, sein. Die Hand ist oft auch ein Symbol für das Muster des Lebens oder der Psyche insgesamt.

FÜSSE LAHMHEIT

Ein Traum von **FÜSSEN** ist gelegentlich eine Anspielung auf allgemeinen Fortschritt. Sind Sie irgendwie „fußlahm“, haben Sie eine endlos scheinende Aufgabe einfach satt? Wenn Sie von **LAHMHEIT** träumten, bedeutet dies eventuell, daß Sie so nicht weitermachen können.

Die Welt der Natur
Phantasie- & Fabelwesen
Kunst & Wissenschaft
Menschlicher Körper
Gebäude & Innenräume
Alltägliche Dinge
Gefühlsleben
Tätigkeiten
Befindlichkeiten
Rituale & Religion
Thesaurus der Träume

GESICHT
OHR
AUGE
BLIND
130

Ein **GESICHT** im Traum bezieht sich wahrscheinlich auf das Bild, das wir der Welt zeigen – unsere Vorstellung davon, wie andere uns sehen oder wie wir gesehen werden wollen –, und könnte folgende Hinweise enthalten: Geschwollenes Gesicht – Wichtigtuerei; verunstaltetes Gesicht – Charakterfehler, von dem wir befürchten, daß andere ihn bemerken; **OHR** – Sie sollten vielleicht auf den Rat, die Kritik oder das Lob anderer beachten; **AUGE** – Sie sollten einen Sehtest machen. Andererseits verweist ein Traum, in dem Sie **BLIND** sind, eher auf das, was Sie nicht sehen können oder wollen, als auf eine Erkrankung. Von einer **NASE** zu träumen, kann eine Anspielung auf Neugier sein – darauf, daß einer seine Nase in alles steckt. Gute oder schlechte Gerüche im Traum verweisen meist auf eine erfreuliche oder unerfreuliche Entdeckung – in der Regel eines intimen Geheimnisses – bei uns selbst oder bei anderen.

LIPPEN
MUND
BART
165

LIPPEN sind häufig ein Symbol der weiblichen Genitalien und spielen in erotischen Träumen manchmal eine Rolle. Solche Träume können schlicht lustvoll sein und keinen verborgenen Sinn haben – ähnlich wie Träume vom **MUND**, doch hier liegt der Akzent auf Nahrungsaufnahme (oder Liebe). Ein **BART** ist zwar häufig ein Sinnbild für Männlichkeit, kann sich aber auch auf die Anima, d. h. den weiblichen Teil der männlichen Persönlichkeit (Mund und Lippen symbolisieren ja die weiblichen Geschlechtsorgane), beziehen.

GENITALIEN
146

Ein Traum von **GENITALIEN** bei Männern kann – wenn es kein eindeutig sexueller Traum ist – einen Bezug auf generelle Leistungsfähigkeit haben, bei Frauen auf die Menstruation oder den Wunsch nach Empfängnis. Andererseits steckt darin vielleicht eine sexuelle Anspielung, die nur der Träumer versteht. Ein Kastrationstraum *(s. S. 97)* spiegelt unter Umständen die schlimmsten Ängste eines Mannes wider und könnte nicht nur auf seine Männlichkeit, sondern seine Macht und Kraft insgesamt anspielen. Eine Frau, die davon träumt, einen Mann zu kastrieren, hat den klaren Wunsch, ihn rücksichtslos zu unterwerfen.

HAAR
146, 165
GLATZE

Das **HAAR** ist ein wichtiges sexuelles Symbol für beide Geschlechter: bei Frauen für ihre anziehende Wirkung auf Männer; bei Männern für ihre Männlichkeit. Wenn jemand im Traum gewaltsam kahlrasiert wird (ein Symbol für Kastration, *s. S. 97*), ist das ein Sinnbild für Unterjochung, für den Verlust der Lebenskraft, Sexualität oder des Selbst. **GLATZE** kann bei beiden Geschlechtern als Angsttraum interpretiert werden.

BRÜSTE
GESÄSS

Weibliche **BRÜSTE** in Männerträumen haben sehr wahrscheinlich sexuelle Bedeutung, vielleicht jedoch verweisen sie auf die Mutter. Suchen Sie Nahrung, nicht unbedingt nur für den Körper? Bei Frauen ist ein Traum vom Stillen vermutlich Wunscherfüllung *(s. S. 150)*. Überlegen Sie auch, wen Ihr Baby darstellen könnte. Wenn Sie träumen, daß Sie jemand ins **GESÄSS** tritt, ist dies ein deutliches Zeichen für Mißbilligung. Träume, in denen Sie geschlagen oder ausgepeitscht werden, können schlicht sexuelle Träume sein – das Produkt eines bewußten oder unbewußten sexuellen Verlangens. Sie sind Ausdruck Ihres innersten Wesens, das Sie vielleicht erst erforschen müssen. Doch wer schlug Sie? Könnte ein ehrgeiziger Kollege damit gemeint sein?

ZÄHNE
95, 165
ZAHNWEH
MAGEN
BLASE
95

Träume, in denen Sie Ihre **ZÄHNE** verlieren, gehören zu den gängigsten Traumtypen überhaupt, und fast immer hat dies mit Sorge um das eigene Image zu tun; manchmal spiegelt sich darin die Angst, ungefragt geredet zu haben. Wenn Sie von **ZAHNWEH** träumen, könnte dies eine Mahnung sein, zum Zahnarzt zu gehen. **MAGEN**schmerzen könnten bedeuten, daß Sie etwas verdauen müssen, was Ihnen „schwer im Magen liegt". Was ist es? Wenn Sie im Traum eine **BLASE** bekommen, überlegen Sie, wodurch sie entstanden ist. Haben Sie sich „die Finger verbrannt", weil Sie mit dem Feuer (Gefühlen) gespielt haben?

ATMUNG

Manchmal erwachen wir keuchend und nach Luft schnappend aus einem Traum. Das kann eine medizinische Ursache haben, und wenn es sich wiederholt, sollte man den Arzt konsultieren. Wenn Sie im Traum Probleme mit der **ATMUNG** ohne erkennbare Ursache hatten, könnte dies ein Hinweis auf generelle Probleme sein. Bei Frauen ist es manchmal eine Anspielung auf den Animus (männlichen Persönlichkeitsteil), bei Männern auf ihre Männlichkeit. Oder brauchen Sie einfach mehr Luft, Raum oder Freiheit?

BEHINDERUNG
MISSBILDUNG
VERUNSTALTUNG

Ein Traum, in dem Sie eine **BEHINDERUNG, MISSBILDUNG** oder **VERUNSTALTUNG** an sich bemerkten, ist wahrscheinlich ein selbstkritischer Traum, und seine Deutung hängt von der Art der Mißbildung ab. In welcher Hinsicht sind Sie derzeit an Leib oder Seele behindert oder verunstaltet, so daß Sie anderen ein abstoßendes oder erschreckendes Bild vermitteln? Wenn eine andere Person verunstaltet ist, könnte der Traum Ihnen einen abstoßenden Persönlichkeitsaspekt, der Ihnen bisher nicht bewußt war oder den Sie an sich selbst erkennen, zeigen.

LÄHMUNG

Eine **LÄHMUNG** ist ein Traumsymbol für eine Behinderung und könnte einen Hinweis auf einen Lebensbereich sein, in dem ein Stillstand eingetreten ist.

Gesundheit

Träume, in denen allgemeines Wohlbefinden und Gesundheit wichtige Themen sind, sagen nicht nur etwas über unser körperliches Befinden, sondern auch über unsere Gemütsverfassung aus. Solche Träume bringen unsere derzeitige Verfassung auf den Punkt und tragen zu einer ausgeglicheneren Persönlichkeit bei.

FITNESS

Wenn Sie im Traum mit irgendeiner Art von Körpertraining an Ihrer **FITNESS** arbeiteten, kann das ein Hinweis auf Unter- oder Übergewicht sein. Schreit ein perfekter Körper in Ihnen danach, herausgelassen zu werden? Falls dies zutrifft, ermutigt Sie Ihr Traum dazu, etwas dafür zu tun? Natürlich sollten Sie sich auch die übrigen Bestandteile des Traums ansehen. Versuchten Sie, Gewichte zu heben, die zu schwer waren, oder konnten Sie ganz leicht damit

Die Welt der Natur
Phantasie- & Fabelwesen
Kunst & Wissenschaft
Menschlicher Körper
Gebäude & Innenräume
Alltägliche Dinge
Gefühlsleben
Tätigkeiten
Befindlichkeiten
Rituale & Religion
Thesaurus der Träume

umgehen? Ein solcher Traum sagt vielleicht etwas über Ihre Fähigkeit, eine Aufgabe oder ein Projekt psychisch oder gefühlsmäßig zu „verkraften", aus; er kann aber auch auf das „Gewicht" des Projekts anspielen.

DIÄT
106

Ein Traum, in dem Sie **DIÄT** hielten, kann sich auf eine Einschränkung im Wachleben beziehen. Die Ernährung *(s. S. 106)* spielte vielleicht eine Rolle in Ihrem Traum. Sie bemaßen darin genau die Mengen, die Sie essen und trinken durften, schielten wohl auch nach verbotenen Nahrungsmitteln. Teilen Sie Ihre Zuneigung exakt bemessen aus? Lassen Sie Ihren Emotionen nur einen genau definierten Spielraum? Wenn Sie hingegen im Traum aus Ihrer Diät ausbrachen (mit katastrophalen Folgen), ließen Sie sich von Ihren Gefühlen im Wachleben mitreißen?

HYGIENE
SAUBERKEIT

Bemühten Sie sich in Ihrem Traum um **HYGIENE** und **SAUBERKEIT** von Kopf bis Zeh? Was bewirkte, daß Sie sich schmutzig fühlten? Ihr Traum könnte etwas über Ihre Einstellung zur Sexualität aussagen, oder über eine unangenehme Erfahrung, die Sie aus Ihrem Gedächtnis löschen möchten. Er könnte aber auch Ihre körperliche Verfassung beschreiben. Haben sich in Ihrem Körper Giftstoffe angesammelt, oder leiden Sie an Verstopfung? Fühlen Sie sich geistig irgendwie unrein? Möchten Sie in Ihrem Leben großes Reinemachen veranstalten? *(S. a. Schmutz, S. 119)*

MISSBILDUNG
93
KRÜPPEL

Für einen sonst gesunden Menschen sind Träume, in denen er eine **MISSBILDUNG** oder Verkrüpplung aufweist, sehr beunruhigend. Die naheliegendste Deutung solcher Symbole ist die, daß Sie durch eine Verletzung Ihrer Gefühle zum seelischen **KRÜPPEL** gemacht wurden und daran auch nichts ändern können. Hat jemand Ihr Wach-Ich ernstlich verletzt? Auch über Ihr Selbstwertgefühl sollten Sie nachdenken. Haben Sie eine schlechte Meinung von sich selbst und Ihrer Handlungsweise? Fühlen Sie sich in Ihrem Seelenleben eine Mißbildung? Vielleicht sind Ihre Ansichten oder Erwartungen an das Leben irgendwie verbogen. Denken Sie daran, daß auch eine andere verkrüppelte oder verunstaltete Person in Ihrem Traum Sie selbst darstellen kann.

VITAMINE

Wenn Sie träumten, daß Sie Riesenmengen **VITAMIN**-Pillen einnahmen, sagt das etwas über Ihren Gesundheitszustand aus. Brauchen Sie neuen Schwung? Es gibt auch die Möglichkeit, daß Sie des Guten zuviel getan haben. Falls Sie im Traum in einem Reformhaus waren und versuchten, sich zwischen den vielen Vitaminpräparaten zu entscheiden, stellt dies wahrscheinlich eine große Auswahl an Möglichkeiten im Wachleben dar.

SAUERSTOFF
48

Wenn Sie im Traum an **SAUERSTOFF**mangel litten, hatten Sie sich entweder zu tief unter die Decken verkrochen, oder Ihr Traum bedeutet, daß Ihr Wach-Ich mehr frische Luft braucht – im wörtlichen oder übertragenen Sinn.

RAUCHEN
ZIGARETTE
136

Sollten Sie sich gerade das Rauchen abgewöhnen, konzentrieren sich viele – anscheinend überhaupt nicht damit zusammenhängende – Traumsymbole auf Ihre Erfolge bzw. Mißerfolge. Denken Sie daran, wenn Sie in dieser Phase Ihres Wachlebens Träume deuten. Ihr Traum vom **RAUCHEN** und vom Genuß einer **ZIGARETTE** könnte mit Realitätsflucht zu tun haben; wenn Sie die Zigarette energisch ausdrückten oder plötzlich Widerwillen dagegen empfanden, machen Sie gute Fortschritte. Die Zigarette ist häufig ein phallisches Symbol – vielleicht auch in Ihrem Traum.

KREBS
69

Wenn Sie davon träumen, daß Sie **KREBS** haben, ist es unwahrscheinlich, daß dies zutrifft. Wenn Sie aber Krebsangst haben, sollten Sie sich untersuchen lassen. Viel wahrscheinlicher ist, daß der Krebs in Ihrem Traum eine Person oder ein Problem darstellt, das an Ihnen „frißt" und Ihre Widerstandskraft allmählich schwächt. Versuchen Sie herauszubekommen, wer oder was das sein kann. Andererseits kennen Sie vielleicht die Eigenschaften des Sonnenzeichens Krebs *(s. Der Tierkreis, S. 69)* oder eine Person, die in diesem Sternzeichen geboren ist; dann könnte, was diese für Sie verkörpern, Ihren Traum beeinflußt haben.

Krankheit

Ein Krankheitstraum ist häufig eine symbolische Darstellung eines anderen Lebensbereichs. Träume von bestimmten Körperbereichen können jedoch Symptome vorwegnehmen, die noch gar nicht aufgetreten sind. Wenn Sie träumen, daß Sie Schmerzen oder sich verletzt haben, überlegen Sie, ob Sie dies nicht Ihrem Arzt erzählen sollten.

AUSSCHLAG
WUNDE STELLE
EKZEM

AUSSCHLAG, WUNDE STELLEN und **EKZEME** sind unangenehme, aber in der Regel nicht allzu schwerwiegende Erkrankungen. Was ist Ihnen denn so unangenehm? Weswegen fühlen Sie sich verlegen oder gereizt? Hat Ihr Ich durch schlechte Behandlung wunde Stellen bekommen? Haben Sie selbst sich rücksichtslos verhalten?

ERKÄLTUNG
BLAUER FLECK
BLASE
92
SCHLAGANFALL

Die einleuchtendste Erklärung für eine **ERKÄLTUNG** im Traum ist, daß Sie sich nachts abgedeckt und tatsächlich erkältet haben. Ein **BLAUER FLECK** könnte eine Verletzung der Gefühle widerspiegeln, aber auch ein beginnendes Gesundheitsproblem anzeigen. Wenn Sie von einer **BLASE** träumten, müssen Sie vielleicht ein emotionales Problem loswerden. Wenn eine andere Person im Traum einen **SCHLAGANFALL** erlitt, könnte sich dies auf einen Lebensbereich beziehen, in dem Sie sich frustriert oder am Handeln gehindert fühlen.

BLUT
91
BLUTTRANSFUSION

Frauen, die von **BLUT** träumen, stellen häufig beim Erwachen fest, daß die Menstruation eingesetzt hat. Oder erleben Sie gerade einen Aderlaß finanzieller Natur bzw. arbeiten Sie im Wachleben so viel, daß der Streß Ihre Lebenskraft schwächt? Falls dies zutrifft, sollten Sie die Warnung Ihres Traums nicht unbeachtet lassen. Wenn Sie im Traum eine **BLUTTRANSFUSION** erhielten, könnte das ein Hinweis auf einen belebenden Einfluß – z. B. eine neue Freundschaft oder Beziehung – sein.

IMPFUNG
INJEKTION

IMPFUNGEN und **INJEKTIONEN** im Traum beziehen sich manchmal auf Ihr Sexualleben. Der Traum könnte bedeuten, daß Sie vernünftig sind und die notwendigen Vorsichtsmaßnahmen ergreifen, da Impfungen ja vorbeugende Maßnahmen sind. Oder will Ihr Traum Sie warnen, vorsichtiger zu sein und zusätzliche Vorsichtsmaßnahmen zu ergreifen? Eine Injektion könnte – wie eine Bluttransfusion – bedeuten, daß etwas Neues in Ihr Leben tritt.

KRANKHEIT

Wenn Sie im Traum eine **KRANKHEIT** durchmachen, weist dies unter Umständen darauf hin, daß Ihr Wach-Ich sich unwohl oder unsicher fühlt und daß jemand diesen Zustand hervorruft. Übt jemand zuviel Macht über Sie aus?

NARKOSE

Eine **NARKOSE** im Traum könnte als Hinweis darauf gedeutet werden, daß Sie der Wirklichkeit zu entfliehen versuchen. Selbst wenn ein Arzt Sie narkotisierte, schlagen Sie unter Realitätsflucht nach *(S. 136)*. Gibt es etwas in Ihrem Leben, vor dem Sie davonlaufen oder das Sie vergessen möchten – zumindest für eine Weile? Haben Sie einen Urlaub nötig?

ZAHNARZT
KRANKENHAUS
ZÄHNE
92, 165
ARZT
KRANKENSCHWESTER

Viele Menschen fürchten sich davor, zum **ZAHNARZT** zu gehen, und noch mehr scheuen sie vor einem **KRANKENHAUS**aufenthalt zurück. Wenn diese beiden Symbole in Ihren Träumen auftauchen, sind sie als Rat zu verstehen, den Dingen ins Gesicht zu sehen und tapfer durchzustehen, was da kommen mag. Wie andere Träume von Gesundheit *(s. linke Seite)* oder Krankheiten kündigen sie manchmal das Auftreten physischer Beschwerden an, daher ist ein Besuch beim Zahnarzt oder Arzt in solchen Fällen ratsam. Jeder Traum von **ZÄHNEN** läßt eine Vielzahl von Deutungen und Assoziationen mit dem Wachleben zu. Zahnärzte und Ärzte im Traum sind Autoritätspersonen, daher sollten Sie deren Rat annehmen. Wenn Sie sich zum **ARZT** oder der **KRANKENSCHWESTER** in Ihrem Traum hingezogen fühlen, könnte Wunscherfüllung *(s. S. 150)* in eine Rolle spielen.

Die Welt der Natur
Phantasie- & Fabelwesen
Kunst & Wissenschaft
Menschlicher Körper
Gebäude & Innenräume
Alltägliche Dinge
Gefühlsleben
Tätigkeiten
Befindlichkeiten
Rituale & Religion
Thesaurus der Träume

DIE WELT DER NATUR
PHANTASIE- & FABELWESEN
KUNST & WISSENSCHAFT
MENSCHLICHER KÖRPER
GEBÄUDE & INNENRÄUME
ALLTÄGLICHE DINGE
GEFÜHLSLEBEN
TÄTIGKEITEN
BEFINDLICH- KEITEN
RITUALE & RELIGION
THESAURUS DER TRÄUME

EROTISCHE TRÄUME

Erkennbar erotische Träume jagten vielen Männern und Frauen des 19. Jahrhunderts große Angst ein, denn sie glaubten, solche Träume seien die Ursache von Krankheiten an Leib und Seele. Heute werden sie in der Regel als Wunscherfüllung (s. S. 150) oder als Ventil für sexuelle Spannungen betrachtet.

PERVERSION
PORNOGRAPHIE
SADISMUS

Es wäre eine unzulässige Vereinfachung, alle offenkundig sexuellen Träume als Produkte der Wunscherfüllung oder sexuellen Frustration zu sehen. Viele finden solche Träume beunruhigend, vor allem dann, wenn sie Wünsche oder **PERVERSIONEN** aufzeigen, deren sich unser Wach-Ich nicht bewußt ist. Zum Beispiel sieht sich jemand, der eine Abneigung gegen Homosexualität hat, im Traum manchmal von einem Angehörigen des eigenen Geschlechts erregt; Puritaner beiderlei Geschlechts können sich an **PORNOGRAPHIE** erfreuen; oder jemand, dem **SADISMUS** ein Greuel ist, sieht sich im Traum selbst sadistisch handeln. Es ist wichtig, sich daran zu erinnern, daß nicht irgend jemand Fremder uns die Träume aufdrängt – es sind *unsere eigenen* Träume. Wenn wir im Traum Freude an einer Form sexueller Betätigung haben, die unser Wach-Ich verabscheut, könnte dies darauf schließen lassen, daß es einen Teil unseres Wesens gibt, der an dieser Betätigung nicht soviel Anstoß nimmt, wie wir glauben. Ein derartiger Traum könnte unser Wach-Ich zu mehr Verständnis und Gelassenheit gegenüber anderen sexuellen Verhaltensweisen, als wir uns normalerweiser zutrauen, ermahnen.

Außer wenn erotische Träume als schwere Belastung empfunden werden (in diesem Fall sollte ein Psychiater konsultiert werden), gibt es keinen Grund, sie nicht ebenso zu genießen wie jede andere Phantasie im Schlaf.

NACKTHEIT

Träume, in denen wir in der Öffentlichkeit nackt oder halbnackt auftauchen, sind ungewöhnlich häufig. Mit Sexualität haben sie selten etwas zu tun; fast immer ist ihr eigentliches Thema Verlegenheit, gelegentlich ein Gefühl der Unbekümmertheit.

BLÖSSE

An erster Stelle steht die Frage, wie es zu der **BLÖSSE** im Traum kam. Inwieweit sind Sie im Wachleben zu naiv, allzu offenherzig oder nicht offen genug? Wenn das vorherrschende Gefühl in Ihrem Traum Scham oder Entsetzen war, machen Sie sich offenbar Sorgen, daß Sie irgendwie bloßgestellt werden. Wenn Sie hingegen Ihren kleiderlosen Auftritt genossen, haben Sie vielleicht das Bedürfnis nach einer offeneren und unkonventionelleren Haltung, als Ihr Wach-Ich sich zugesteht, oder Sie sehnen sich nach Freiheit von gesellschaftlichen Zwängen. Nacktheit kann auch ein Hinweis auf absolute Ehrlichkeit und Wahrhaftigkeit sein. Im Traum verbergen Sie nichts – vielleicht täte dieselbe

NACKTHEIT

Offenheit auch Ihrem Wach-Ich gut. Sie träumen vielleicht, daß Sie in einer Menschenmenge als einzige(r) **NACKT** sind, doch die anderen nehmen dies anscheinend gar nicht wahr. Das könnte ein Hinweis sein, daß Sie sich „ertappt" fühlen – daß man Sie sieht, wie Sie wirklich sind. Träume, die ein Gefühl der Verlegenheit bei einem öffentlichen Auftritt in unbekleidetem Zustand behandeln, können Nervosität im Umgang mit anderen Menschen andeuten. **NACKTHEIT**s-Träume können auch ganz praktische Auslöser haben: Ein Traum, in dem Sie nackt auf einem Flughafen herumlaufen, will Sie vielleicht daran erinnern, noch einmal Ihr Urlaubsgepäck durchzusehen.

Der Schatten

Wir träumen häufig, daß jemand bei uns einzubrechen versucht – vielleicht an den Fenstern herumprobiert oder an die Tür hämmert. Sehr oft ist die Traumgestalt (jemand, den wir hassen oder fürchten) unser Schatten – eine wichtige Figur in unseren Träumen.

Menschen gestehen sich eigene Fehler nur widerwillig ein. Läßliche Sünden wie Schwindeleien oder Temperamentsausbrüche geben wir vielleicht noch eher zu, doch unsere schlimmsten Charakterfehler sind so tief im Unbewußten vergraben, daß wir sie fast automatisch verleugnen. Jung vertrat die Ansicht, daß sie uns dennoch im Traum gezeigt würden, und zwar von unserem „Schatten", der alles darstellt, was wir an uns selbst hassen. Im Wachleben kann man manchmal den Schatten anderer einfach dadurch identifizieren, daß man den Betreffenden fragt, welche Art Mensch ihm wirklich zuwider ist.

Weil unsere Vorurteile und Laster so gründlich vergraben sind, erkennen wir unseren Schatten nur widerwillig, selbst wenn er (oder sie, doch der Schatten nimmt meist männliche Gestalt an) uns im Traum begegnet. Wir entziehen uns oft der Verwantwortung, indem wir Züge, die wir abscheulich finden, anderen in die Schuhe schieben.

Jung ermutigte bei der Traumanalyse die Träumer, mehr über ihren Schatten herauszufinden, sich mit ihm abzufinden oder sogar anzufreunden – es könnte ein Bekannter oder eine bekannte Persönlichkeit sein (bei Prominenten erkennen wir häufig Charakterzüge wieder, die wir verabscheuen, jedoch selbst besitzen und dies auch wissen). Jedenfalls können wir von genau der Figur, die all unsere ärgsten Charakterfehler zu verkörpern scheint, viel über uns selbst erfahren. Dies ist ein schmerzhafter Prozeß, der am besten im Rahmen einer Psychoanalyse stattfinden sollte.

Kastration

Auf jeden Mann, der von Kastration träumt, wirkt dieser Traum äußerst besorgniserregend, und jede Frau, die im Traum einen Mann kastriert, bringt damit starke Emotionen zum Ausdruck. Derartige Träume können so beunruhigend sein, daß man sie als Alpträume bezeichnen kann.

Es gibt viele Symbole für den Phallus: Der eine träumt, es schnitte ihm jemand die Krawatte ab, ein anderer vom Niederreißen einer Turmspitze, ein dritter vom Verlieren beim Armdrücken. Es ist wichtig, diese Träume in ihrem Kontext zu sehen: Wer griff an, und wie? Auch Ihre Gefühle als Träumer sind sehr bedeutsam: Waren Sie besorgt, verängstigt, zuversichtlich oder furchtlos? Dann sollten Sie überlegen, um welches Problem Ihres Wach-Ichs es gehen könnte. Manchmal bezieht sich der Traum auf Impotenz oder die Angst davor, manchmal darauf, daß ein Mann Angst hat, eine bestimmte Frau nicht befriedigen zu können, oder daß ihn jemand seiner Manneskraft berauben will – was nicht unbedingt sexuell zu verstehen ist. Ein Angriff auf Ihre Männlichkeit, auf Ihren Erfolg im Beruf bzw. im Sport könnte damit gemeint sein. Der Traum spiegelt eventuell auch Ihre Befürchtung, ein Kollege oder Rivale könnte besser „seinen Mann stehen".

Derartige Träume können zwar sehr bedeutsam sein, manchmal aber lediglich eine bewußte Angst widerspiegeln. Ihre Gefühle dazu sind eine zuverlässige Hilfe zu deren Einordnung.

Die Welt der Natur
Phantasie- & Fabelwesen
Kunst & Wissenschaft
Menschlicher Körper
Gebäude & Innenräume
Alltägliche Dinge
Gefühlsleben
Tätigkeiten
Befindlichkeiten
Rituale & Religion
Thesaurus der Träume

DER TRAUM VOM SPORTWAGEN

„Ich fuhr in einem offenen Sportwagen sehr schnell über schmale, kurvenreiche Landstraßen. Obwohl ich im Wagen saß, konnte ich es gleichzeitig von oben sehen. Vor mir lagen viele scharfe Kurven, verkehrsreiche Kreuzungen und Ampeln, doch ich nahm sie als Fahrer gar nicht wahr, sondern fuhr nur mit Vollgas, genoß es, um die Kurven zu schleudern, und lachte, wenn ich andere Verkehrswege kreuzte und es beinahe krachte. Die Stimmung war gut, und ich dachte nicht daran, daß mir etwas zustoßen könnte.

So fuhr ich eine Weile dahin, dann bog ich zu einer Tankstelle ab und tankte den Wagen auf, doch statt den Hebel am Einfüllstutzen loszulassen, sobald der Tank voll war, hielt ich ihn weiter gedrückt, so daß Benzin überlief und über den Boden rann . Ganz in der Nähe zündete sich jemand eine Zigarette an, und ich dachte noch: ‚Hoffentlich läßt er das Streichholz nicht fallen.‘
Die Tankstelle hatte nicht nur ein Büro, sondern war ein ganzes Haus. Ich begriff, daß es mein eigenes Haus war und daß die Eingangstür direkt ins Schlafzimmer führte. Ein Mechaniker kam aus dem Schlafzimmer; er war ein richtiger Macho-Typ, trug seinen Arbeitsanzug vorne bis zur Taille aufgeknöpft und eine Menge billigen Schmuck. Ich sagte zu ihm: ‚Es wird bald regnen. Machen Sie bitte das Verdeck zu.‘ Er erwiderte: ‚Ach was, Sie Schlappschwanz, das bißchen Regen wird Ihnen ja wohl nicht schaden. Und außerdem: Wagen dieser Bauart haben gar kein Verdeck.‘ Dann wandte er sich einem anderen Wagen zu und machte die Mädchen an, die darin saßen.‘

Ich fuhr wieder los, doch gerade als ich den Wagen durch dichten Verkehr steuerte, begann es Steine zu hageln. Sie krachten auf die Kühlerhaube, einige auch ins Wageninnere; ich hatte Angst, ein Stein könnte auch mich treffen. Von oben sah ich, daß das Auto auf eine T-Kreuzung und eine Klippe zuraste. Ich dachte noch: ‚Keine Chance, rechtzeitig abzubremsen‘, dann wachte ich schweißbedeckt auf.“

FRANK TANKT DEN WAGEN AUF

FRANK HAT UM EIN HAAR EINEN ZUSAMMENSTOSS

FRANK FÄHRT SEHR SCHNELL

SCHMALE, KURVENREICHE STRASSE

TRAUMDEUTUNG

Der Wagen ist in mehrfacher Hinsicht als Sexsymbol zu sehen: Der Mann saß im Wagen, vor sich die vorstehende Kühlerhaube, und der Motor war stark und leistungsfähig. Frank hatte einen gesunden Appetit auf Sex und bisher alle Warnungen, auf Safer Sex zu achten, in den Wind geschlagen nach dem Motto: „Bisher war immer alles okay." Das Schnellfahren im Traum stellte ihn als Schürzenjäger dar, doch die Tatsache, daß er unbewußt doch die Gefahren erkannte, kam in seiner Übersicht über die enge Straße mit den vielen Gefahrenquellen zum Vorschein.

An der Tankstelle tauchte ein weiteres Symbol dafür auf, daß Frank auf Teufel-komm-raus riskierte: Er verschüttete wissentlich Benzin, ohne auf die Gefahr zu achten (obwohl er sich der Brandgefahr – noch ein Symbol für sexuelle Leidenschaft – wohl bewußt war). Im Traum sind wir nicht unbedingt nur wir selbst: Alles und jeder im Traum kann uns darstellen. Es ist klar, daß der Macho-Mechaniker Franks Selbstbild war (er kam aus Franks Schlafzimmer), und obwohl er ein Geschäftsmann war, der sich im Anzug wohler fühlt als im Blaumann, sah er sich insgeheim als kraftstrotzendere Figur, als er wirklich ist.

Es ist leicht erkennbar, daß das Verdeck für ein Kondom steht, das Franks Macho-Hälfte für überflüssig hält und meist auch gar nicht bei sich hat. Steine bedrohten ihn, vor denen das Verdeck ihn hätte schützen können, und er sah, daß ein Unfall ihm bevorstand.

Dieser Traum ist ein typischer Warnungstraum: Frank weiß, daß sein Verhalten Gefahren in sich birgt. Die Szene, in der der Mechaniker die Mädchen anmacht, kann auch ein Hinweis sein, daß er die potentielle Gefahr für andere erkennt.

DIE WELT DER NATUR
PHANTASIE- & FABELWESEN
KUNST & WISSENSCHAFT
MENSCHLICHER KÖRPER
GEBÄUDE & INNENRÄUME
ALLTÄGLICHE DINGE
GEFÜHLSLEBEN
TÄTIGKEITEN
BEFINDLICHKEITEN
RITUALE & RELIGION
THEASAURUS DER TRÄUME

BAUWERKE

Gebäude im Traum stehen oft für den Körper oder die Persönlichkeit des Träumers selbst oder seiner/ihres Geliebten bzw. eines Familienmitglieds. Ein Haus kann auch den Intellekt oder das Begriffsvermögen einer Person darstellen: Jemand, der bald eine neue Arbeitsstelle antritt, träumt vielleicht davon, in einem wohlbekannten Haus neue, bisher unbekannte Räume zu entdecken. Diese Räume stellen bisher nicht ausgeschöpfte Potentiale dar.

In vielen Fällen ermutigen uns Träume von Erkundungsgängen durch Gebäude zu einer Entdeckungsreise durch unser Ich oder zur Lösung eines aktuellen psychologischen Problems. Vor allem sagt uns das Unbewußte, daß wir aus unseren Stärken und Begabungen mehr machen müssen. Mit anderen Worten: Unsere Träume versuchen uns mitzuteilen, daß wir bereit sind, uns in irgendeiner Beziehung weiterzuentwickeln – vielleicht kreativ oder körperlich. Dies trifft besonders dann zu, wenn wir in einem wohlbekannten Gebäude bisher unbekannte Räume entdecken.

TÜR *100, 103, 153*
FENSTER *101*
BALKON
HAUS *101, 161*

Die Traumgebäude weisen gewisse erkennbare Symbole auf. Sie haben beispielsweise Öffnungen, die als Körperöffnungen interpretiert werden können: **TÜR** kann für Mund, **FENSTER** können für Augen, **BALKONE** für Brüste stehen. Ein verfallenes **HAUS** weist vielleicht darauf hin, daß Psyche oder Körper sanierungsbedürftig sind; ein schönes Haus kann bedeuten, daß der Betreffende pfleglich mit sich umgeht. Ein Haus unter Beschuß kann ein Zeichen für einen bedrohten Körper oder Geist sein. Wer oder was versuchte einzudringen? Wenn das Haus in Ihrem Traum Ihnen vertraut ist, kann der Hinweis sich auf das Bauwerk direkt beziehen und wörtlich zu verstehen sein: Wenn Sie von einem Elektrodefekt in Ihrem eigenen Haus träumen, sollten Sie die Leitungen überprüfen lassen.

CAFÉ
KIRCHE *180*
KAPELLE *180*
DOM
VILLA
PALAST

Oft ist auch wichtig, welches Gebäude in Ihrem Traum aufscheint. Ein **CAFÉ** spielt vielleicht auf Ihre Ernährung an. Wurde Eßbares serviert oder abgelehnt? Eine **KIRCHE, KAPELLE**, ein **DOM** oder anderes kirchliches Bauwerk verweist darauf, daß es im Traum um Religion oder Moral geht. Wenn Sie in einer **VILLA** oder in einem **PALAST** zu Hause sind und sich der Pracht bewußt sind, spielt Ihr Status eine Rolle – das trifft

BUNGALOW
SCHLOSS
HOTEL

auch zu, wenn Sie in einem bescheideneren Haus wohnen. Waren Sie im Traum zufrieden oder unzufrieden? Wenn Sie im Traum in einem **BUNGALOW** wohnten, könnte sich Ihr Leben zu sehr auf einer einzigen Ebene abspielen. Wurde Ihr **SCHLOSS** belagert? Und von wem? Ein **HOTEL** steht jedem offen: Sind Sie selbst gastfreundlich? Überlegen Sie genau, wie Sie sich in Ihrer Umgebung fühlten: eingeschüchtert? Oder fühlten Sie sich zu Hause? Ersteres mahnt zur Vorsicht – für die Ideen oder Pläne Ihres Wach-Ichs reichen Ihre Fähigkeiten derzeit nicht aus. Die zweite Reaktion gibt Ihnen Sicherheit.

FABRIK
116
KASERNE
KANTINE

Vielleicht ist Ihr Traumhaus gar kein Wohnhaus, sondern z. B. eine **FABRIK**. Welcher Hinweis auf Ihre Arbeit oder Ihren Arbeitsplatz kann darin enthalten sein? Was machen Sie aus Ihrem Leben? Wenn Sie im Traum in einer **KASERNE** eingesperrt sind, will Ihr Traum Sie vielleicht warnen, daß Ihr Leben zu beengt und von Autorität beherrscht ist. Eine **KANTINEN**-Szene im Traum weist unmittelbar auf Essen hin *(s. S. 106)*, wohl auch auf Ihr Gefühlsleben.

BRÜCKE
WOHNWAGEN
WINTERGARTEN
LEUCHTTURM
121
ANBAU

Eine **BRÜCKE** im Traum heißt vielleicht, daß Ihr Wach-Ich Brücken schlagen soll – z. B. eine Beziehung in Ordnung bringen. Wenn Sie über die Brücke gingen, kann dies bedeuten, daß Sie zur nächsten Lebensphase übergehen. Ein **WOHNWAGEN** ist ein Zeichen dafür, daß Ihr Wach-Ich sich bald auf den Weg machen soll; er kann aber auch einen beunruhigenden Aspekt Ihres Wachlebens widerspiegeln. Ein **WINTERGARTEN** könnte andeuten, daß Sie etwas zu verbergen haben, oder aber, daß Sie allzu freimütig und offen sind. Wenn Sie im Traum in einem **LEUCHTTURM** leben: Wem müssen Sie dringend eine Botschaft oder Warnung zukommen lassen? Träume, in denen Sie in einem Haus umhergehen, haben eine andere Bedeutung. Wenn Sie ein neues Projekt planen oder angehen, träumen Sie vielleicht davon, vorher unbekannte Zimmer *(s. S. 103)* zu erforschen; ein solcher Traum könnte die Entdeckung einer neuen Idee anzeigen. Ein Umbau oder **ANBAU** verweist unter Umständen auf eine Veränderung in Ihrer Lebensweise oder Ihrer Einstellung zum Leben.

HAUS
100,161

HÄUSER können sehr unheimliche Orte sein; düstere Vorahnungen (vor allem in einem Haus, das Sie kennen) bedeuten, daß Sie etwas, das Ihren Körper oder Ihre Seele betrifft, beunruhigt – was es ist, ergibt sich vielleicht aus dem Teil des Hauses, den Sie bewußt wahrnahmen *(s. oben)*. Man träumt ziemlich häufig, daß man in ein Haus zurückkehrt, in dem man früher schon war. Entscheidend ist, wie Sie auf das Haus im Traum reagierten und welche Gefühle es in Ihrem Wach-Ich hervorruft; der Traum könnte eine nostalgische Erinnerung sein oder Ihre Sehnsucht nach der Unschuld Ihrer Kindheit widerspiegeln. Wenn Sie träumten, daß Sie aus Ihrem Elternhaus auszogen, sagt dies aus, daß Ihr Wach-Ich zu einem Aufbruch bereit ist.

TREPPENHAUS
PASSAGE
TURMSPITZE
OBELISK
EINGANG
SCHORNSTEIN
TÜR
100, 103, 153
FENSTER
100
WAND

Ein Traum, in dem man im **TREPPENHAUS** hinauf- oder heruntergeht, stellt sich – vor allem bei Männern – häufig als sexuell bedingt heraus; er könnte natürlich auch ein Hinweis auf Ehrgeiz oder allgemeinen Fortschritt im Leben sein. Eine **PASSAGE** im Traum könnte einen Übergang bedeuten (vielleicht privater oder geheimer Natur), eine **TURMSPITZE** Stolz oder Ehrgeiz; ein **OBELISK** ist wahrscheinlich ein Phallussymbol, während ein Geheimzimmer *(s. S. 103)* oder EINGANG ein weibliches Sexsymbol sein kann. Ein **SCHORNSTEIN** im Traum könnte ein Phallussymbol sein, vor allem, wenn es ein hoher Fabrikschlot war. Wurde er gerade abgerissen, oder stand er aufrecht? Verbarrikadierte **TÜREN** sind vielleicht ein Zeichen für unterdrückte Sprache und Ausdrucksmöglichkeiten, vernagelte **FENSTER** für die Verweigerung der Aussicht – oder für den Entschluß, nicht sehen zu wollen. Was versteckt man vor Ihnen, bzw. was verbergen Sie vor anderen? **WÄNDE** tragen die gesamte Konstruktion eines Hauses; wenn sie

ABBRUCH

ABBRUCHreif oder am Einstürzen waren, könnte Ihr Traum einen schlechten Befund hinsichtlich der Bausubstanz Ihres Wachlebens enthalten.

KELLER

Träume vom **KELLER** versuchen oft, Ihnen wichtige Botschaften bezüglich der tiefsten Schichten Ihres Unbewußten zukommen zu lassen.

Die Welt der Natur
Phantasie- & Fabelwesen
Kunst & Wissenschaft
Menschlicher Körper
Gebäude & Innenräume
Alltägliche Dinge
Gefühlsleben
Tätigkeiten
Befindlichkeiten
Rituale & Religion
Theasaurus der Träume

Zu Hause

Ein Traum von zu Hause bezieht sich häufig auf unseren Sinn für emotionale und finanzielle Sicherheit. Vielleicht sehnen Sie sich nach Vergangenem zurück, und aus solchen Träumen lernen Sie, die Vergangenheit mit der Gegenwart – oder Zukunft – in Verbindung zu bringen. Ältere Menschen träumen häufig von ihrem Elternhaus, vor allem, wenn sie eine glückliche Kindheit hatten.

MÖBEL

Ein Traum, in dem Sie **MÖBEL** hin und her trugen oder auf knappem Raum unterzubringen versuchten, sagt etwas darüber aus, wie Ihr Wach-Ich mit der Vielzahl seiner Probleme umgeht. Vielleicht versuchen Sie, „alles unterzubringen". Wenn Sie es im Traum zufriedenstellend schafften, stehen die Chancen gut, daß Sie Ihren Alltag im Griff haben. Träumten Sie von Ihrem Lieblingsmöbel? Wenn ja, wer benutzt es am häufigsten? Das Möbelstück stellt vielleicht diese Person, oder was sie für Sie verkörpert, dar.

KISSEN

Träume, in denen **KISSEN** vorkommen, zeigen, wie Sie sich – wovor? – zu schützen versuchen. Müssen Sie sich mit Unerfreulichem abfinden? Wenn Sie sich aber nur auf schönen Kissen ausruhten, fühlen Sie sich wohl sicher – in Ihrer Beziehung oder in materieller Hinsicht. Die Farbe der Kissen ist manchmal bedeutsam *(s. S. 75)*.

VORHÄNGE GARDINEN

Wenn Sie im Traum die **VORHÄNGE** oder **GARDINEN** zuzogen, bedeutet das eventuell, daß Sie sich mit einem Problem oder etwas, was derzeit passiert, nicht konfrontieren lassen wollen. Es kann aber auch aufzeigen, daß Sie Ihre Gefühle oder Reaktionen vor anderen zu verbergen suchen. Versuchen Sie, sich an die Aussicht nach draußen oder das, was Sie vorfanden, als Sie sich vor dem Vorhang umdrehten, zu erinnern. Welche Gefühle hatten Sie im Traum?

GAST *175*

Die Analyse von Träumen, in denen Sie **GÄSTE** hatten, hängt eng mit Ihren Gefühlen in bezug auf diese Gäste zusammen. Hießen Sie sie mit offenen Armen willkommen, oder nahmen Sie sie nur widerwillig auf, weil sie Ihnen irgendwie Angst einjagten? Überschritten sie die Türschwelle? Ein willkommener Gast stellt vielleicht den Beginn eines wichtigen neuen Projekts dar, das Sie fasziniert; der Traum zeigt Ihre Bereitschaft, die Arbeit daran jetzt aufzunehmen. Der unwillkommene Gast ist jemand oder etwas, dem Sie nicht ins Auge sehen wollen. Wenn Sie entschieden haben, was die Traumgäste tatsächlich darstellen, sollten Sie überlegen, ob Sie diese unerwünschte Verantwortung nicht doch übernehmen sollten. Vielleicht helfen Ihnen schon bald andere Träume weiter.

MIETE HYPOTHEK

Wenn Sie träumen, daß Sie sich Sorgen machen, weil Sie die **MIETE** oder die fällige Rate der **HYPOTHEK** nicht mehr zahlen können, dies aber in Wirklichkeit gar kein Problem ist, lenkt der Traum Ihre Aufmerksamkeit auf eine schwere Last, die Sie bedrückt.

NACHBARN

Im Wachleben sind **NACHBARN** entweder eine unschätzbare Hilfe oder ein lästiges Übel. Wenn Sie von ihnen träumen, kann das entweder ein Wink sein, wie Sie ihnen helfen oder – falls sie zu laut oder neugierig sind – sie sich vom Hals schaffen können. Sie sollten sich auch überlegen, ob es jemand oder etwas für Sie Wichtiges gibt, das Ihre Aufmerksamkeit erfordert.

Traumanalyse

„Ich träume ständig, daß ich in meinem winzigen Zimmer Möbel herumschiebe, um einen geeigneten Platz für meine Computerschreibmaschine zu finden – in der Regel ohne Erfolg."

Glynys ist Romanautorin und hat zu Hause nicht genug Platz zur Verfügung. Thema dieses Traums sind aber die Probleme, die sie hat, weil sie ihre Arbeitszeit zwischen Haushalt und Schriftstellerei gerecht aufteilen muß.

ZIMMER

Die Entdeckung eines neuen Zimmers in Ihrer Wohnung ist ein hochinteressantes Traumsymbol, weil es über den Zustand Ihrer gesamten Persönlichkeit sehr viel aussagt. Frauen träumen von einer derartigen Entdeckung häufiger als Männer, vor allem dann, wenn sie an Wendepunkten ihres Lebens angekommen sind.

Wenn Sie träumten, daß Sie einen Schrank aufmachten und darin nicht den üblichen Inhalt vorfanden, sondern die Schranktüre den Zugang zu einem leeren oder unbekannten Zimmer freigab, erlebten Sie ein gängiges, aber wichtiges Traumbild. Ihr Traum besagt, daß Sie für neue Erfahrungen bereit sind und neue Herausforderungen annehmen sollten. Vielleicht wollten Sie immer schon ein eigenes Geschäft aufmachen oder etwas Neues lernen. Der Traum sagt Ihnen, daß jetzt die Zeit dafür gekommen ist.

TÜR
100, 101, 153

Bei **TÜREN** ist in erster Linie wichtig, ob Sie sie im Traum auf- oder zumachten. Dann kann der Traum Ihrem Wachleben leicht zugeordnet werden. Überlegen Sie, ob Sie etwas aus Ihrem Leben aussperren wollen oder ob Ihre Träume Ihnen raten, „den Riegel vorzuschieben". Vielleicht geht, wenn eine Traumtür sich schließt, eine andere auf. Was hat das mit Ihrer derzeitigen aktuellen Lebenssituation zu tun – z. B. einer beruflichen Veränderung? Wenn Sie die Tür waren und diese in sehr schlechtem Zustand war, sagt das etwas über Ihre körperliche Verfassung aus?

ESSZIMMER

Im Traum deckten Sie vielleicht gerade den Tisch im **ESSZIMMER**. Diese Hervorhebung von Vorbereitungen spiegelt entweder umfassende Vorbereitungen für einen besonderen Anlaß wider – oder aber, daß Ihr Wach-Ich zu einer Entscheidung gekommen ist. Saßen Sie im Traum beim Tisch? Dann geht es primär ums **ESSEN** *(s. S. 106)*.

ARBEITSZIMMER
116
KÜCHE

ARBEITSZIMMER und **KÜCHE** sind Räume, in denen viel physische und psychische Energie für Arbeiten verbraucht wird. Wenn Sie sich im Traum in einem der beiden Räume sahen: Konzentriert sich Ihr Unbewußtes auf Ihren Lebensstil und Ihre Sorgen? Warf man Sie im Traum aus der Küche hinaus? Falls dies zutrifft, mischen Sie sich in Angelegenheiten, die Sie nichts angehen. Überlegen Sie, ob Sie nicht besser Ihren Alltagsablauf und Lebensrhythmus besser einteilen sollten.

WOHNZIMMER
SCHLAFZIMMER

Im **WOHNZIMMER** und **SCHLAFZIMMER** sollten wir uns behaglich, entspannt und geborgen fühlen. Wenn wir von einem dieser Zimmer träumen, sagt das etwas darüber aus, wie behaglich und sicher wir uns ganz allgemein im Leben fühlen. Das Schlafzimmer ist auch der Schauplatz des Liebeslebens, daher kann Ihr Traum auch ein Kommentar zu diesem Thema sein. Waren Sie im Traum beim Bettenmachen? Falls dies zutrifft und Ihre Beziehung oder Ihr Liebesleben Sie nicht glücklich macht, könnte Wunscherfüllung *(s. S. 150)* ein Element Ihres Traums sein.

DER BRUNNENTRAUM

„Ich sah wie gebannt in einen Brunnen hinab. Ich hatte Angst, wußte aber, daß ich in das tiefe, klare Wasser hinabtauchen mußte. Ich zog mich aus, ließ meine Sachen liegen und sprang in den Brunnen, beseelt von dem Wunsch, die Tiefen zu ergründen. Doch was ich für dunkles, tiefes Wasser gehalten hatte, entpuppte sich als zähe, sirupartige Masse mit undurchdringlicher Oberfläche.

Irgendwie schaffte ich es aber dann doch, hineinzutauchen, und mit beträchtlicher Mühe schwamm ich immer weiter nach unten. Aus dem ursprünglich senkrechten Brunnenschacht wurde ein waagerechter Tunnel, und nach einer Weile stießen meine Füße auf Grund, doch ich kämpfte mich immer noch durch die klebrige Masse vorwärts, die nun immer seichter und weniger dickflüssig wurde. Schließlich watete ich aus dem Tunnel heraus und sah, daß ich in einer riesigen Höhle war, von deren Decke Stalaktiten herunterhingen. Als ich einen Stalaktiten anfaßte, schmolz er weg. Dann sah ich Stalagmiten aus herabtropfendem Wasser und Blut aus dem Boden emporwachsen. Die Stalagmiten hielten der Berührung stand. In der Höhlenwand fand ich drei Türen. Über jeder Tür hing ein Hundekopf. Eine Stimme sagte: ‚Öffne die Türen!' Zuerst machte ich die Tür auf, über der der Hundekopf nach links sah. Dahinter sah ich ein weinendes Kind. Ich wollte nichts mit ihm zu tun haben. Dann öffnete ich die Tür mit dem Hundekopf, der nach rechts sah. Dahinter war strahlendblauer Himmel, der mich blendete. Ich fand das erschreckend und machte die Tür schnell wieder zu, konnte aber immer noch das Licht durchscheinen sehen. Nun öffnete ich die mittlere Tür – die unter dem geradeaus blickenden Hundekopf – und fand dahinter einen großen Raum. Ich ging durch die Tür. In einer Ecke lag ein Ziegelhaufen. Die Stimme sagte: ‚Bau ein Haus!' Ich erwiderte, daß ich nicht wüßte, wie man das macht. ‚Doch, das weißt du!' bekam ich zur Antwort.

Ich mischte Zement an, doch er schmolz wie Eis an der Sonne. ‚Gib Nüsse hinein', sagte die Stimme. Ich befolgte den Rat, und diesmal gelang es besser. Ich wurde hungrig, also aß ich von der grobkörnigen Nußeismasse und fühlte mich satt. Dann kam eine Frau; sie trug ein winziges vorgefertigtes Dach. ‚Das paßt doch nicht!' rief ich. ‚Dann mußt du es eben einpassen!' entgegnete sie. Dann wachte ich auf."

DAS TIEFE WASSER IST WIE SIRUP

EINE FRAU BRINGT DAS DACH

ZEMENT SCHMILZT WIE SAHNEEIS

TRAUMDEUTUNG

Terry war bereits in Psychoanalyse, als er diesen Traum hatte, der eine Vielzahl interessanter und bedeutsamer Symbole enthält. Viele davon wiederholen sich – ein Hinweis, daß eine wichtige Botschaft darinsteckt. Terry hatte eine beengte und unglückliche Kindheit gehabt und in der Folge sexuelle Probleme bekommen. Er war ein einsamer Mann mit unerfülltem Gefühlsleben, der sich sowohl mit Männern als auch mit Frauen schwertat. Er hatte zwar Angst, war aber doch an einer Psychoanalyse interessiert. Daher legt er zu Beginn des Traums seine Kleider ab (er legt sein Innerstes bloß) und ist bereit, in die Tiefen seines Unbewußten hinabzutauchen. Bald wurde ihm klar, daß die Psychoanalyse weit schwieriger verlief, als er gedacht hatte. Das Wasser (Symbol der Emotionen), das er nur für tief und dunkel gehalten hatte, entpuppte sich als fast undurchdringlich. Er kam in der Psychoanalyse nicht recht weiter, doch die Situation besserte sich, als die Analyse Fortschritte machte, was im Traum mit dem Herauswaten aus dem Sirup beschrieben wird.

Terry befand sich in einer großen Höhle. Hier kommen wir zu einem Wassersymbol anderer Art – den schmelzenden Stalaktiten, die vielleicht als Phallussymbol auf Impotenz hindeuten. Darauf folgen jedoch sofort die positiveren Stalagmiten als Zeichen dafür, daß er mit diesem Problem wohl bald fertig werden wird. Terry fand irgendwann selbst heraus, daß die Hundeköpfe mythologischer Herkunft waren. Obwohl sie nicht zu demselben Hund gehörten, waren sie ein Abbild von Zerberus, dessen Köpfe in die Vergangenheit (nach links), die Zukunft (nach rechts) und die Gegenwart (geradeaus) sahen. Das Kind war er selbst; er hatte sich von seiner Vergangenheit losgesagt, auch der Zukunft wollte er nicht ins Auge sehen, doch er ging durch die Tür, die die Gegenwart darstellte.

Die Stimme im Traum war die Stimme der Autorität – in diesem Falle die seiner Psychotherapeutin. Das symbolische Sahneeis beschrieb Terrys Emotionen, und durch das Schmelzen zeigte es ihm, daß er mehr Seelenstärke brauchte – die durch die Zugabe von Nüssen dargestellt wurde.

Die letzte Traumsequenz, in der die Frau (wiederum die Therapeutin) ihm das Dach bringt, sagte ihm, daß er innerlich wachsen müsse, um das Haus unter Dach und Fach zu bringen – das heißt, mehr Vertrauen aufbringen und zu psychischer Ganzheit finden muß.

DIE WELT DER NATUR
PHANTASIE- & FABELWESEN
KUNST & WISSENSCHAFT
MENSCHLICHER KÖRPER
GEBÄUDE & INNENRÄUME
ALLTÄGLICHE DINGE
GEFÜHLSLEBEN
TÄTIGKEITEN
BEFINDLICHKEITEN
RITUALE & RELIGION
THEASAURUS DER TRÄUME

ESSEN UND TRINKEN

Da Speis und Trank für uns so wichtig sind, ist es kein Wunder, daß wir uns im Traum oft beim Essen und Trinken sehen – vielleicht schlicht und einfach, weil wir hungrig sind. Häufiger jedoch enthalten solche Träume Symbole, die sich auf andere Bedürfnisse – sexueller, geistiger oder seelischer Art – beziehen.

ESSEN
TRINKEN

Was wir im Traum **ESSEN** oder **TRINKEN**, ist vielleicht ein Symbol für etwas, was wir besitzen möchten. Es kann den Hunger nach Liebe und Zuwendung, nach Nahrung für die Sinne oder für den Geist darstellen. Manchmal ist der Symbolismus fast überdeutlich – vor allem dann, wenn es um sexuelle Bedürfnisse geht.

Es ist wichtig, welche Nahrungsmittel im Traum vorkommen. Schmeckte Ihnen, was Sie aßen? War es weich, warm und wohltuend, oder säuerlich, herb und belebend? Oder giftig? Was denken Sie, warum Sie es aßen? Wurden Sie gewaltsam gefüttert und setzten sich zur Wehr, oder wurde Ihnen Nahrung vorenthalten? Wenn Sie den Kontext erkennen, müssen Sie versuchen, das, was Sie aßen oder tranken, mit einem Verlangen Ihres Wach-Ichs in Verbindung zu bringen.

GETREIDE-PRODUKTE
CROISSANT
SCHMOR-TOPF
EINTOPF

Häufig gibt es deutliche Bezüge. **GETREIDEPRODUKTE** oder **CROISSANTS** z. B. gehören zum Frühstück und folglich zu einem „Beginn"; ein **SCHMORTOPF**- oder **EINTOPF**-Gericht hingegen könnte für Ideenvielfalt oder für gut ausgegorene Pläne stehen.

FEIGE
54
ALRAUNE
LUTSCHEN
SCHLECKEN

Träume vom Essen haben anscheinend häufig etwas mit Sex zu tun, und auch das, was zwei Liebende miteinander tun, spiegelt diesen Bezug. In der Antike glaubte man, daß bestimmte Obstsorten und Gemüse – einfach wegen ihrer Form – aphrodisierende Wirkung besäßen, und diese Assoziationen haben sich bis heute erhalten. In der Kunst symbolisiert die **FEIGE** oft die Vagina, die **ALRAUNWURZEL** die männlichen Genitalien; beide Symbole tauchen immer wieder in Träumen auf. Bedeutsam ist auch, was Sie beim Essen tun: Generell deuten sowohl **LUTSCHEN** als auch **SCHLECKEN**

BEISSEN
KAUEN

eher auf einen sexuellen Hintergrund hin als **BEISSEN** und **KAUEN**. Für Freud war ein Traum von Früchten immer ein Traum von weiblichen Brüsten; dabei könnten diese sehr wohl auch auf die „größeren Halbkugeln des weiblichen Körpers" – die Gesäßbacken – hinweisen.

HUNGER
130

Wenn Sie im Traum verzweifelt Nahrung suchten oder verschlangen, vielleicht selbst von einem Tier gefressen wurden, könnte die unausgesprochene Botschaft lauten, daß Sie unbändige Gelüste haben bzw. mehr zu geben haben, als mancher glaubt. **HUNGER** ist manchmal wörtlich zu nehmen: Hungernde Gefangene z. B. haben von Träumen berichtet, deren Thema Festgelage waren. Der Hunger kann ein symbolischer Schrei nach Liebe, Macht oder Rang sein; der Kontext des Traums liefert meist den Schlüssel.

ABSTINENZ
DIÄT
94
VÖLLEREI

Der folgende Text enthält Tips für die Deutung von Träumen, in denen es ums Essen geht; bedenken Sie jedoch, daß Ihre Träume nur Ihnen gehören und niemand unfehlbare Hinweise geben kann. **ABSTINENZ** im Traum ist ein Hinweis, daß Sie des Guten zuviel getan haben. Hat Ihr Wach-Ich sich übernommen, sich vielleicht zuviel Arbeit aufgehalst? Wenn Sie von einer **DIÄT** träumen, geht es Ihnen um die Begrenzung Ihres Gefühlsaufwands oder um das Loswerden unnötiger Ängste. **VÖLLEREI** im Traum könnte Sie aufmerksam machen, daß Sie in eine bestimmte Situation zuviel Gefühl investieren oder

SPEISERESTE sich im Wachleben einfach übernehmen – physisch oder psychisch. Vielleicht legen Sie sich zu sehr ins Zeug, wo Sie mit weniger Einsatz mehr erreichen würden. Ein Traum, in dem Sie **SPEISE-RESTE** aufessen, könnte andererseits andeuten, daß Sie irgendwie an den Rand gedrängt werden. Nährt sich Ihr Wach-Ich von dem, was andere an Zuneigung gerade noch übrig haben? Oder lassen Sie sich mit einem geringeren Gehalt abspeisen, als Sie eigentlich bekommen müßten?

APFEL
54
ZITRONE

Der **APFEL** ist im Traum oft ein Symbol für Missetaten – und das seit Adam. Wer oder was hat Ihr Wach-Ich versucht? Ein Traum, in dem Sie eine **ZITRONE** auslutschten, kann eine bittere Erfahrung sein. Was muß Ihr Wach-Ich hinnehmen?

BANKETT
FESTESSEN

Wenn Sie im Traum bei einem **BANKETT** oder **FESTESSEN** zu Gast sind, ist dies wohl ein Hinweis auf Wohlbehagen oder Luxus. Genossen Sie es, oder dachten Sie schuldbewußt an die, denen es nicht so gut geht?

SOSSE
VANILLE-SAUCE

Sahnige **SOSSEN** und **VANILLESAUCE** runden die Speisen ab, und wenn Sie davon träumen, brauchen Sie vielleicht im Wachleben besonders Nahrhaftes.

BUTTER
SAHNE

BUTTER und **SAHNE** bedeuten etwa dasselbe. Wenn Sie sich aber überaßen und Ihnen übel wurde, läßt das darauf schließen, daß Ihr Leben ein Zuviel an Gefühlen nicht mehr „verdauen" kann.

BROT
EIER
OMELETT

Brot ist seit jeher das Grundnahrungsmittel und ein Symbol für das Leben schlechthin. **BROT** im Traum kann ein Hinweis auf Geld sein, speziell auf Ihr Einkommen (das den Lebensunterhalt Ihrer Familie bestreitet). Im Christentum spielt Brot eine wichtige Rolle – Sie könnten Nahrung für Ihre Seele benötigen. Auch **EIER** sind Lebenssymbole, und bei Frauen können sie auch Empfängnis bedeuten. Ein Traum, in dem Sie Eier aufschlagen (vielleicht für ein **OMELETT**), könnte die Notwendigkeit von Opfern andeuten; die Eischale kann aber auch eine Hülle aus Falschheit darstellen, die Sie durchbrechen müssen, um zur Wahrheit einer Situation oder eines Gefühls vorzudringen.

EISCREME

Träume von **EISCREME** sagen Ihnen entweder, daß Sie einen „kühlen Kopf" bewahren oder sich abregen sollen, bzw. daß eine Situation „cool" ist. Sie sollten dann überlegen, wo Sie sich Zurückhaltung auferlegen sollen, bzw. was da wohl nicht „so heiß gegessen wird".

DIE WELT DER NATUR
PHANTASIE- & FABELWESEN
KUNST & WISSENSCHAFT
MENSCHLICHER KÖRPER
GEBÄUDE & INNENRÄUME
ALLTÄGLICHE DINGE
GEFÜHLSLEBEN
TÄTIGKEITEN
BEFINDLICHKEITEN
RITUALE & RELIGION
THEASAURUS DER TRÄUME

MARMELADE
CURRY-GERICHT
AUSTER
MUSCHELN

Süße oder stark gewürzte Nahrungsmittel wie **MARMELADE** oder **CURRY-GERICHTE** besagen, daß es in Ihrem Leben an Freude oder Anregung fehlt; **AUSTERN** oder andere **MUSCHELN** bedeuten, daß Ihre Libido Anregung nötig hat.

SPEISEKARTE

Das Studium der **SPEISEKARTE** im Traum kann anzeigen, daß Ihr Wach-Ich in mancher Hinsicht viel Auswahl hat. Waren Sie in der Traumszene entschlußfreudig, verwirrt oder besorgt? Entsprechend ist wohl die Haltung Ihres Wach-Ichs in der Frage, die zu entscheiden ist.

KAFFEE
TEE
ALKOHOL
KATER

Speisen können sich sowohl auf körperliche als auch auf seelische Aspekte des Wachlebens beziehen, Getränke hingegen verweisen meist auf Gefühle. Wenn im Traum süße Getränke vorkommen, kann das heißen, daß Ihr Wach-Ich sich nach mehr Zuneigung und Liebe sehnt; wenn im Traum starke Muntermacher wie **KAFFEE** vorkommen, ist diesein Hinweis, daß zusätzlicher Energiebedarf besteht oder energischeres Handeln nottut. Für viele bedeutet eine Tasse **TEE** das Bedürfnis nach Entspannung. Träume von **ALKOHOL** sind oft schwer zu deuten; es kommt darauf an, ob Ihr Wach-Ich dem Alkohol billigend oder mißbilligend gegenübersteht. Der Traum kann eine Warnung vor leichtsinnigem Konsum, aber auch ein Hinweis darauf sein, daß Ihr Wachleben etwas Anregung vertragen könnte – Alkohol wirkt ja anregend. Das gilt nicht, wenn Sie zuviel getrunken hatten. Waren Sie von Ihrem Erfolg berauscht? Ein Traum von einem **KATER** könnte vor Alkoholmißbrauch warnen.

MILCH

Die **MILCH** zählt wie Brot und Eier auch zu den Grundnahrungsmitteln. Im Traum steht sie für ein tiefsitzendes Bedürfnis. Bei Frauen deutet ein Traum, in dem sie ein Kind mit Milch füttern, auf den Wunsch nach Kindern hin.

BEHÄLTER

Unsere Sachen bewahren wir in Behältern – manchmal versteckt – auf. Im Traum sind Behälter Zeichen für verborgene Winkel unserer Seele, manchmal für Charakterzüge, die wir lieber abstreiten würden.

TASCHE
GEPÄCK

TASCHEN oder **GEPÄCK** im Traum enthalten Aussagen über die Belastungen und Verpflichtungen Ihres Wachlebens. Vielleicht hoben Sie die Traumtasche auf und stellten fest, daß sie entweder leichter als erwartet oder so schwer war, daß Sie sie nicht heben konnten (dies sollte die Frage aufwerfen, ob Sie Ihre derzeitige Lebensweise, die Ihnen vielleicht zuviel wird, durchhalten können). Packten Sie Sachen in Ihre Tasche, oder stahlen Sie eine? Ist Ihr Wach-Ich habgierig, oder nehmen Sie sich zuviel von anderen, ohne selbst das Ihre zu geben?

KRUG
TOPF
73

Ein gesprungener **KRUG** oder **TOPF** war jahrhundertelang ein Symbol für verlorene Jungfräulichkeit, und obwohl Sie nichts davon ahnen, könnte es in dieser uralten Bedeutung in Ihren Träumen vorkommen. Wenn aus dem Krug Flüssigkeit verschüttet wurde, ist dies als Warnung zu verstehen, daß Sie Ihre Gefühle verschwenden oder aber daß Ihre Gefühle für jemanden Sie überwältigen. Wenn hingegen der Inhalt im Krug oder Topf gut verwahrt war, bedeutet Ihr Traum wohl, daß Sie Ihre Gefühle unter Kontrolle haben. Eine Frau, die im Traum einen Topf formt, denkt wohl an ein Baby.

SCHRANK-KOFFER, *51*

Im **SCHRANKKOFFER** verstaut man große Dinge oder solche, die man

SCHACHTEL BÜCHSE

verschicken will. Weil Ihr Schrankkoffer im Traum vermutlich ein Teil von Ihnen ist, ist es wichtig, ob Sie den Deckel öffnen oder schließen. In beiden Fällen bedeutet es wohl eine Entdeckungsreise ins eigene Ich: Sie entfalten vielleicht bisher ungeahnte Fähigkeiten oder entrümpeln Ihr Wachleben. Ähnlich ist eine **SCHACHTEL** oder **BÜCHSE** zu interpretieren, doch sollten Sie auch die legendäre Büchse der Pandora im Auge haben. Als Pandora die Büchse öffnete, kamen die Übel in die Welt. Ihre Traumbüchse will Sie ermutigen, sich zu beherrschen, die Dinge zu nehmen, wie sie sind, und der Versuchung zu widerstehen.

KOFFERRAUM SACK

Wenn Sie im Traum einen **KOFFERRAUM** beluden, könnte darin eine Aussage über Ihr Sexualleben stecken. Es könnte aber auch auf ein Geheimnis hindeuten, das Sie für sich behalten möchten. Wenn Sie einen **SACK** füllten, könnte das heißen, daß Sie all den Müll in Ihrem Leben loswerden sollten. War der Müll im Traum wiederverwertbar oder zum Wegwerfen?

HANDTASCHE GELDBÖRSE

HANDTASCHE und **GELDBÖRSE** sowie ihr Inhalt sind sehr persönliche und uns wichtige Gegenstände. Ihr Vorkommen im Traum kann bei Frauen ein sexuelles Symbol (für die Scheide) sein; wenn Sie Ihre Handtasche oder Geldbörse im Traum verloren, könnte dies eine Warnung sein. Geldbörsen enthalten Geld und Kreditkarten, und wie wir mit diesen Symbolen im Traum umgehen, spiegelt die Art, wie wir Liebe zum Ausdruck bringen. Gehen Sie fahrlässig damit um, oder hüten Sie sie ängstlich?

BRIEFUMSCHLAG

Falls Sie von einem **BRIEFUMSCHLAG** träumten, wie öffneten Sie ihn: vorsichtig oder besorgt? Rissen Sie ihn auf, weil Sie darauf brannten, den Inhalt zu lesen? Es ist schwer, den Umschlag von seinem Inhalt zu trennen. Waren Sie der Umschlag im Traum, drauf und dran, jemandem etwas mitzuteilen, oder möchten Sie Ihr Geheimnis bewahren?

GEPÄCK

GEPÄCK, das in Ihren Träumen verbrennt, bedeutet entweder Belastungen Ihres Wach-Ichs oder aber – vor allem, wenn Sie es zurückließen – daß Sie urlaubsreif sind.

Gebrauchsgegenstände

Viele Dinge sind für einen reibungslosen Tagesablauf unentbehrlich. Träume, in denen sie vorkommen, beschäftigen sich meist mit dem, was wir im Wachleben im Alltag benutzen.

BESEN
52
SCHERE

Wenn Sie im Traum einen neuen **BESEN** benutzten, kann das heißen, daß in Ihrem Wachleben Großreinemachen angesagt ist, Sie also einen bestimmten Teil Ihrer Vergangenheit loswerden sollten – welchen, können Sie daraus ersehen, was Sie hinauskehrten.
Falls Sie im Traum mit der **SCHERE** etwas fein säuberlich ab- oder ausschnitten, läßt das vermuten, daß Sie Ihre Lebenssituation derzeit gut im Griff haben und Entschlußkraft besitzen. Die Schere kann eine Projektion Ihrer Persönlichkeit sein, denn Sie selbst verwendeten ja dieses Werkzeug im Traum. Überlegen Sie auch, was Sie zer-, ab- oder wegschnitten und was das Symbol bedeutet.

GABEL
115
LÖFFEL

Eine **GABEL** und ein **LÖFFEL**, die zusammen in Ihrem Traum vorkamen, können den männlichen und den weiblichen Teil Ihrer Persönlichkeit darstellen; Ihr Traum bezieht sich vielleicht auf Ihre Sexualität und auf die Art, wie Sie diese beiden gegensätzlichen Aspekte leben und im Gleichgewicht halten. Wenn die Gabel allein auftauchte, versucht Ihr Wach-Ich eventuell, ein verzwicktes Problem zu ergründen. Ein Traum, in dem ein Löffel vorkam und Sie darin vielleicht ein Zerrbild erblickten, könnte bedeuten, daß Sie eine verbogene Ansicht haben – von sich selbst oder Ihren Meinungen. Wenn Sie irgendeine Flüssigkeit (überlegen Sie Ihren derzeitigen Gemütszustand) oder einen anderen

Stoff löffelten, können Sie vielleicht Ihren Traumlöffel mit jemand in Bezug bringen, den Ihr Wach-Ich schützen, liebhaben oder festhalten möchte. War auf dem Löffel eine bittere Medizin? Dann akzeptieren Sie wohl gerade eine unerfreuliche oder schwierige Situation Ihres Wachlebens; oder Sie müssen Ihren Stolz hinunterschlucken.

SCHRAUBE

Falls Sie im Traum **SCHRAUBEN** verwendeten, um etwas zu reparieren oder zu bauen, bezieht sich dies eventuell auf eine kreative Arbeit oder ein Projekt, das Sie gerade planen. Ließ sich alles säuberlich aneinanderfügen? In diesem Falle machen Sie im Wachleben gute Fortschritte, und Ihr Traum beruhigt sie.

NAGEL
114
NADEL
115

Wenn ein **NAGEL** in Ihrem Traum vorkommt, versucht Ihr Wach-Ich vielleicht, jemanden „festzunageln". Oder aber: Sind Sie sich über eine bestimmte Frage unschlüssig? Wenn der Nagel in Ihrem Traum herausfiel, fühlen Sie sich im Wachleben in irgendeiner Hinsicht unsicher. Ein Nagel oder eine **NADEL** im Traum kann auch ein Phallussymbol sein. Wenn wir uns damit verletzen, bluten wir unter Umständen, daher können diese Symbole für Entjungferung oder eine von unserem Partner verursachte Verletzung an Leib oder Seele stehen.

RASIER-APPARAT

Beim Rasieren entfernen wir alle unerwünschten Haare. Ein **RASIERAPPARAT** im Traum könnte bedeuten, daß Ihr Wach-Ich etwas loswerden sollte – beispielsweise eine schlechte Charaktereigenschaft. Wenn Sie sich im Traum den Bart stutzten oder die kurzen Haare im Nacken ausrasierten, steckt vielleicht Angst vor Kastration dahinter.

GELD

Geld gibt uns Sicherheit; je nachdem, ob wir damit großzügig oder knickerig umgehen, zeigt das, in welchem Maße wir anderen Liebe geben können. Wenn Geld oder Assoziationen dazu im Traum vorkommen, sagen sie vielleicht etwas über Einstellungen unseres Wach-Ichs aus.

SCHECK
MÜNZE

Die Ausstellung eines **SCHECKS** ist eine wohlüberlegte Handlung, daher ist Ihr Verhalten in einem solchen Traum wichtig. Wenn Sie im Traum einen Scheck ausstellten, obwohl Sie wußten, daß Ihr Konto überzogen war, hat Ihr Wach-Ich vielleicht Schuldgefühle, die etwas mit Geld oder mit Ihrem Verhalten dem Partner gegenüber zu tun haben. Liefen Ihnen **MÜNZEN** durch die Finger? Lebt Ihr Wach-Ich zu aufwendig oder unklug? Verschwenden Sie Zeit und Geld auf jemand, der es nicht wert ist? Vielleicht ermahnt Ihr Traum Sie, vorsichtiger zu sein.

GEIZHALS
BETTLER

Der **GEIZHALS** in Ihrem Traum könnte Sie selbst darstellen. Fragen Sie sich, ob Sie sich im Wachleben knauserig verhalten und nur nehmen, ohne selbst zu geben. Sie könnten auch der **BETTLER** in Ihrem Traum sein – dann liegt der Schwerpunkt in einem Aspekt Ihres Charakters oder Lebens, dem es an etwas mangelt. Ist Ihr Gefühlsleben inhaltslos? Fehlt Ihnen geistige Ansprache?

SCHULDEN – Was für **SCHULDEN** hatten Sie im Traum? Sie könnten etwas darstellen, was Ihr Wach-Ich sich selbst schuldet – z. B. mehr Zeit für sich selbst –, aber auch ein Zeichen dafür sein, daß Ihre Lieben Ihnen etwas schulden – z. B. Rücksicht, Achtung oder Liebe. Oder anders herum: Bleiben Sie Ihren Freunden und Angehörigen etwas schuldig?

EINTRITTSGELD – Ein Traum, in denen Ihnen der Einlaß verwehrt wurde, weil Sie nicht genug **EINTRITTSGELD** dabei hatten, kann Frustration im Wachleben bedeuten. Vielleicht kommen Sie nicht voran, weil Ihnen ein Umstand – oder das Dazwischentreten einer Person – den Weg versperrt. Möchten Sie darüber nachdenken, ob Sie sich vielleicht selbst im Weg stehen, ob eine tiefverwurzelte Hemmung Ihr Vorwärtskommen blockiert? Ihr Traum will Ihnen sagen, daß Sie mehr Geld (hier als Symbol für Selbstvertrauen) brauchen, um den Durchbruch zu schaffen.

GEHALT LOHN – Wie Sie Ihr **GEHALT** oder Ihren **LOHN** im Traum ausgaben, läßt Schlüsse darauf zu, wie Sie Ihre Fähigkeiten im Wachleben einsetzen und Ihre Talente fördern bzw. weiterentwickeln können. Das Einkommen kann die Arbeit selbst oder aber die Leistung, die Sie zu vollbringen trachten, darstellen. Der Lohn ist auch ein Zeichen für gut erledigte Arbeit; Ihr Traum könnte Sie daran erinnern, daß Sie allen Grund haben, mit dem bereits Erreichten zufrieden zu sein.

BANK – Wenn Sie im Traum zur **BANK** gingen und Geld einzahlten, fühlen Sie sich wahrscheinlich im Wachleben sicher. Ihr Traum will Sie beruhigen, kann aber auch stark von Wunscherfüllung *(s. S. 150)* geprägt sein. Es ist auch möglich, daß das, was Sie zur Bank brachten, etwas ist, was Sie für sich behalten. Behalten Sie Ihre Gefühle für sich? Sollten Sie sich mit jemandem auseinandersetzen?

INVESTITION – Eine **INVESTITION** im Traum steht für einen Aufwand irgendeiner Art, der immer mit einem gewissen Risiko verbunden ist. Dieses Symbol sollte leicht zu deuten sein; vielleicht geht Ihr Wach-Ich ein Risiko ein – wahrscheinlich auf der Gefühlsebene. Wenn Sie andererseits in Ihre eigene Zukunft investieren, neue Interessen entwickeln oder Unternehmungen in Gang setzen, könnte Ihr Traum Sie führen, warnen und Ihre derzeitige Haltung und Lage auf den Punkt bringen.

Die Welt der Natur
Phantasie- & Fabelwesen
Kunst & Wissenschaft
Menschlicher Körper
Gebäude & Innenräume
Alltägliche Dinge
Gefühlsleben
Tätigkeiten
Befindlichkeiten
Rituale & Religion
Theasaurus der Träume

DER TRAUM VOM BALLONMANN

„Ich schlenderte über einen großen Markt mit vielen Obst- und Gemüseständen und kam auch zu einem, wo ein Mann Zuckerwatte spann. Er rief mich zu sich und reichte mir einen Stab mit Zuckerwatte. Ich aß davon und sah auf der Reklametafel über dem Stand einen dicken Ballonmann, der fröhlich zu mir heruntergrinste. Während ich ihn ansah, schrumpfte er zusammen. Mit jedem Bissen Zuckerwatte, den ich verspeiste, wurde er jedoch dicker. Plötzlich verwandelte sich die Zuckerwatte in Komposterde, die abscheulich schmeckte. Der Ballonmann wurde böse und schrie zu mir herunter: ‚Wenn du das Zeug ißt, werde ich wieder dünn, du aber dick!' Ich wußte, daß er recht hatte, aber irgendwie war mir auch klar, daß ich ihn wieder dünn sehen wollte, und daß es das Richtige war, die Komposterde zu essen. Ich steckte die Hand in den Kompost, um mir eine Portion in den Mund zu stecken, und fühlte die kleinen Kompoststückchen unter meinen Fingernägeln. Ich sah hinunter: Aus dem schlichten Blumentopf von vorher war eine wunderschöne goldene Vase geworden, aus der ein Setzling emporwuchs. Daraus wurde eine große Sonnenblume. Als ich sie pflücken wollte, wachte ich auf."

TRAUMDEUTUNG

George hatte große Probleme, eine Beziehung aufrechtzuerhalten. Er war bei mehreren Partnervermittlungen auf der Liste gestanden – ohne jeden Erfolg, denn wenn er eine Dame traf, gab er gewaltig an und gab sich ganz anders, als er wirklich war. Dieses Benehmen rührte von einem Mangel an Selbstbewußtsein her; schuld daran war, daß George im Schatten seines älteren Bruders lebte, der klüger war und besser aussah als er. George war ein netter, verläßlicher Mensch mit praktischer Veranlagung. Die Betonung des Eßthemas in seinem Traum versinnbildlichte seine Sehnsucht nach Liebe und Zuneigung. Sein Herumwandern auf dem Traummarkt stellte dar, daß er sich nach einer Partnerin „umsah". Dabei ist interessant, daß er all das herrliche Obst, Gemüse und Fleisch, also jede Art gesunder Nahrung, links liegen ließ und statt dessen von der süßen, nur aus wertlosen Kalorien bestehenden Zuckerwatte angezogen wurde. Der Mann, der sie ihm anbot, war ein Symbol für seinen Bruder. Dies brachte Georges Probleme in der Beziehung zu seinem Bruder sehr klar zum Ausdruck.

Der Ballonmann auf der Reklametafel war George selbst, und seine an George gerichteten Worte zeigten diesem, daß er nichts anderes als ein aufgeblasener Luftikus war, der bei der kleinsten Kleinigkeit auf nichts zusammenschrumpfen würde. Wenn er seine wenig zielführende Methode, eine Partnerin zu suchen, weiterverfolgte, standen seine Chancen schlecht. George wollte einen neuen Weg zu wahrer Liebe finden – daher mochte er den Ballonmann genausowenig wie dessen Botschaft, die er aber durchaus beherzigte. Der Traum redete ihm zu, auf den Boden der Tatsachen zurückzukehren und vernünftiger zu werden. Im Traum rang er sich daraufhin dazu durch, die abscheulich schmeckende Komposterde zu essen, die sich unter seinen Fingernägeln festsetzte und ihm nicht nur Unbehagen, sondern auch Brechreiz verursachte. Die Sonnenblume im Topf, der sich in Gold verwandelte, stellte George dar – den neuen George. Sie war ein starkes Symbol der Hoffnung und Wiedergeburt und zeigte ihm die Belohnung, die ihm winkte, wenn er aufrichtiger zu sich selbst würde.

Zuerst schien dieser Traum sinnlos, und George mußte hart daran arbeiten, bis er begriff, daß der Ballonmann ihn selbst darstellte. Sobald er jedoch erkannte, daß der Zuckerwatteverkäufer seinen Bruder symbolisierte, wurde ihm der Traum verständlicher; und sobald er sich mit dem Ballonmann in Verbindung brachte, fiel ihm als Wort „schlapp" ein, und die Verbindung wurde ihm noch klarer.

SCHMUCK

Die meisten Träume von edlem Schmuck sind angenehm, beruhigend und haben mit Wunscherfüllung (s. S. 150) zu tun. Schmuck als Geschenk kann das Vertrauen stärken, vor allem, wenn Sie damit Anerkennung bekommen. Verlorener Schmuck könnte Sie dazu ermahnen, die Schließen und Fassungen Ihrer Lieblingsschmuckstücke zu überprüfen.

GOLD
GRABEN
48, 148
SILBER

Wenn Sie sich im Traum nach **GOLD** schürfen oder **GRABEN** sahen, kann das bedeuen, daß Sie im Wachleben verzweifelt versuchen, zu mehr Geld zu kommen. Wie erfolgreich Sie dabei sein werden, kann damit zusammenhängen, wie gut es Ihnen im Traum gelang und wie schwierig das Ganze war. Dasselbe gilt für **SILBER**, und weil wir Silber mit Münzen assoziieren, hat es sehr wahrscheinlich einen direkten Bezug zu den täglichen Lebenskosten oder zu Steuern. Blankes, hochpoliertes Silber kann man als Spiegel verwenden; wenn Sie sich ein Spiegelbild auf einem Silbergegenstand ansahen, könnte Ihr Traum andeuten, daß Sie über Ihre Situation im Wachleben nachdenken sollten.

KORALLE
KRISTALL
KRISTALLKUGEL

KORALLEN haben als Traumsymbol eine besondere Bedeutung, weil sie vom Meeresgrund kommen. Sie können sich auf Ihre tiefsten, instinktiven und ererbten Gefühle beziehen. In vielen Ländern tragen kleine Kinder Korallen als Schutz vor Krankheiten; sagt Ihr Traum Ihnen vielleicht, daß Sie mehr Schutz brauchen? Wenn Sie von **KRISTALL** träumen, könnte Ihr Traum etwas darüber aussagen, wie klar Sie Ihre derzeitige Situation im Wachzustand sehen. Sahen Sie in eine **KRISTALLKUGEL**? Was erblickten Sie darin? Glauben Sie nicht, daß Ihr Traum eine Vorhersage enthält – wahrscheinlicher ist, daß er ein Wunschsymbol zeigt.

DIAMANT
EDELSTEIN
HALBEDELSTEIN

Ein **DIAMANT** im Traum kann durchaus etwas über Ihre Einstellung zu Ihrer Beziehung aussagen, vielleicht durch den Hinweis, daß Sie sich die verschiedenen „Facetten" eines Problems ansehen sollten. Wenn Sie von einem anderen Edelstein träumten, finden Sie heraus, was dieser Stein Ihnen bedeutet. War es Ihr Geburtsstein? Oder der eines Bekannten? Betrachten Sie auch die Farbe. Wenn in Ihrem Traum ein **HALBEDELSTEIN** vorkam, sollten seine Struktur sowie alle damit verbundenen Assoziationen und Mythen Ihnen bei der Deutung helfen.

TRAUMANALYSE

„Ich träumte, daß ich von einem greisen Erzbischof gekrönt wurde. Bevor er mir die Krone aufs Haupt setzte, sah ich sie: Sie war wunderschön, ganz aus Gold und Edelsteinen. Sobald ich sie jedoch auf meinem Kopf hatte, wurde sie zu Blei, und ich hatte enorm zu kämpfen, um unter dieser Riesenlast den Kopf oben zu behalten."

Der Träumer hatte vor kurzem eine neue, verantwortungsvolle Aufgabe von seiner Firma übertragen bekommen, und erfahren hatte er es von einem ältlichen Direktor. Zuerst war er hoch erfreut, aber sehr bald wurde ihm die neue Verantwortung zur Last. Der Traum beruhigte ihn, indem er signalisierte, er werde die Aufgabe bewältigen.

BROSCHE
NADEL
110

Falls die **BROSCHE** in Ihrem Traum Ihre eigene war, sollte Ihre erste Überlegung sein, welche Gefühle Sie damit verbinden, wie – und von wem – Sie sie seinerzeit bekamen, und was diese Gefühle Ihnen bedeuten. Wenn sie im Traum bewundert wurde, sind Sie wohl mit sich selbst zufrieden. Wenn Sie für eine Leistung eine Medaille erhielten, weist Ihr Traum darauf hin, daß Sie auf dem rechten Weg sind und schließlich „gewinnen" werden. Statt Brosche sagt man auch **NADEL**: In diesem Kontext könnte jemand versuchen, gegen Sie zu „sticheln".

RING

Ein **RING** im Traum kann ein sexuelles Symbol sein und darauf hindeuten, daß Sie in Ihrem Sexualleben mehr Erfüllung brauchen. Vielleicht sind Sie bereit, eine Beziehung durch Heirat zu festigen.

OHRRING
KOLLIER

Wenn Sie im Traum einen Ring verloren, sollten Sie das als praktische Warnung sehen: Sitzen Ihre Ringe zu locker! **OHRRINGE** im Traum lenken die Aufmerksamkeit auf Ihre Ohren. Haben Sie im Wachleben ein offenes Ohr für das, was man Ihnen sagen will? Das Tragen eines schönen **KOLLIERS** im Traum ist meist Wunscherfüllung *(s. S. 150)*; falls es eine Kette oder sehr schwer war, fühlen Sie sich vielleicht im Wachleben eingeengt. Werden Sie in eine Richtung gedrängt, die Sie nicht wollen? Drücken Sie schwere Verpflichtungen?

KRONE
KÖNIG
162
KÖNIGIN
65, 162

Eine **KRONE** im Traum bedeutet vielleicht, daß Ihr Wach-Ich ein Ziel erreicht hat oder irgendwie geehrt wird. Wenn Sie im Traum zu **KÖNIG** oder **KÖNIGIN** gekrönt wurden, brauchen Sie vielleicht mehr Bestätigung. Möglicherweise fühlen Sie sich im Wachleben vernachlässigt und flüchten sich in eine Traumwelt. Kronen bringen aber auch Verantwortung mit sich. Stehen Sie vor der Übernahme einer neuen, schweren Aufgabe? Sagt Ihnen die Dornenkrone Christi etwas?

Arbeitsgeräte

Wenn in einem Traum Maschinen eine Rolle spielen oder wir ein Gerät verwenden, ist es besonders wichtig, daran zu denken, daß jedes Traumsymbol auf vielerlei Weise mit uns in Zusammenhang stehen kann. Vielleicht sind wir der Bulldozer, der alles überrollt. Die Krücke, auf die wir uns stützen, ist vielleicht unser Partner; die Nadel, in die wir verzweifelt einzufädeln versuchen, ein unlösbares Problem.

BULLDOZER
PFLUG
BAGGER
MOTOR
117

Wenn Sie von einem **BULLDOZER** träumen, überlegen Sie, was er beiseite räumte. Was brachte der **PFLUG** oder **BAGGER** zum Vorschein? Der Traum bezieht sich unter Umständen auf eine psychische Blockierung oder ein nagendes Problem, über das Ihr Wach-Ich erst mit sich ins reine kommen muß, bevor sich eine Lösung finden läßt. Hatten Sie im Traum Schwierigkeiten, einen **MOTOR** zu starten oder mit Treibstoff zu versorgen? Dahinter steckt eventuell ein Projekt, das Sie ins Laufen bringen, sowie die nötige Motivation dazu.

KORKEN-ZIEHER

Es überrascht nicht, daß in unseren Träumen immer wieder vertraute Gebrauchsgegenstände vorkommen. Sie sollten dann aber nach indirekten Assoziationen Ausschau halten: Ein **KORKENZIEHER** z. B. ist sehr nützlich, doch wenn er krumm oder verbogen ist, funktioniert er nicht richtig. Macht Ihr Wach-Ich „krumme Touren", obwohl es ganz leicht ohne ginge? Weil Nahrung oft mit Emotion assoziiert wird, könnte ein Traum von **BESTECK** – entweder altem, rostigem oder falsch verwendetem (z. B. wenn Sie Suppe mit der **GABEL** oder Erbsen mit dem **MESSER** aßen) – darauf schließen lassen, daß Sie Ihre Emotionen auf unpassende Weise zu befriedigen versuchen.

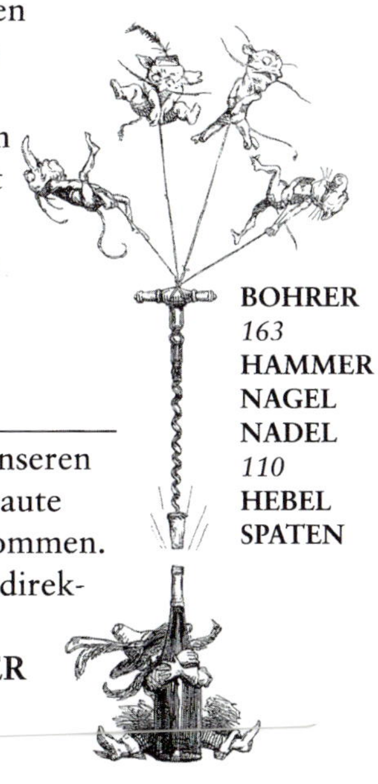

BESTECK
MESSER
118
GABEL
109

BOHRER
163
HAMMER
NAGEL
NADEL
110
HEBEL
SPATEN

Viele Geräte haben sexuelle Bezüge: z. B. werden **BOHRER, HAMMER, NAGEL** und **NADEL** als phallische Symbole gesehen. Die Arbeit, für die Sie das Gerät benutzten, kann – ebenso wie dessen Brauchbarkeit – einen Hinweis auf den Sinn des Traums geben.
Das Symbol der Nadel, die eingefädelt wird, wurde oft dazu verwendet, die Entjungferung anzudeuten. Der Einsatz des Werkzeugs in Ihrem Traum ist wichtig: Ein **HEBEL** wird zur Kraftverstärkung, ein **SPATEN** sowohl zum Einals auch zum Ausgraben verwendet.

DIE WELT DER NATUR
PHANTASIE- & FABELWESEN
KUNST & WISSENSCHAFT
MENSCHLICHER KÖRPER
GEBÄUDE & INNENRÄUME
ALLTÄGLICHE DINGE
GEFÜHLSLEBEN
TÄTIGKEITEN
BEFINDLICHKEITEN
RITUALE & RELIGION
THEASAURUS DER TRÄUME

ARBEITSPLÄTZE

Mit Arbeit bringen wir einen Großteil unseres Tages zu, und der Arbeitsplatz ist uns – oft vom Gefühl her – wichtig. Wenn wir uns dort wohl fühlen, wird er manchmal zu einem Symbol für Bestätigung, Stabilität und Belohnung; wenn er uns nicht angenehm ist oder Kollegen uns ärgern, kann er auch zu einem Symbol für Beeinträchtigung und Bestürzung werden.

BÜRO *103*
FABRIK *101*
LAGERHAUS

Falls Sie in einem **BÜRO** oder einer **FABRIK** arbeiten, taucht Ihr Arbeitsplatz wahrscheinlich irgendwann in Ihren Träumen auf. Dann steht Ihr Traum zwar tatsächlich in Zusammenhang mit Ihrer Arbeit, doch die Bilder Ihres Arbeitsplatzes stellen vielleicht einen anderen Aspekt Ihres Wachlebens dar – ein spezielles Problem oder ganz allgemein Ihre Gefühle oder Ihre Lebenseinstellung. Im Traum waren Sie eventuell von vielen Menschen, vielleicht Kollegen, umgeben, oder aber von Schreibmaschinen oder Computern, die auf vollen Touren arbeiten: Das bedeutet eine Menge Probleme, die aber nicht unbedingt mit Ihrem Arbeitsleben zu tun haben. Ein plötzlich geschlossenes oder verlassenes Büro oder Werk im Traum könnte ein Abbild einer Leere in Ihrem Wachleben sein. Ist ein Lebensabschnitt zu Ende gegangen? Wenn im Traum ein **LAGERHAUS** vorkam, könnte das auf die Erfahrung anspielen, daß alle Erfahrungen Ihres Lebens in Ihrem Gedächtnis gespeichert sind. Wenn Sie im Traum **INVENTUR** machten, tut vielleicht Ihr Wach-Ich derzeit dasselbe. Wenn man Waren hinausträgt, sagt Ihnen Ihr Traum, daß Ihrem Wach-Ich Energiequellen abhanden kommen – vielleicht auf der Gefühlsebene.

INVENTUR

GESCHÄFT
LADEN

Wenn wir in einem **GESCHÄFT** oder **LADEN** einkaufen, müssen wir die gekauften Gegenstände mit Geld bezahlen. Ein Traum von Einkäufen handelt daher oft von etwas, das wir haben möchten oder brauchen, in Verbindung mit dem, was wir dafür bezahlen oder geben. Oft stellt ein solcher Traum Emotionen dar: Wenn ein Mann oder eine Frau für Dessous zuviel bezahlt, spürt er/sie vielleicht, daß es ihn/sie – emotional oder körperlich – teuer zu stehen kommt, die Partnerin/den Partner oder die/den Geliebte(n) zu beeindrukken. Natürlich ist auch das Gekaufte wichtig – betrachten Sie es als eigenständiges Symbol. Sehen Sie sich auch die Art des Geschäfts an, in dem Ihre Traumszene sich abspielte.

FAHRZEUGE

Wenn Männer von Autos träumen, gibt es fast immer sexuelle Bezüge. Bei Frauen kann ein Auto im Traum mit Gefühlen von Selbstachtung und Ehrgeiz, aber auch mit Gegenwehr gegen chauvinistisches Verhalten von Männern zu tun haben.

AUTOS *134, 135, 162*

Wenn Frauen von **AUTOS** träumen, klingt oft Ehrgeiz, Selbstsicherheit und vielleicht sogar der Wunsch, Männer zu übertrumpfen, an. Frauen träumen aber anscheinend seltener von ihren Autos als Männer, die das sehr häufig tun. Die Psychiater stellen fast ausnahmslos fest, daß Traumautos bei Männern den Sexualtrieb darstellen, je nach Kontext in Verbindung mit Kraft, Beweglichkeit, Geschicklichkeit und Unbekümmertheit. Viele andere Details müssen jedoch mitberücksichtigt werden. Saßen Sie allein im Wagen? Gehörte das Auto Ihnen oder einem Verwandten bzw. Freund? War es ein Kabrio(lett)? War es ein verläßlicher, langsamer Wagen oder ein Sportwagen? Welchen Teil des Autos hob der Traum

LENKUNG
SCHEINWERFER
BENZIN
REIFENPANNE
GANG
GASPEDAL
MOTOR
115
FROSTSCHUTZMITTEL
ZÜNDUNG
MITFAHRER

hervor? Es könnte Wichtiges über Ihr Wach-Ich aussagen. Hatten Sie Schwierigkeiten mit der **LENKUNG** (Ihrer Selbstbeherrschung) oder mit den **SCHEINWERFERN** (Sahen Sie, wohin die Reise ging)? Ging Ihnen der **TREIBSTOFF** (die Kraft) aus, hatten Sie eine **REIFENPANNE** (Hat Ihnen jemand einen Dämpfer verpaßt)? Fanden Sie den richtigen **GANG** nicht (Kämpfen Sie mit einem unlösbaren Problem)? Wie gingen Sie mit dem **GASPEDAL** um? Wollten Sie schneller fahren, als der **MOTOR** zuläßt? Reagierte das Gaspedal leicht oder schwer (das ist ein Hinweis auf den Energiepegel Ihres Wach-Ichs)? Wenn im Traum ein **FROSTSCHUTZMITTEL** auftauchte, verweist das auf Ihre Gefühle. Möchten Sie eine Beziehung vor Abkühlung schützen? Ein Versagen der **ZÜNDUNG** besagt, daß etwas den zündenden Funken nicht zustande bringt. Verwendeten Sie im Traum Werkzeuge für eine Autoreparatur *(s. S. 115)*? Die meisten Autos sind für mehr als eine Person zugelassen, also kann Ihr Traum auch eine Partnerschaft bedeuten. Sagte Ihr **MITFAHRER** Ihnen dauernd, wie Sie fahren sollten? Wenn der Traumwagen nicht Ihnen gehörte, könnte das ein Hinweis darauf sein, daß Sie sich im Wachleben „mit fremden Federn schmücken".

FAHRRAD
144

Träume von anderen Fahrzeugen können zwar auch mit Sex, aber (wie bei Autos) auch mit anderen Bereichen Ihres Lebens zu tun haben. Ein **FAHRRAD** z. B. könnte eine Anspielung auf Ihre Art des Fortkommens im Wachleben sein: Es

TRAUMANALYSE

„Ich schoß in meinem Sportwagen auf freier Straße dahin, wurde dann aber langsamer und blieb mit einem Ruck stehen. Ich stieg aus und sah, daß der Wagen in einem Schlagloch steckte. Ich schaffte es zwar herauszukommen, wußte aber, daß ich nie wieder rasen würde. Bei der Weiterfahrt genoß ich das geruhsamere Tempo."

Viktor hatte ein freizügiges Liebesleben genossen, bekam aber Probleme, als er sich verliebte. Er trauerte der verlorenen Freiheit („nie wieder rasen") nach, war jedoch auch erleichtert, daß er von nun an nicht mehr so aufdrehen mußte.

SCHUBKARREN
LASTWAGEN
LIEFERWAGEN
LIMOUSINE
TRASSENBAHN
ZUG
121, 135

bietet nur Ihnen Platz und verliert leicht das Gleichgewicht; Probleme damit beziehen sich vielleicht auf Ihre eigene Empfindsamkeit. **SCHUBKARRE, LASTWAGEN** und **LIEFERWAGEN** befördern Lasten; bei ihrem Auftauchen im Traum ist die Ladung wichtig: War es unerwünschter Gefühlskram? Schafften Sie die Ladung nur woanders hin, oder führen Sie zur Müllhalde? Eine **LIMOUSINE** ist ein Luxusauto, daher kann eine Traumfahrt darin ein positives Traumbild sein, doch wie bezahlten Sie dafür? Wer war der Fahrer? **STRASSENBAHN** und **ZUG** fahren auf Schienen; wenn Sie im Traum damit unterwegs waren, können Sie von Ihrem Weg nicht abweichen. Ein in einen Tunnel einfahrender Zug ist ein Koitussymbol.

DIE WELT DER NATUR
PHANTASIE- & FABELWESEN
KUNST & WISSENSCHAFT
MENSCHLICHER KÖRPER
GEBÄUDE & INNENRÄUME
ALLTÄGLICHE DINGE
GEFÜHLSLEBEN
TÄTIGKEITEN
BEFINDLICHKEITEN
RITUALE & RELIGION
THEASAURUS DER TRÄUME

WAFFEN

Die Bedeutung von Traumsymbolen läßt sich nie mit absoluter Sicherheit feststellen; wenn Waffen – in der Hand des Träumers oder gegen ihn gerichtet – auftauchen, können sie zwar mit physischer Gewalt in Zusammenhang stehen, doch meist sind andere Assoziationen maßgeblich: manchmal mit Haß oder Antipathie, aber auch in einem Kontext sexueller oder sinnlicher Liebe.

ÜBERFALL
120, 155, 159

Freud hielt – wie die meisten Psychiater – so gut wie jede Waffe für ein phallisches Symbol. Bei Männern gibt es zwar gelegentlich eine unbewußte Assoziation zwischen Geschlechtsakt und Gewalttätigkeit, doch ist dies nicht dasselbe, wie wenn ein Mann davon träumt, daß er einen bewaffneten **ÜBERFALL** auf eine Frau verübt. Die Anspielung auf Vergewaltigung ist zu naheliegend, um sie einfach zu ignorieren; jeder Mann, der wiederholt von einem Überfall auf Frauen träumt, braucht professionelle Beratung. Selbst ein einmaliger Traum dieser Art könnte eine zweifelhafte Einstellung zu Frauen enthüllen. Ein Traum, in dem jemand „Jagd" auf Frauen macht, kann zwar schlicht Spaß am Jagen reflektieren, aber auch eine Einstellung im Wachzustand beleuchten, die Frauen eher als Opfer denn als Gefährten sieht. Eine Frau, die träumt, überfallen zu werden, drückt damit vielleicht sexuelle Unsicherheit oder eine unbestimmte Angst vor Männern aus.

PFEIL
72, 127, 133
DOLCH
MESSER
115
SPEER
SCHUSSWAFFE
KUGEL

Bedeutsam ist zweifellos auch, welche Waffe im Traum vorkam: Ein **PFEIL** kann Amors Pfeil sein, ein eher erfreuliches als angsterregendes Symbol; ein **DOLCH** oder **MESSER** erscheint bedrohlicher, obwohl das Messer meist für ungefährliche Dinge im Haushalt benützt wird. Ein **SPEER** im Traum ist häufig als Symbol und nicht als direkte Gefahr zu deuten, eine **SCHUSSWAFFE** oder **KUGEL** hingegen enthält eine unmittelbarere und echte Warnung. Die Stimmung im Traum ist sicher der beste Anhaltspunkt für die Deutung.

GIFT

Ein Traum von **GIFT** – das andere oder Sie selbst vergiftet – kann sich auf eine Bosheit beziehen, die wir anderen oder andere uns antun. Vergiftet werden kann eine Pflanze oder ein Tier; suchen Sie nach Hinweisen im Traum (wie Farbe oder eine andere Assoziation), was das darstellt: vielleicht einen Bekannten im Wachleben? Überlegen Sie dann Ihre Einstellung zu dieser Person. Vielleicht will Ihr Traum Sie warnen, daß jemand oder etwas Ihr Leben vergiftet, ohne daß Sie es merken. Natürlich können Sie selbst sich auch irgendwie „vergiften" – z. B. durch gesundheitsschädliche Lieblingsspeisen oder -getränke. Auf jeden Fall ist es ein starkes Symbol – wert, für alle späteren Analysen festgehalten zu werden.

SCHMUTZ

Traumbilder von Schmutz weisen ziemlich sicher auf etwas in unserem Wachleben hin, das uns zuwider ist – wie sehr, geht aus der Deutlichkeit der Anspielung im Traum hervor. Trotzdem ist ein solcher Traum nicht unbedingt negativ – schließlich verwenden wir ja Mist, um das Wachsen und Gedeihen der Saaten zu fördern.

DÜNGER
MIST
73

Ein Traum, in dem Sie **DÜNGER** oder **MIST** verteilen, ist wahrscheinlich sehr positiv, denn Sie benutzen etwas Unangenehmes, um Pflanzen gedeihen zu lassen. Darin kann eine Anspielung auf ein Vorgehen liegen, zu dem sich Ihr Wach-Ich gerade durchringt oder zu dem es gezwungen wird, was Ihnen zwar unangenehm ist, jedoch sehr gute Ergebnisse bringen könnte. Der Traum ist daher ermutigend.

EXKREMENTE
LUFTVERSCHMUTZUNG

Menschliche oder tierische **EXKREMENTE** stehen wahrscheinlich für etwas Unangenehmes, das Sie loswerden wollen. Versucht Ihr Wach-Ich, sich einer Person oder Sache zu entledigen, die Ihr inneres System vergiften könnte, falls Sie sie bei sich behalten? Auch ein Traum von **LUFTVERSCHMUTZUNG** bezieht sich vielleicht auf etwas, das Ihnen emotional oder körperlich schaden könnte, falls Sie es nicht gründlich beseitigen.

MÜLL

Müll ist etwas, was wir loswerden möchten – Dinge, die wir nicht mehr haben möchten oder die uns von jemand anders untergeschoben wurden. Träume, in denen wir Abfall beseitigen, fordern uns gewöhnlich dazu auf, unser Leben zu entrümpeln.

ABFÄLLE
PLUNDER
ABFLUSSROHR
PFÜTZE
RUSS

Träume, in denen das Fortschaffen von **ABFÄLLEN** und **PLUNDER** aller Art vorkommt, sind häufig ein Symbol für ein fälliges Ausmisten in unserem Wachleben – wobei der „Mist" emotionaler oder materieller Natur sein kann. Versuchen Sie herauszufinden, was gemeint ist, und werden Sie ihn los. Denken Sie daran, daß zwar ein **ABFLUSSROHR** von allein Abwasser und Überschwemmungen beseitigt (das heißt, daß Sie Gefühle loswerden), daß aber für die Müllbeseitigung etwas getan werden muß. Wenn im Traum jemand anders Ihren Müll zur Kippe fuhr, kann es sein, daß Ihrem Wach-Ich jemand eine Last abnimmt oder hilft, sie loszuwerden. Es kann auch bedeuten, daß Sie Hilfe brauchen, um sich von etwas – z. B. einer Einstellung – freizumachen. Wenn Sie im Traum in einer **PFÜTZE** planschten oder sich schmutzig machten (z. B. mit **RUSS**), weist dies unter Umständen auf eine leichte Verärgerung Ihres Wach-Ichs hin.

TRAUMANALYSE

„Ich ging spazieren und sah einen wunderschönen Vogel, der auf einem Baum saß und sich putzte. Als ich näher kam, las ich auf einem Schild: ‚Bitte den Phönix nicht füttern'. Ich begriff, daß es mir eine Menge Geld einbringen würde, wenn ich den Vogel zu fassen bekäme. Ich sah ein Gewehr an einem Felsen lehnen und dachte bei mir: ‚Wenn ich den Vogel nicht fangen kann, erschieße ich ihn eben.' Ich legte das Gewehr an und drückte ab, doch die Kugel plumpste nur zu Boden. Der Vogel begann zu lachen. Da nahm ich eine Pistole und zielte auf ihn, doch diesmal schien der Lauf zu schmelzen und hing schlapp herunter. Wieder hörte ich den Vogel lachen, und als ich aufsah, war er fort."

Es ist zwar ein unzusammenhängender Traum, doch eindeutig auf die Einstellung des Träumers zu Frauen bezogen, speziell zu einer, die ihm geheimnisvoll schien, daher stellte ein sagenhafter Vogel sie dar. Er hatte sich an sie herangemacht, doch sie hatte ihn zurückgewiesen. Der Traum warnte, nicht allzu schwere Geschütze aufzufahren, denn die Frau würde dies eher komisch als verführerisch finden.

DIE WELT DER NATUR
PHANTASIE- & FABELWESEN
KUNST & WISSENSCHAFT
MENSCHLICHER KÖRPER
GEBÄUDE & INNENRÄUME
ALLTÄGLICHE DINGE
GEFÜHLSLEBEN
TÄTIGKEITEN
BEFINDLICH-KEITEN
RITUALE & RELIGION
THEASAURUS DER TRÄUME

ANGST

Träume, die uns in Angst versetzen, werden als Alpträume bezeichnet. Aber auch Träume mit Bildern unserer Wachängste verfolgen uns oft über Tage und Wochen. Sie stellen unsere Ängste in Zusammenhänge und Perspektiven und zeigen auf, wie wir mit ihnen umgehen können.

„Körperliche“ Alpträume *(s. S. 154)* – in denen wir träumen, daß wir ertränkt oder erdrückt werden – ereignen sich in der Regel in den ersten zehn oder zwanzig Schlafminuten. Sie gleichen den bekannten Fall-Träumen, die manche Analytiker so erklären, daß wir dabei eben buchstäblich „in den Schlaf fallen“. Für derartige Träume scheint es in der Tat eher rein physische statt psychologische Ursachen zu geben, ebenso wie für andere – in denen man verfolgt oder gefangen wird –, die sich am häufigsten in den letzten Schlafstunden einstellen (und uns sogar häufig aufwecken). Für ihre Entstehung gibt es keine Erklärung, auch wenn einige Traumdeuter meinen, die Ursache wären Handlungen, deren wir uns schämen oder von denen wir jedenfalls wissen, daß sie falsch oder böse waren – fast, als fungiere der Traum als Strafe. Es gibt auch die Ansicht, daß diese Art Träume die Reaktion auf unterdrückte geheime oder verbotene Wünsche sind. Es gibt Experimente in Traumlabors, die bereits einige Beweise dafür erbracht haben, daß es zur Problemlösung beitragen kann, wenn man seine Alpträume mit anderen diskutiert, die ebenfalls an solchen leiden.

ANGRIFF
118, 155, 159

Wenn Sie im Traum attackiert oder verfolgt werden, versuchen Sie den **ANGREIFER** (oder Verfolger) zu identifizieren *(s. S. 147)*. Sollte der Traum sich wiederholen, könnte dies eine gewichtige Ursache in Ihrem Leben haben. Versuchen Sie sich umzudrehen und dem Dämon ins Gesicht zu sehen. Das Erkennen des Feindes und dessen, wofür er steht, ist bereits ein großer Teil der Lösung. Das „Monster“ kann etwas so Einfaches repräsentieren wie ein Problem am Arbeitsplatz oder ein Steuerbescheid.

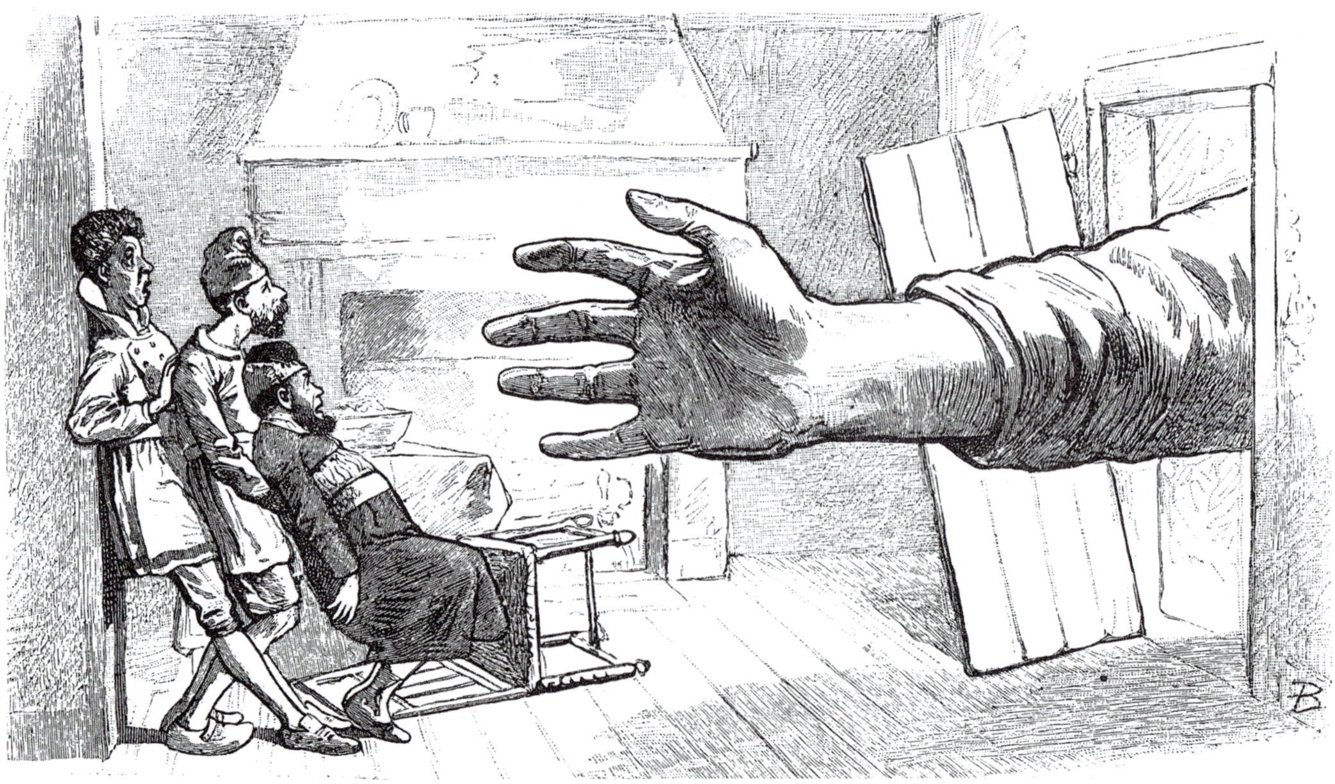

TIERE
127, 144, 155

TIERE in Träumen verkörpern unsere eigene animalische Natur, die in aller Regel unter strikter Kontrolle gehalten werden muß. Träume von Verfolgung und Angegriffenwerden durch Tiere können bedeuten, daß Sie zuviel Aufwand mit der Unterdrückung Ihrer Instinkte treiben und sich vielleicht einfach ständig zu „zivilisiert" verhalten. Dann sollten Sie versuchen, etwas lockerer und natürlicher zu sein.

EINDRINGLING

Der Traum, daß jemand sich bei uns einschleicht, ist verhältnismäßig häufig. Die Ursache kann ein tatsächlicher Eindringling in unser Leben sein – nicht unbedingt eine Person; auch ein Problem wäre denkbar. Es mag sein, daß Sie sich wegen eines speziellen Problems sorgen. Wichtig ist, daß Sie versuchen, den **EINDRINGLING** Ihres Traums zu identifizieren. Es kann Ihr eigener Schatten sein *(s. S. 97)*, und dann sollten Sie imstande sein, den Grund für das Eindringen zu erkennen.

WAHNSINN

Irrationale Ängste in Träumen werden bei näherer Untersuchung sehr viel rationaler. Beispielsweise kann Angst vor **WAHNSINN** die Befürchtung widerspiegeln, im Wachleben in ein schwieriges Dilemma zu geraten.

UNSICHERHEIT

Auch die selbstsichersten Menschen haben ihre Unsicherheiten, auch wenn sie sich deren nicht bewußt sind oder sie ignorieren. Doch jede Art von Repression kann sich schädlich auswirken, und es ist besser, sie anzuerkennen. In unseren Träumen manifestiert sich dies als ein Prozeß der Stärkung und Kräftigung.

BUS
ZUG
117, 135

Ein Traum, in dem man einen **BUS** oder **ZUG** verpaßt, kann schlicht und einfach ein „Dränge"-Traum sein. Wenn man einen wichtigen Termin einhalten muß oder eine Reise vorhat, kann der Traum die Ängste ausdrücken, sie zu verpassen, aber auch, daß man im Grunde in einem bestimmten Bereich seines Wachlebens unsicher und ungewiß ist. Sieht man im Traum Hindernisse vor sich, die einen den Bus verpassen lassen, kann dies jemanden oder etwas bedeuten, den oder das man sich bereits als Ausrede oder Sündenbock für eigene Fehlleistungen zurechtgelegt hat. Ist man im Traum lediglich wütend, daß man den Bus verpaßte, kann dies ein Sinnbild für Verärgerung über sich selbst sein.

STURM
49, 158
ERDBEBEN
48, 158, 161

Träumt man, von einem **STURM** auf hoher See herumgeworfen zu werden, ohne sich irgendwo festhalten zu können, drückt dies die Sorge aus, im Wachleben die Kontrolle verloren zu haben – und zwar im Bereich der Gefühle. Ein Traum, der auf irgendeine Art sogar die eigene körperliche Standfestigkeit bedroht – ein **ERDBEBEN**, z. B. –, kann Unsicherheit im Wachleben bedeuten.

ANKER
LEUCHTTURM
101
RETTUNGSBOOT

Sie müssen nach Hinweisen forschen. Saß Ihr **ANKER** nicht fest? Das bedeutet jemand, auf den Sie sich zu verlassen gewohnt sind, der aber in letzter Zeit nicht mehr so unbedingt verläßlich war. Kam ein Hoffnungszeichen vor, wie ein **LEUCHTTURM** oder ein **RETTUNGSBOOT**? Was oder wen im Wachleben könnte das bedeuten? Überstand das Haus, in dem Sie sich befanden, das Erdbeben?

IM AUSLAND
58, 135

Ein Traum von einem Gespräch mit jemandem, dessen Sprache man nicht versteht, oder in einem **AUSLAND** zu sein, mit dem man nicht vertraut ist, kann Unsicherheit über eine neue Person oder Aufgabe im Wachleben reflektieren.

AUKTION
152

Es kann sein, daß Sie träumen, etwas sehr Wertvolles stehe auf einer **AUKTION** zur Versteigerung, aber niemand biete – oder Sie bieten, werden aber ständig weiter überboten. Dahinter kann geheime Angst stehen, einer Aufgabe im Wachleben nicht gewachsen zu sein. Der Auktionsgegenstand sollte Ihnen verraten, um welche spezielle Aufgabe in Ihrem Wachleben es geht.

Die Welt der Natur
Phantasie- & Fabelwesen
Kunst & Wissenschaft
Menschlicher Körper
Gebäude & Innenräume
Alltägliche Dinge
Gefühlsleben
Tätigkeiten
Befindlichkeiten
Rituale & Religion
Theasaurus der Träume

PSYCHIATER
PSYCHOLOGE
ASTROLOGE
63
WAHRSAGER

Ein Traum, in welchem Sie entweder einen **PSYCHIATER, PSYCHOLOGEN, ASTROLOGEN** oder **WAHRSAGER** konsultieren, muß überhaupt nichts mit einem Problem Ihres Wachlebens zu tun haben, sondern kann vielleicht einfach nur von einem vagen Gefühl herrühren, daß Sie Ihr Wachleben nicht ganz fest im Griff haben. Viele Leute glauben zwar, ein Psychologe oder Astrologe könne ihnen helfen, doch meistens bleibt ein bestimmter Rest an Zweifeln daran zurück. Ihr Traum kann ein Hinweis darauf sein, daß Sie Hilfe benötigen, sich aber nicht sicher sind, wer dafür als verläßlich und nützlich in Frage kommen könnte.

TRAUMANALYSE

Ich war in einem Auktionssaal, wo eine mit Rosen bemalte Vase versteigert wurde. Ich hob dauernd die Hand, aber der Auktionator sah nicht zu mir her. Ein rothaariger Mann bot schließlich das Doppelte meines eigenen Gebots und bekam den Zuschlag. Als der Auktionator aber mit seinem Hammer den Zuschlag bestätigen wollte, zerschlug er irrtümlich die Vase.“

Der Träumer fühlte sich heftig zu einer jungen Frau hingezogen, die noch viele andere Verehrer hatte. Er traf sie häufig, brachte aber nie den Mut auf, sich ihr zu nähern. Er glaubte, daß sie sich für einen Kollegen interessierte, was aber nur katastrophal enden könne. Die Frau hieß Rosa und der Nebenbuhler Redcap.

FEINDSELIGKEIT

Oft hegen wir feindselige Gefühle gegen andere, weigern uns aber häufig, diese vernünftig zu begründen. Häufig basieren sie denn auch nicht auf dem Verhalten der Personen, gegen die wir diese Gefühle hegen, sondern auf unserem eigenen Charakter und Verhalten.

BESCHIMPFUNG

Verbale **BESCHIMPFUNG** kann zwar zuweilen ein Ventil für unsere Gefühle sein, führt aber selten zu direkten Resultaten, außer, daß es alles nur noch schlimmer macht. Ein Traum mit verbaler Kränkung eines anderen kann denn leicht eine Warnung sein, daß Sie Ihre Energie nur sinnlos vergeuden.

Benutzen Sie im Traum bei einer Auseinandersetzung Waffen *(s. S. 118)*, so stehen Sie vermutlich unter starken emotionalen Belastungen. Viele Waffen haben im Traum auch sexuelle Bedeutung. Sie müssen also auch in dieser Richtung forschen, ob es sich um einen speziellen Aspekt Ihrer eigenen Sexualität oder Ihres sexuellen Verhaltens handelt. Die Person, gegen die Sie sich im Traum dabei drohend oder konkret wenden, könnte jemand sein, mit dem Sie im Wachleben Probleme haben. In diesem Fall ist der Traum eine direkte, buchstäbliche Übersetzung Ihrer Empfindungen. Wahrscheinlicher ist freilich, daß das Opfer in Ihrem Traum Sie selbst darstellt und Ihr Zorn das Ergebnis einer Handlung oder Gefühlsäußerung im Wachleben ist, bei der Sie die Beherrschung verloren.

AUSEINANDERSETZUNG
STREIT

Jede **AUSEINANDERSETZUNG** und jeder **STREIT** hat zwei Seiten, und ein einschlägiger Traum kann sich durchaus auf einen realen Streit beziehen, wenn es auch nicht notwendigerweise einer mit jemand anders sein muß – streiten Sie mit sich selbst? Im Wachleben sind Sie vielleicht mit einer schwierigen Entscheidung konfrontiert, und es kann schwer sein, das Für und Wider abzuwägen. Wer also hat den Traumstreit gewonnen, oder wie wurde der Konflikt dort gelöst? Überlegen Sie, wer der Sieger war, weil dieser Sie selbst meinen und Ihnen raten könnte, wie Sie sich in der Realität verhalten sollen.

(BE)DROHUNG

Wer jemand anders droht, warnt ihn – meist vor seinem Zorn – über eine Tat, Ansicht oder ein Verhalten. Die **(BE)DROHUNG** im Traum wird sich normalerweise gegen Sie richten, von wem auch immer sie kommt. Haben Sie sich irgendwelche Selbstvorwürfe gemacht? Die Drohung könnte Ihnen die Folgen einer unklugen Tat im Wachleben zeigen. Achten Sie auch auf die Reaktion im Traum: Vielleicht mahnt sie Sie, daß Sie Ihre Haltung auch bei Einschüchterung beibehalten sollten.

ZORN

Zorn gehört zu unseren heftigsten Emotionen und kann sich auch in Träumen sehr stark äußern, sei es durch körperliche Handlungen oder über Symbole wie Waffen (s. S. 118). *Träume hören kaum je auf, bevor nicht die Ursache des Traumzorns entdeckt und beseitigt ist.*

ÜBERFALL
VERGEWALTIGUNG

Ein Mann, der immer wieder von einem **ÜBERFALL** auf eine Frau oder sogar einer **VERGEWALTIGUNG** träumt, könnte ein tiefverwurzeltes sexuelles Problem haben, das professionelle Behandlung erfordert. Ein einzelner Traum solcher Art hingegen, gleich ob er sexuelle oder allgemeine Gewalt zum Gegenstand hat, ist nicht schwerwiegend und sogar ziemlich häufig. Er drückt starke (wenn auch unbewußte) Gefühle aus, die von einer sexuellen Abweisung herrühren können (wenn der Traum sexueller Natur ist) oder von ganz allgemeiner Zurückweisung. Es ist auch denkbar, daß der Träumer neidisch ist auf den Charme der Frau, auf ihre Schönheit, ihre gesellschaftliche Rolle, und sie deshalb, bewußt oder unbewußt, herabwürdigen möchte. Die weibliche Komponente im Mann ist für solche Kritik aus dem Unbewußten empfänglich. Ein Mann, der träumt, daß er vergewaltigt wird, leidet vielleicht im Wachleben akut unter Schmach- und Schamgefühlen.

ATTENTAT
MORD

Träume von einem **ATTENTAT** oder **MORD** haben ähnliche Bedeutung. Starke Bilder in Träumen erfordern Beachtung. Sie müssen verstanden und ihre Botschaften erwogen werden.

VERTREIBUNG
AUSWEISUNG

Ein Traum, in dem Sie eine Vertreibung planen, ist ein Hinweis darauf, daß Sie sich im Wachleben von etwas trennen möchten: von einer Person oder auch einer eigenen schlechten Eigenschaft. Konzentrieren Sie sich auf die zentrale Person Ihres Traums; es könnte sein, daß Sie in ihr das Verhalten erkennen, das Sie

DIE WELT DER NATUR
PHANTASIE- & FABELWESEN
KUNST & WISSENSCHAFT
MENSCHLICHER KÖRPER
GEBÄUDE & INNENRÄUME
ALLTÄGLICHE DINGE
GEFÜHLSLEBEN
TÄTIGKEITEN
BEFINDLICHKEITEN
RITUALE & RELIGION
THEASAURUS DER TRÄUME

zwar ablehnen, aber gelegentlich selbst an den Tag legen – und dies auch wissen.

HINTERHALT Ein Traum von einem **HINTERHALT**, den Sie jemandem legen, kann ähnliches bedeuten, aber auch, daß Sie sich z. B. eine der guten Eigenschaften dieser Person wünschen. Es ist deshalb wichtig, daß Sie Ihr Motiv für den Hinterhalt erkennen.

VERUNGLIMPFUNG
VERLEUMDUNG
Ein Traum, in dem Sie über jemanden schlecht reden, kann bedeuten, daß auch Ihr Wach-Ich mit übler Nachrede zu tun hat. Die Art der **VERUNGLIMPFUNG** und **VERLEUMDUNG** ist hier wichtig, aber man muß vorsichtig damit sein, den Traum buchstäblich zu nehmen. Denken Sie daran, daß Träume in aller Regel die verschlüsselte Sprache der Symbole, Allegorien und Verfremdungen verwenden.

KAMPF
REBELLION
Wie bei den meisten Träumen von Feindseligkeit, kann ein Traum von einem **KAMPF** oder einer **REBELLION** gegen jemanden oder gegen Autorität sowohl nach außen wie nach innen gerichtet sein. Das heißt, der Traum kann sowohl eine Auseinandersetzung mit jemand anders wie mit sich selbst widerspiegeln. Junge Leute, die Probleme mit Eltern oder Erziehern haben, träumen oft Geschichten, in denen sie ihre Frustration abreagieren. Das kann die Form buchstäblicher Kämpfe annehmen. Der Traumgegner symbolisiert meist, wogegen man sich auflehnt. Solche Träume sagen auch etwas über die eigenen Gefühle aus, weshalb man nicht nur ihre Ereignisse genau beleuchten sollte, sondern auch die Atmosphäre, in der diese abliefen *(s. S. 33)*.

SCHULD

Träume haben auch die Aufgabe, daß wir uns selbst Dinge eingestehen, die wir im Wachleben eher bestreiten. Träume befassen sich deshalb oft mit Schuld und Schuldgefühlen und erinnern uns damit an Vergehen gegen andere und gegen unsere eigene wahre Natur.

Es ist nichts Ungewöhnliches, aus einem „Schuld"-Traum zu erwachen, in dem man ein Verbrechen begangen hat *(s. S. 140)* und fürchtet, entdeckt zu werden. Ein solcher Traum beleuchtet Ihr ganzes Leben, vor allem die Repressionen darin. Er kann andeuten, daß Sie selbst sich schuldig fühlen sollten, weil Sie das Verbrechen begehen, Ihre eigene wahre Natur zu unterdrücken.

EHEBRUCH
BIGAMIE
Ein Traum, in dem man **EHEBRUCH** treibt oder in **BIGAMIE** lebt, kann ein Wunschtraum sein *(s. S. 150)* und kommt am ehesten bei Menschen vor, die eine emotional und sexuell unbefriedigende Ehe führen. Auch die Atmosphäre des Traums ist wichtig. Selbst wenn der Ehebruch nur im Geiste begangen wurde, kann das Schuldbewußtsein bewirken. Ihr Traum ist oft eine ehrlichere Bestandsaufnahme Ihrer Gefühle, als Ihr Wach-Ich zustande brächte: Er zeigt Ihnen, wie Sie fühlen und welche Folgen der Ehebruch haben kann.

UNTERHALTSZAHLUNGEN
SCHEIDUNG
Wenn Sie von **UNTERHALTSZAHLUNGEN** träumen, bedeutet das nicht unbedingt, daß Sie an **SCHEIDUNG** denken, sondern schlicht, daß Sie für eine Untat „bezahlen" müssen.

KRIMINELLE *170*
SCHLAGEN
HÄNGEN
GEFÄNGNIS *169*
Ein Traum, in dem der Träumer sich als **KRIMINELLER** oder Verbrecher *(s. S. 140)* erlebt, bezieht sich sehr wahrscheinlich auf die Schuldgefühle, die er wegen einer Missetat im wirklichen Leben hat. Dasselbe gilt auch, wenn eine Strafe verhängt wird – die Schwere der Traumstrafe entspricht auch dem Gewicht der eigenen wahren Schuldgefühle. Sie unterscheiden sich oft sehr deutlich von denen Ihres Wach-Ichs. Wenn Sie also im Traum **SCHLÄGE** bekommen oder gar **HÄNGEN** müssen oder zumindest ins **GEFÄNGNIS** wandern, dann steckt ziemlich sicher in Ihrem hintersten Bewußtsein starke Reue über etwas, was erst kürzlich passiert ist oder was Sie vor nicht allzu langer Zeit gedacht haben.

RICHTER
162, 164
LYNCHEN
171

Was Ihre Schuldgefühle auslöste, kann sich auf eine ganz bestimmte Person beziehen. In diesem Falle sollte sich in Ihrem Traum ein Hinweis finden. Wer war der **RICHTER** oder der Staatsanwalt? Oder war einfach nur sonst jemand im Gerichtssaal, der sich speziell für Ihren Fall interessierte? Vielleicht sind Sie in Ihrem Traum von der Gesellschaft insgesamt verurteilt worden? Dies ist sehr wahrscheinlich, wenn Ihr Richter eine berühmte Persönlichkeit war (z. B. ein bekanntes Fernsehgesicht). Wenn im Traum eine aufgebrachte Menge Sie **LYNCHEN** wollte, dann haben Sie sich mit ziemlicher Sicherheit gegen die Gesellschaft insgesamt vergangen.

ALLERGIE

Eine **ALLERGIE** ist eine Reaktion des Körpers auf etwas, das wir essen, anziehen oder ihm antun. Eine Allergie im Traum kann Schuld symbolisieren, die man zu Hause auf sich geladen hat.

KANZEL
180
PREDIGER
BEICHTE

Selbst für Menschen, die keiner bestimmten Religion angehören, spielen religiöse Symbole eine bemerkenswert große Rolle. Ein Traum, von der **KANZEL** herunter von einem **PREDIGER** (einer gängigen Autoritätsfigur in Träumen!) verdammt zu werden, verweist darauf, daß Sie für irgend jemanden im realen Leben eine „Unperson" sind. Legen Sie im Traum eine **BEICHTE** ab und sind begierig auf Absolution, dann mag sein, daß Sie das Bedürfnis haben, Ihre echte Lebenssituation zu bereinigen oder zu korrigieren.

GALGEN
170
GUILLOTINE
171

Tod hat im Traum selten wörtliche Bedeutung. Wenn man sich im Traum selbst am **GALGEN** oder unter der **GUILLOTINE** sieht, heißt das mitnichten, daß jemand tatsächlich sterben wird. Eher bedeutet es, daß ein solcher Traum die vollständige Verurteilung einer eigenen Handlung im wirklichen Leben versinnbildlicht. Es kann aber auch bedeuten, daß man entschlossen ist, sich von einigen oder allen bisherigen Gewohnheiten und Gepflogenheiten radikal zu trennen. Eine Hinrichtung im Traum kann sowohl von jemand anders vollzogen werden als auch vom Träumer an sich selbst als Angebot, sein Leben total zu ändern.

GERICHTSVOLLZIEHER
SCHULDENEINTREIBER

Geld steht im Traum häufig in Beziehung zu Gefühlen. Von einem **GERICHTSVOLLZIEHER** oder **SCHULDENEINTREIBER** verfolgt zu werden ist ein Hinweis darauf, daß man jemandem etwas schuldig ist – entweder konkret oder gefühlsmäßig. Haben Sie Zuneigung vielleicht zurückgewiesen oder nicht erwidert?

LADENDIEBSTAHL
DIEBSTAHL

Ein Traum von einem **LADENDIEBSTAHL** mag das Nagen Ihres Gewissens wegen eines kleineren Vergehens im wirklichen Leben sein; von einem richtiggehenden **DIEBSTAHL**, daß Ihr Unterbewußtsein sich völlig darüber im klaren ist, etwas, was Sie im Wachleben getan haben, könnte durchaus schwerwiegende Konsequenzen nach sich ziehen, falls es entdeckt wird. Es kann sich um echten Diebstahl handeln, aber auch um moralische Verfehlungen. Wenn man seinen Partner betrügt, „stiehlt" man ihm auch etwas, auf das er ein Anrecht hat: Zuneigung und Treue.

ERPRESSUNG

Wenn man träumt, daß man eine **ERPRESSUNG** begeht, versucht man damit, sich Zuwendung von jemandem zu ertrotzen, der einen verlassen will, oder sich mit nicht einwandfreien Mitteln Respekt zu verschaffen.

TRAUERFALL

Schuldgefühle bei einem **TRAUERFALL** meinen, man hätte dem Toten mehr Zeit widmen müssen, oder überhaupt mehr lieben sollen. Ein Traum mag uns einen Toten in Tränen zeigen oder wie er die Hinterbliebenen mit Vorwürfen bedenkt. Das ist der Ausfluß unseres nagenden Gewissens. Es läßt sich allenfalls besänftigen, indem man sich der tatsächlichen Erlebnisse mit den Verblichenen erinnert und sich die Versäumnisse ihnen gegenüber auch selbst eingesteht.

Die Welt der Natur
Phantasie- & Fabelwesen
Kunst & Wissenschaft
Menschlicher Körper
Gebäude & Innenräume
Alltägliche Dinge
Gefühlsleben
Tätigkeiten
Befindlichkeiten

DIE WELT DER NATUR
PHANTASIE- & FABELWESEN
KUNST & WISSENSCHAFT
MENSCHLICHER KÖRPER
GEBÄUDE & INNENRÄUME
ALLTÄGLICHE DINGE

LIEBE

Träume als Wegweiser unseres Liebeslebens kleiden sich in viele Formen. Das macht sie schwieriger zu entziffern als offensichtlich sexuelle Träume, aber sie ermöglichen uns, unsere Liebespartner – und unsere Gefühle für sie – so zu sehen, wie sie wirklich sind.

In weniger aufgeklärten Zeiten bedienten sich junge Frauen aller möglichen „Zaubermittel", die ihnen ihren künftigen Ehemann zeigen sollten. Da wurde z. B. eine geschälte Zwiebel in ein Taschentuch gewickelt und unter das Kopfkissen gelegt sowie ein bestimmter Vers darüber gesprochen. Im nächsten Traum sollten sie dann angeblich das Gesicht ihres Zukünftigen sehen. Und ohne Zweifel geschah das ja auch tatsächlich oft, weil ihnen ihr Unterbewußtsein das Gesicht des offen oder heimlich Geliebten projizierte. Unsere Träume reagieren nämlich sehr flink, wenn wir uns zu Menschen, denen wir begegnet sind, hingezogen fühlen (auch wenn dies gegen die Vernunft ist). Nur bedeutet es nicht zwangsläufig, daß man von genau dieser konkreten Person träumt. Oft wird diese vielmehr in Maskierung/Verkleidung erscheinen. So träumte ein Mädchen, das einen Mann sexuell sehr attraktiv fand, nicht von ihm selbst, sondern vom Turm einer berühmten Kathedrale. Er hatte ihr nämlich erzählt, aus der Stadt mit dieser Kathedrale zu stammen. Da braucht man nichts weiter zu erklären. Es lohnt sich immer, in dieser Art Träume nach einem Sexualsymbol zu suchen – sei es nur darum, weil nun einmal unser erstes Interesse an anderen meist sexueller Natur ist. Deshalb braucht man andere Symbole nicht zu übersehen, wie sie sich etwa mit Namen oder Beruf neuer Bekanntschaften verbinden. Selten enthalten diese Träume starke Verheißungen. Ein erotischer Traum ist eher ein Wunscherfüllungstraum *(s. S. 150)* als eine Prophezeiung.

GLOCKEN LÄUTEN

Unsere Träume führen uns oft etwas vor, das wir eigentlich gar nicht so genau wissen wollen, aber auch anderes, das uns bisher nicht bewußt geworden ist. Unser Gefühlsleben ist häufig recht verwirrend, und deshalb ist es durchaus nützlich, alle Hinweise im Schlaf zu beachten. Können wir uns beispielsweise nicht zu einer bestimmten Wahl durchringen, geben uns die Träume oft entweder ermutigende oder entmutigende Entscheidungshilfen. Wenn Sie von läutenden **GLOCKEN** träumen, kann das ein kräftiges Signal in Richtung Eheschließung sein. Es müssen aber durchaus nicht Kirchenglocken sein. Es gibt viele Träume, in denen ein **LÄUTEN** an der Haustür jemand zum Aufmachen herbeiholte: Draußen stand der potentielle Ehepartner. Eine bemerkenswert verschlüsselte Entscheidungshilfe war die eines (englischen) Träumers, der sich nicht über seine potentielle Partnerin klarwerden konnte. Erst als er träumte, daß er beim Brotbacken war und den Teig knetete, wurde ihm nach längerem Nachdenken klar, was das bedeutete: nämlich daß er die Frau, die er im Sinn hatte, wirklich brauchte. (Die Verschlüsselung bestand in der gleichen Aussprache der englischen Wörter „kneaded" = knetete und „needed" = brauchte.)

Emotionale Spannungen innerhalb einer Familie machen die Beziehungen zwischen Eltern und Kindern oder Geschwistern häufig schwierig. Wenn einen viele Träume an familiäre Bindungen erinnern, kann das eine Mitteilung sein, daß einem das Verhalten anderer Familienmitglieder nicht gefällt und man sich ein distanzierteres Verhältnis zu ihnen wünscht, beziehungsweise, daß man bereit ist, sie ihrer eigenen Wege gehen zu lassen. Bei Eltern, die vom Zerbrechen oder Verlust eines geliebten Gegenstandes träumen, mag dies eine Übersetzung der „Notwendigkeit" sein, eines ihrer Kinder zu „verlieren" – und sei es nur in dem Sinn, ihm mehr Freiheit zuzugestehen.

STRAND
59, 150

Ihre Träume können ein Hinweis darauf sein, daß Sie nicht soviel Lebensgenuß erreichen, wie vielleicht möglich wäre. Träume etwa vom wohligen Faulenzen an einem tropischen **STRAND** oder von einem Spaziergang in einer geliebten Landschaft *(s. S. 58)* sind Reflexionen liebster Beschäftigungen und Wunscherfüllungsträume *(s. S. 150)*. Sie können Ihnen aber auch den Weg zu neuen Hobbies und Freizeitvergnügungen oder zu einer konstruktiven Einstellung zur täglichen Arbeit zeigen, so daß die Tretmühle abwechslungsreicher wird.

Andere Symbole können weniger einfach zu interpretieren, aber auch spannender sein. Jemand, dessen Freizeitbeschäftigungen rein sitzender Natur sind und der davon träumt, über eine interessante Landschaft von Bergen und Flüssen zu fliegen *(s. S. 147)*, kann davon angespornt werden, neue, interessante und abenteuerliche „Landschaften" zu erkunden – was aber nicht wörtlich zu verstehen sein muß. Jemand anders dagegen, der vorwiegend sportlich orientiert ist, mag Träume haben, die ihm sagen, er vernachlässige das Geistige.

ADOPTION

Ein Traum von der **ADOPTION** eines Kindes reflektiert ein Element der Wunscherfüllung *(s. S. 150)*; andererseits ist natürlich die Bereitschaft, für jemanden zu sorgen, stark mit Liebe verbunden und kann den Wunsch zum Ausdruck bringen, für jemanden, den man liebt, zu sorgen.

PFEILE
72, 118, 133

Der Traum, einen Pfeil abzuschießen, verweist wie auch in anderen Bereichen oft auf mythologische Bilder *(s. S. 64)*.

PFEILE sind eine Erinnerung an den Amor/Cupido-Mythos. Auf wen haben Sie „geschossen", oder wer hat auf Sie „geschossen"? Der Pfeil kann in bestimmten Zusammenhängen aber auch ein Phallussymbol sein. Auch Speisen *(s. S. 106)* haben in Träumen oft sexuelle Bezüge. Ein **KANNIBALISMUS**-Traum, in dem man Menschen verspeist, kann noch stärkere und ungewöhnlichere Bedeutung haben. Kannibalismus ist eines der stärksten Traumsymbole, aber wie bedeutsam es auch ist, muß es nicht unbedingt direkte Mordgelüste bedeuten. Kannibalen pflegten das Fleisch ihrer Feinde zu essen, um sich so deren Kraft und Stärke buchstäblich „einzuverleiben". Dasselbe Sinnbild verwendet der Kannibalismustraum: sich die Fähigkeiten dessen, den man verspeist, einzuverleiben.

KANNIBALISMUS

TIER
121, 144, 155

Ihr Liebespartner kann in einem Traum als **TIER** erscheinen, beispielsweise als Hündchen. Das heißt, Sie überlegen, ob er oder sie im realen Leben der zärtlichen Zuwendung oder sogar des Schutzes bedarf.

TRAUMANALYSE

„Ich war in einem Supermarkt und zögerte, eine mir bisher unbekannte Teemarke zu kaufen. Die Packung erschien mir elegant, und der Markenname stand darauf. Ich überlegte, ob der Inhalt so gut sei wie die Verpackung. Ich griff schließlich danach, bemerkte dabei aber, daß die Packung schadhaft war. Da dachte ich, ich könnte gleich davon probieren. Doch als ich gerade eine Fingerspitze voll nehmen wollte, kam der Geschäftsführer und sagte: ‚O nein, das tun Sie nicht! Nicht, ohne zu bezahlen!' Und da erwachte ich."

John litt noch unter einer beendeten Beziehung, als er bei einer Tasse Tee einer neuen Kollegin vorgestellt wurde. Er fühlte sich zu der jungen Frau sofort hingezogen. Doch auf dem Heimweg kamen ihm Bedenken, ob er wirklich schon wieder für eine neue Beziehung bereit sei. Der Traum reflektierte also seine widerstrebenden Gefühle und erinnerte ihn daran, daß er immer noch für seinen vorigen Fehler „bezahlen mußte".

DER KLAUENTRAUM

„Ich war allein in der Wüste. Daß es eine Wüste war, wußte ich, weil Sand unter meinen Füßen rieselte, der das Gehen schwermachte. Ich wußte aber, daß ich gehen mußte. Es war mir auch klar, daß ich mich nicht etwa an einem Strand befand, weil nämlich kein Brandungsrauschen zu hören war. Es war überhaupt kein Laut zu vernehmen, dafür herrschte ein dicker, schwerer Nebel, der es mir unmöglich machte zu sehen, wohin ich ging. Ich versuchte mit Armeschwingen fast wie beim Schwimmen den Nebel vor mir zu zerteilen, doch da packten mich plötzlich zwei gewaltige Klauen. Ich konnte jedoch das Wesen nicht sehen, zu dem sie gehörten. Ich war zu Tode erschrocken. Meine Arme und Hände bluteten von den tiefen Wunden, die mir die Klauen beibrachten, bis sie schließlich ihren Griff wieder lockerten. Dann erkannte ich zwei hellgrüne weinende Augen. Noch immer in Panik, rannte ich davon und entdeckte ein tiefes Loch im Sand, über das ich sehr froh war und in das ich hinabstieg. Unten war es warm und klebrig-feucht. Ich versorgte meine blutenden Hände und Arme, wurde dabei aber sehr zornig. Als ich wieder aus dem Loch herausstieg, sah ich mich von einem Feuerring umgeben, der den Nebel aufriß. Mein Zorn kannte kaum noch Grenzen. Ich hob glühende Kohlenstücke auf und wollte sie auf die Klauen werfen, doch diese waren nirgends mehr zu sehen."

TRAUMDEUTUNG

Shirley war schon als Kind öfter geschlagen worden und wurde zur Zeit des Traums regelmäßig von Ihrem bösartigen Ehemann mißhandelt. Jahrelang hatte sie dessen Brutalitäten erduldet und nicht gewagt, sich dagegen aufzulehnen. Der Beginn des Traums zeigte ihre Unsicherheit und Verwirrung auf (der rieselnde Sand, auf dem schwer zu gehen war, der dichte Nebel). Die Klauen waren die ihres Mannes, auch wenn sie nicht das ganze Wesen sah und erkannte.

Der Traum schien zu bestätigen, daß sie ihrerseits die ebenfalls existierenden schwerwiegenden Probleme ihres Mannes nicht sah oder verstand. Nur unbewußt war ihr klargeworden, daß er Hilfe brauchte. Denn nicht nur hörten die Klauen plötzlich auf, sie zu attackieren und zu verletzen, sondern die grünen Augen weinten auch. Sie hatte ihren Mann als ganz krankhaft eifersüchtig beschrieben, als verschlagen, unaufrichtig und verlogen, der dabei aber immer wieder sentimental wurde und Bedauern und Reue heuchelte, nachdem er sie mißhandelt hatte. Das unvollständige Traummonster schien dies alles zu verkörpern, auch in der Weise, daß es plötzlich und ohne Grund aufhörte, sie zu verletzen, und dann Krokodilstränen vergoß. Shirley reagierte ausgesprochen froh darüber, in das Loch geraten zu sein, weil es einen Ort symbolisierte, wo sie nicht der Brutalität ihres Ehemannes ausgesetzt war. Das Klima dort war ein eindeutiger Hinweis auf ihren Wunsch nach Rückkehr in den Mutterleib. Erst dort im Loch gewann sie Kraft zurück und die Entschlossenheit, ihren Unmut und bisher unterdrückten Zorn offen zu äußern.

Jahrhundertelang schon gilt ein Feuerring als Symbol von Schutz; er taucht in zahllosen Mythen und Legenden auf. Daß der Traum damit endete, daß Shirley glühende Kohlestücken aufhob und auf das Monster zu schleudern beabsichtigte, war etwas äußerst Positives. Der Traum zeigte ihr nicht nur die Notwendigkeit auf, etwas gegen ihren Mann zu unternehmen, sondern bestätigte ihr auch, daß sie nun die innere Kraft dazu gewonnen hatte. Dabei ist auch interessant, daß sie von den glühenden Kohlestücken nicht verbrannt wurde – eine zusätzliche Aufforderung an sie, ihren Zorn auszudrücken, doch auch eine Warnung, vorsichtig zu sein, obwohl die Klauen und Augen verschwunden waren.

DIE WELT DER NATUR
PHANTASIE- & FABELWESEN
KUNST & WISSENSCHAFT
MENSCHLICHER KÖRPER
GEBÄUDE & INNENRÄUME
ALLTÄGLICHE DINGE
GEFÜHLSLEBEN
TÄTIGKEITEN
BEFINDLICHKEITEN
RITUALE & RELIGION
THEASAURUS DER TRÄUME

EMOTION

Bei jeder Traumdeutung muß man das emotionale Klima des Traums berücksichtigen. Wenn ein Traumsymbol ein ganzes Bündel Emotionen auslöst, ist das ein Hinweis darauf, daß wir im realen Leben bestimmten Emotionen ihren Lauf lassen oder aber sie im Zaum halten müssen.

GÄHNEN
LANGEWEILE

Manchmal ist der Inhalt eines Traums klar, zutreffend und leicht verständlich – ein Traum vom **GÄHNEN** beispielsweise als direkter Hinweis auf Übermüdung oder **LANGEWEILE** im Wachleben. Die Botschaft, richtig verstanden und befolgt, sollte zu Gegenmaßnahmen führen, zumal ein solcher Traum Ihr gegenwärtiges Leben auf den Punkt bringen dürfte.

TRAURIGKEIT

Es kommt vor, daß man aus einem Traum mit einem überwältigenden Gefühl von **TRAURIGKEIT** erwacht. Oft wird man sich gar nicht an das konkrete Traumgeschehen erinnern können, das diese Traurigkeit verursachte, aber ein andermal können auch sehr kräftige Symbole in solchen Träumen auftauchen, etwa der Tod eines Freundes oder der Widerhall einer nationalen oder internationalen Tragödie. Trotzdem wird der wahre Grund der dadurch ausgelösten Betrübnis in der Regel eine starke Reaktion auf persönliche Erlebnisse sein. Wiederholt sich der Traum, dann empfiehlt sich die professionelle Beratung, speziell, wenn Sie sich allgemein deprimiert fühlen.

TAUB
BLIND
92

Träumt man, daß man **TAUB** ist oder **BLIND**, so sagt dies vermutlich nichts über physische Gebrechen aus. Naheliegender ist, daß etwas oder jemand bei Ihnen auf „taube Ohren" stößt und daß Sie „blind" sind gegen das, was sich um Sie herum tut. Solche Träume sind als Mahnung zu verstehen, eine Haltung zu ändern, oder als Vorankündigung tatsächlicher Seh- oder Hörbeschwerden. Wenn Sie auch nur einen Verdacht haben, daß letzteres zutrifft, sollten Sie sich untersuchen lassen. Andererseits muß gesagt werden, daß solche konkreten Traumbedeutungen – ebenso wie die von Tod oder Sterben *(s. S. 86)* – doch selten sind.

TRAUMANALYSE

„Ich erwachte tränengebadet, aber überraschenderweise trotzdem glücklich. Im Traum hatte ich eine ganz wunderschöne Aufführung von Tosca *gesehen. Bühnenbild und Gesang waren einfach perfekt. Der Tenor Cavaradossi kam sogar von der Bühne herunter und umarmte mich, kehrte dann aber gleich wieder auf die Bühne zurück."*

Dieser Traum faßte Ruths gesamte gegenwärtige Situation zusammen. Sie war gerade von ihrem Mann getrennt worden, der eine bedeutende Stellung bei einem emporstrebenden Konzern in Italien angetreten hatte. Während sie einesteils traurig über die Trennung war, wußte sie gleichzeitig, daß dies mit großartigen Aspekten für ihre gemeinsame Zukunft verbunden war.

LACHEN
SCHERZ/WITZ

Erwachen wir mit **LACHEN** aus einem Traum, wird uns häufig bewußt, daß eigentlich ziemlich albern und gar nicht besonders lustig war, worüber wir da lachen. Ein **SCHERZ** oder **WITZ**, der in Ihrem Traum auftaucht, kann jemanden verkörpern, der im Wachleben ein kluger Berater ist. Sind Sie selbst derjenige, der die Witze reißt, dann ist zu prüfen, ob Sie damit jemand Bestimmten aus dem wahren Leben kritisieren oder sich über ihn mokieren; oder ob dies umgekehrt jemand auf Ihre Kosten tut.

KÜHLSCHRANK
TAUEN
EIS
172

Die Empfindung von Hitze oder Kälte im Traum bedeutet (wenn sie nicht direkt und konkret von zuviel oder zuwenig Bedeckung herrührt) die Extreme der Gefühle. Angenommen, es erscheint in Ihrem Traum ein **KÜHLSCHRANK**. Das kann ein Hinweis auf Ihre emotionale Kälte oder sexuelle Frigidität sein. Später können Träume folgen, in denen es **TAUT** – als Kommentar dazu, daß sich Ihre Gefühle allmählich verändern und Sie auf dem Gebiet, das Ihren Kühlschrank-Traum auslöste, alles etwas lockerer angehen. Andererseits kann der Traum die Tatsache reflektieren, daß Sie etwas „auf **EIS**" gelegt haben oder legen wollen, weil es nicht vorangeht damit.

HITZE

Eis bedeutet ja immer auch Wasser *(s. S. 46)*. Die Empfindung von **HITZE** im Traum wiederum ist vermutlich ein Verweis auf Leidenschaft oder ein Projekt oder Thema, das Ihnen viel bedeutet. Aufschlußreich ist, wie Sie Ihre Traum-Hitze unter Kontrolle bringen *(s. Feuer, S. 45)*. Auch Ihre Traum-Stimmung ist wichtig. Waren Sie zornig *(s. S. 123)*?

ZURÜCKWEISUNG

Widerfährt Ihnen im Traum eine **ZURÜCKWEISUNG**, so sollten Sie sorgsam ergründen, was Ihr Wach-Ich zurückweisen sollte. Viel hängt davon ab, wie Sie im Traum empfanden und damit fertig wurden. Ein so bedeutsames Symbol wie dieses erfordert den sorgfältigen Aufbau des Sinngefüges aus den Traumelementen. Ihr Traum kann Ihnen etwa sagen, daß es in Ihrem Leben Dinge gibt, die Sie loswerden müssen. Das können überholte Vorstellungen und Ansichten sein, aber auch alte Gegenstände oder Kleidungsstücke.

SCHÄTZE
HAUSTIER *42*
SPIELZEUG

Wenn Sie im Traum eines Ihrer **SCHÄTZE** oder geliebten **HAUSTIERE** beraubt werden, oder auch nur eines **SPIELZEUGS** aus Ihrer Kindheit, so beutet jemand Ihr Wach-Ich emotional aus. Lieben Sie diese Dinge im Traum sehr, so bedeutet es, daß Ihr Wach-Ich viel zu besitzergreifend ist. Falls Sie im Traum eine Inventur Ihrer Habe machten, stellt Ihnen der Traum Ihre Talente und Ihr Potential vor Augen – mit der Frage, ob Sie Ihre Fähigkeiten voll ausschöpfen bzw. ob Sie geliebten Menschen gegenüber vielleicht zu besitzergreifend sind.

ABSCHIED
FLUCHT

Wenn Sie von **ABSCHIED** oder **FLUCHT** träumen, empfinden Sie entweder große Erleichterung oder Trauer. Doch selbst ein Abschied kann Erleichterung bedeuten – z. B. wenn man eine Arbeit gut erledigt hat. Der Traum kann sich aber auch auf eine Phase Ihres Lebens beziehen, die nun vorüber ist, und beleuchtet Ihre Reaktion darauf. Wovor sind Sie geflohen?

HUNGER *106*

Ein Traum von **HUNGER** kann ein nachdrücklicher Hinweis auf einen Mangel an Liebe und Zuwendung in Ihrem Leben sein. Vielleicht fühlen Sie sich einsam oder empfinden eine gewisse Leere in Ihrem Leben. Das ist besonders wahrscheinlich, wenn Sie erst kürzlich einen Trauerfall oder eine Scheidung erlebt oder das Elternhaus oder sonstige Zuhause verlassen haben.

EXPLOSION *158*
ZÜNDSCHNUR *73*
ZERSTÖRUNG

Sind Sie kürzlich im realen Leben vor entweder Zorn oder Glück „explodiert“, dann ist naheliegend, daß eine **EXPLOSION** im Traum eine ganz direkte Reaktion auf diese Ihre Gefühle ist. Wenn Sie Ärger, Abneigungen oder Eifersucht hingegen in sich hineinfressen, werden Ihre Träume Ihnen sagen, daß es Zeit ist, Ihren wahren Gefühlen unmißverständlich Ausdruck zu verleihen. Haben Sie in Ihrem Traum selbst die **ZÜNDSCHNUR** angebrannt, die die Explosion auslöste und zu **ZERSTÖRUNGEN** führte, dann wollen Sie vermutlich einen negativen Zug Ihres Wach-Ichs auslöschen und durch einen positiven ersetzen.

SONNENUNTERGANG
SONNENAUFGANG

Ein Traum von einem romantischen **SONNENUNTERGANG** – etwa auf einer tropischen Insel –, den Sie mit einem geliebten Menschen erleben, kann ein Wunscherfüllungstraum *(s. S. 150)*, aber auch Ausdruck innerer Zufriedenheit und Befriedigung sein – mit Obertönen von Endgültigkeit. Der Traum von einem **SONNENAUFGANG** hingegen kann sich auf Hoffnung und positive Entwicklungen für die Zukunft beziehen.

DIE WELT DER NATUR

PHANTASIE- & FABELWESEN

KUNST & WISSENSCHAFT

MENSCHLICHER KÖRPER

GEBÄUDE & INNENRÄUME

ALLTÄGLICHE DINGE

DIE WELT DER NATUR
PHANTASIE- & FABELWESEN
KUNST & WISSENSCHAFT
MENSCHLICHER KÖRPER
GEBÄUDE & INNENRÄUME
ALLTÄGLICHE DINGE
GEFÜHLSLEBEN
TÄTIGKEITEN
BEFINDLICHKEITEN
RITUALE & RELIGION
THESAURUS DER TRÄUME

SPIELE

Die meisten Menschen spielen gerne selbst oder sind interessierte, oft sogar begeisterte Zuschauer. Sie bewundern die Leistungen der Spieler, jubeln über Tore oder Punkte und beklatschen ihre Mannschaft. Träume sind selbst große Spieler und benutzen häufig Symbole aus der Welt der Spiele, um ihre Botschaft zu verdeutlichen.

SCHIEDS-RICHTER

Wenn Sie von einem **SCHIEDSRICHTER** träumen, dann bringen Sie eine starke Autoritätsfigur ins Spiel. Der Traum-Schiedsrichter repräsentiert vielleicht jemanden, der die Macht hat, Ihr reales Leben zu beeinflussen oder zu bestimmen, oder er gibt Ihnen Ratschläge, die er auch als Anweisung durchsetzen kann. Ignorierten Sie ihn oder protestierten sogar gegen seine Entscheidungen, so tun Sie gut daran, dies nicht auch im wirklichen Leben so zu machen, sofern Ihr Traum nicht lediglich Ihren Unmut über erhaltene Anweisungen ausdrückt. Doch so simpel sind Träume selten.

BÄLLE/ KUGELN
BILLARD 72
BOWLING/ KEGELN
MURMELN

Träumt ein Mann von einem Spiel, in dem **BÄLLE** oder **KUGELN** die Hauptrolle spielen, dann ist dies meistens eine Botschaft über sexuelle Potenz, aber möglicherweise auch über seine Kraft und seinen Mut. Freilich läßt dieses Symbol noch zahlreiche andere Interpretationen zu. **BILLARD** ist ein Spiel, das viel Geschicklichkeit von den Spielern verlangt. Im Traum bedeutet es die Konzentration auf ein schwieriges Problem oder eine ganze Reihe Probleme. Sollten Sie diese Probleme auf eine ganze bestimmte Weise angehen? Versucht vielleicht jemand, die Problemlösung zu verhindern oder zu hintertreiben? Eines der Spielziele von **BOWLING/KEGELN** ist, dem Gegenspieler möglichst schwierige Konstellationen zu hinterlassen. Traumspiele dieser Art – sowohl komplizierte wie Billard als auch simple wie **MURMELN** – laufen darauf hinaus. Ein Traum von diesem letzteren Kinderspiel allerdings kann ein Hinweis auf Unreife oder Banalitäten in Ihrem Wachverhalten sein.

SPIELPLATZ

Wenn Sie Träume haben, in denen Sie Spiele aus Ihrer Kindheit spielen, dann hat das vermutlich mit Basisinstinkten zu tun, wie es bei Kindheitsheitsträumen *(s. S. 88)* häufig der Fall ist. Treten in dem Traum auch andere Kinder in Erscheinung, können sie Erwachsene aus Ihrer Umgebung im Wachleben symbolisieren oder aber das Kind in Ihnen. Waren Sie egoistisch, haben Sie geschummelt oder zuviel Lärm gemacht? Alles, was auf dem Traum-**SPIELPLATZ** oder der -straßenecke vorkommt, hat mit großer Wahrscheinlichkeit Parallelen zu Ihrem gegenwärtigen Leben. Im Traum können wir in die Gefühlswelt der Kindheit zurückkehren, da das Kind, das wir einst waren, ja immer in uns vorhanden bleibt.

FUSSBALL
HANDBALL
BASKETBALL
VOLLEYBALL

Träume von Mannschaftsspielen beziehen sich unweigerlich auf unser Verhältnis zu den „Mannschaften“, denen wir im realen Leben angehören – am Arbeitsplatz, in der Familie. Alles, was in einem **FUSSBALL-, HANDBALL-, BASKETBALL-, VOLLEYBALL-** oder sonst einem Mannschaftsspiel passiert, ist ein Hinweis auf Ihre Team-Partner im Leben. Eifersüchteleien, Neid, Enttäuschungen, aber auch Freundschaft und Freude des Traums haben ihre Parallelen im Leben, nur wird der Traum sie nicht in dieser direkten Form vorführen, sondern eher die Ursachen dafür. Haben Sie im Traum ein Tor geschossen oder vielleicht sogar ein Eigentor? Haben Sie ein Foul begangen?

TORWART
SCHIEDS-RICHTER
TENNIS
GOLF

Auch die anderen Beteiligten in Ihrem Traum sollten Sie sich näher betrachten. Beim Fußball oder Handball mag der **TORWART** jemanden verkörpern, der Sie an etwas Bestimmtem hindern will, und auch der **SCHIEDSRICHTER** *(s. S. 132)* wird seine Rolle spielen. **TENNIS** – üblicherweise von zwei Einzelspielern gespielt – ist im Traum speziell wegen der Person des Spielgegners von Bedeutung: Wer ist es, oder wen verkörpert er oder sie? Es ist im Traum auch möglich, daß die Spielgegner zwei Seiten des eigenen Wesens repräsentieren bzw. die verschiedenen Argumente, mit denen man sich in einer bestimmten Sache herumschlägt. Ähnliches gilt für einen **GOLF**-Traum, bei dem zusätzlich der Geschicklichkeitsgrad eine Rolle spielt. Bei jedem Traum von einem Spiel ist auch das Spielergebnis von Bedeutung. Haben Sie geschummelt? Das kann besagen, daß bei dem Spiel, das Sie im Leben spielen, das Risiko von Fehleinschätzungen besteht.

TRAUMANALYSE

„Ich übte an einem Billardtisch, als die Bälle sich plötzlich in Fußballspieler verwandelten und ich ihrem Spiel von der Mitteltribüne aus zusah. Anstelle der Tore blieben aber die Lochtaschen des Billards an den Ecken des Fußballfelds. Dann fand ich mich plötzlich mit im Spiel als Schiedsrichter. Ich zeigte mehreren Spielern die rote Karte, und sie mußten in die Ecklochtaschen. Als ich dort nachsah, hatten die Taschen gar keinen Boden, die Spieler waren einfach durchgefallen und verschwunden. Ich zeigte daraufhin keine roten Karten mehr und ermahnte die Spieler nur noch, sich anständig zu benehmen. Das Publikum jubelte mir dafür einmütig zu.“

Martin bemühte sich sehr, die Abteilung, die er in seiner Firma leitete, unter Kontrolle zu haben. Mit einem seiner Mitarbeiter hatte er besondere Schwierigkeiten; er beschwerte sich ständig und warf ihm Autoritätsmißbrauch vor. Seine immer wiederkehrende Redensart war: „Sie haben uns doch alle in der Tasche.“ Martin berührte dieser Vorwurf stark, zumal er ihn nicht verstehen konnte. Sein Traum gab ihm zu verstehen, er solle seine Autorität nicht so strapazieren und seine Kollegen eher zu überzeugen versuchen statt ihnen nur Vorschriften zu machen.

SCHACH
BRIDGE
KREUZWORT-RÄTSEL
173

Träume von Spielen, bei denen es mehr auf Denkqualitäten ankommt, wie etwa **SCHACH** oder **BRIDGE**, können sich auf Ihr intellektuelles Leben – Ihre Denkgewohnheiten, auf Ihre Ansichten und speziell auf konkrete komplexe Pläne (womöglich solche, in denen Sie es mit gewichtigen Konkurrenten zu tun haben, sei es beruflich-geschäftlich oder privat-emotional) – beziehen. Die Identität Ihres Gegners oder Konkurrenten und die Art, wie Sie miteinander umgehen, ist dabei von Bedeutung. Bei einem Traum, in dem Sie ein **KREUZWORTRÄTSEL** lösen, sind die Suchprozesse ebenso wichtig wie die gesuchten Wörter.

DARTS
PFEILE
72, 118, 127

In einem Traum, in dem Sie **DARTS** spielen, wird das Schwergewicht auf den Dart-Pfeilen liegen. Er mag eine Ähnlichkeit mit dem **PFEILE**-Traum haben, und dies hat (mit dem Ehrgeiz zu tun, zu treffen/ zu „punkten“ = zum Ziel zu gelangen) starke sexuelle Bezüge. Andere Hinweise in einem solchen Traum erklären sich in aller Regel selbst: Wer war Ihr Gegenspieler/Konkur-rent (Rivale), wer gewann, welche Farbe hatte die Dartscheibe, wie hoch haben Sie gepunktet, waren Zuschauer anwesend?

KEGELSPIEL

Ziel im **KEGELSPIEL** ist das Umwerfen möglichst vieler Kegel. Ein Traum von einem Kegelspiel kann sich deshalb um Ehrgeiz drehen.

DIE WELT DER NATUR
PHANTASIE- & FABELWESEN
KUNST & WISSENSCHAFT
MENSCHLICHER KÖRPER
GEBÄUDE & INNENRÄUME
ALLTÄGLICHE DINGE
GEFÜHLSLEBEN
TÄTIGKEITEN
BEFINDLICHKEITEN
RITUALE & RELIGION
THESAURUS DER TRÄUME

SPORT

Träume von Sport und Spiel (s. S. 132) *enthalten Aussagen zu unserem ganzen Lebensstil und unserem Verhalten gegenüber Herausforderungen. Wie alle Traumsymbole bieten sie viele Möglichkeiten an, zielen aber in der Regel auf die Stärkung unseres Selbstvertrauens ab.*

Sport erfordert Geschicklichkeit, Planung, Vorsicht und körperliche und mentale Energie. Für jeden sportlichen Erfolg ist auch die Motivation ausschlaggebend. Entsprechende Träume betonen diese Erfordernisse deshalb auch besonders, und sie können als Aufforderung verstanden werden, sie weiter zu entwickeln und zu fördern, um erfolgreicher zu werden.

BOXEN
RINGEN *178*
KARATE
JUDO
LEICHTATHLETIK
HOCHSPRUNG *148*
WETTLAUF *140*

Wenn Sie selbst nicht **BOXEN, RINGEN, KARATE** und **JUDO** betreiben, sondern nur davon träumen, dann sehen Sie sich im beruflichen oder privaten Leben wohl verschiedenen Gegnern gegenüber. Wie gut Sie im Traum mit diesen fertig werden, zeigt, wie Ihr Wach-Ich weiterkommt. Vielleicht „ringen" Sie mit einem besonderen Problem, oder Sie versuchen sich „durchzuboxen" etc.

Vielleicht aber lenkt der Traum Ihre Aufmerksamkeit auf einen viel tiefer sitzenden Zorn, den Sie abreagieren müssen. Hat er mit Karate oder Judo zu tun, könnte Ihr Problem intellektuelle Bezüge haben: Bemühen Sie sich, im realen Wachleben Ihre Rivalen auszutricksen? Wenn Sie im Traum Sieger im **HOCHSPRUNG** oder **WETTLAUF** waren, dann läßt sich das als positiver Kommentar zu Ihrem Ehrgeiz im wirklichen Leben deuten.

EISLAUF *145, 148*
RADFAHREN
RENNEN *140*

Wenn Sie sich im Traum perfekt **EISLAUFEN** oder **RADFAHREN** sahen, dann waren Sie vermutlich in Hochstimmung und sind auch für Ihre Zukunft enthusiastisch und hoffnungsvoll. Wenn Sie in Schlaglöcher oder über Huckel gefahren sind, dann stehen diese für Probleme Ihres Wach-Ichs. Sind Sie einfach darüber weggefahren? Dann ignorieren Sie im wirklichen Leben offenbar Schwierigkeiten. Sind Sie im Traum ein **RENNEN** gefahren, und haben Sie gewonnen? Vielleicht deutet das Wege an, wie Sie Ihre Erfolge im richtigen Leben verbessern können.

REISEN

Reisen ist häufig eine Flucht vor den Realitäten des täglichen Lebens mit dem Ziel, Körper und Geist zu erfrischen. Wir sprechen gern von unserem „Traumurlaub" und arbeiten hart dafür. Wir können uns aber auch an exotische Orte „tagträumen" und zu Hause im Sessel „traumreisen".

AUTO *116, 135, 162*

Ihr Reisetraum kann viel aussagen. War die Straße gut und die Sicht klar und weit? Dann scheinen Sie Ihr Leben gut im Griff zu haben und Fortschritte zu machen. Welche Art Landschaft lag an Ihrem Weg *(s. S. 58)*? Wie war das Wetter *(s. S. 49)*? Wenn Sie in Ihrem eigenen **AUTO** reisten, kann der Traum sexuelle Bezüge haben, besonders wenn Sie ein Mann sind. Wenn andererseits der

AUSLAND *58, 121*
URLAUB

Traum vage und nur verschwommen war und Sie eigentlich nur das Bewußtsein hatten, die Reise sei einfach nötig, sollten Sie prüfen, ob Sie den Wunsch haben, weiterzukommen. Vielleicht brauchen Sie eine berufliche Veränderung, einen Schlußstrich unter Ihre Beziehung oder deren Stabilisierung. Suchen Sie nach intellektuellen Herausforderungen? Möchten Sie eine weitere

Fremdsprache lernen (vor allem, wenn Sie ins **AUSLAND** reisen)? Waren Sie auf Ihrer Reise in **URLAUB**, sollten Sie ernsthaft überlegen, ob Sie nicht tatsächlich einen solchen brauchen.

REISEPASS
GRENZE

Spielt ihr **REISEPASS** in Ihrem Traum eine Rolle, so ist das ein Signal Ihres Unterbewußtseins, daß Sie „freie Fahrt" für ein Projekt in der Wirklichkeit haben. Haben Sie im Traum den Reisepaß aber verloren oder war er abgelaufen, sind Sie für eine bestimmte Unternehmung oder Entscheidung noch nicht bereit oder soweit. Dasselbe gilt, wenn Sie in Ihrem Traum eine **GRENZE** ungehindert passieren können. Werden Sie hingegen nicht durchgelassen, müssen Sie überlegen, wer oder was Sie in Ihrem Leben behindert oder zurückhält.

ATLAS
LANDKARTE

Taucht ein **ATLAS** oder eine **LANDKARTE** im Traum auf, so liegt die Vermutung nahe, daß Sie nach einem Weg suchen oder einen gezeigt bekommen. Sie sollten sich selbst erforschen, ob Sie im Wachleben einen guten Richtungssinn haben. Waren in Ihrem Traumfahrzeug *(s. S. 116)* die Geschwindigkeit und die Fahrtrichtung wichtiger als das Fahrzeug selbst?

FLUGZEUG
162
AUTO
116, 134, 162
ZUG
117, 121
FLUGHAFEN
BAHNHOF

Waren Sie im Traum dabei, ein **FLUGZEUG** zu besteigen, oder wollten Sie gerade Ihr **AUTO** starten? Dann signalisiert dies, daß Ihr Wach-Ich bereit ist, ein neues Projekt anzugehen. Saßen Sie in einem gerade aus einem Bahnhof fahrenden **ZUG**, ist das ein ähnliches Symbol. War dieser Zug sehr lang, gibt es eine lange Kette von Ereignissen oder Aufgaben, die Sie im Leben gerade hinter sich lassen. Ein Traum, in dem man sich auf einem **FLUGHAFEN** oder **BAHNHOF** befindet, kann ein Hinweis darauf sein, wie sicher Sie sich am Beginn einer neuen Situation oder eines neues Projekts fühlen und welche Erwartungen Sie damit verknüpfen.

ABENTEUER

Erleben Sie im Traum ein Abenteuer, kann dies eine Widerspiegelung Ihres in letzter Zeit tatsächlich abenteuerlicher gewordenen Lebens sein. Ihre Stimmung und Ihre Emotionen im Traum sind dabei besonders aufschlußreich.

Ein allgemeines Gefühl von Gefahr *(s. S. 158)* im Traum läßt sich als Warnung deuten. Im wirklichen Leben sind Sie vermutlich ein großes Risiko eingegangen. Genossen Sie die Gefahr?

HELD
65
HELDIN

War der **HELD** oder die **HELDIN** Ihres Traums jemand, den Sie auch selbst bewundern, dann macht Ihnen Ihr Traum wahrscheinlich hinterher noch Freude. Dies trifft besonders zu, wenn Sie sich zu dieser Person persönlich hingezogen fühlen und mit ihr im Traum Sex hatten. Freilich ist diese Art Traum nicht wirklich als Vorhersage oder Prophezeiung anzusehen. Hat der Held oder die Heldin Ratschläge gegeben oder Warnungen ausgesprochen? Auch welche Eigenschaften Sie an ihm/ihr schätzen, ist von Bedeutung, und ob Sie diese selbst aufweisen. Waren Sie selbst der Traumheld/die Traumheldin, so sind Sie wahrscheinlich erfolgreicher, als Ihnen selbst bewußt ist. Träume dieser Art stärken das Selbstvertrauen und geben wertvolle Anregungen.

SPRUNG
148
FALL/STURZ
147
BUNGEE-JUMPING

Sie träumen vielleicht von einem **SPRUNG**, den Sie machen. Verwechseln Sie dies nicht mit einem **FALL** oder **STURZ**! Es kann sein, daß Sie dabei sind, auch im Leben einen Sprung nach vorne zu machen, den der Traum nachvollzieht. Vielleicht haben Sie in Ihrem Traum sogar einen **BUNGEE-JUMP** unternommen. Wenn Sie dabei volles Vertrauen in das Seil hatten, sagt Ihnen dies, daß in Ihren tatsächlichen Unternehmungen alles gutgeht. Oder hatten Sie Angst? Und war es dabei dunkel? Wenn ja, stellt dies eine Warnung dar; dann sollten Sie Ihre gegenwärtige Lebenssituation noch einmal überdenken und herausfinden, ob Sie in Ihrem Traum nicht zu vertrauensvoll und zuversichtlich waren. Haben Sie sich auch wirklich gut umgesehen, bevor Sie gesprungen sind?

ESKAPISMUS

Reisen ist eine Form von Eskapismus (= Flucht vor der Wirklichkeit in eine Scheinwelt), aber es gibt noch viele andere. Manche Arten von Realitätsflucht können Ihre Gesundheit ruinieren, ja sogar das Leben kosten: Zigaretten beispielsweise. Harmlose Formen dagegen sind z. B., ins Kino zu gehen oder gefühlsselige Bücher zu lesen.

ZIGARETTEN
94
ZIGARREN

Bedeutungsschwere Symbolhandlungen mit kaum verhüllten sexuellen Bezügen waren in der ersten Hälfte des 20. Jahrhunderts, daß Paare einander gegenseitig die Zigaretten anzündeten, oder die dicke Zigarre, die zum Symbol von Wirtschaftswachstum und Wohlstand wurde. Inzwischen wissen wir nur zu gut, wie sehr Rauchen die Gesundheit schädigt. Träume von **ZIGARETTEN** sind deswegen heute eher Appelle unseres Unterbewußtseins, das Rauchen endlich sein zu lassen. Unsere Träume wissen meistens besser als unser waches Bewußtsein, was gut ist. Eine Traum-**ZIGARRE** symbolisiert meistens jemanden aus Ihrem realen Leben, der wohlhabend und protzig ist, vielleicht auch selbstherrlich. Aber vielleicht reflektiert sie auch nur Ihr eigenes Verhalten?

Die Welt der Natur
Phantasie- & Fabelwesen
Kunst & Wissenschaft
Menschlicher Körper
Gebäude & Innenräume
Alltägliche Dinge
Gefühlsleben
Tätigkeiten
Befindlichkeiten
Rituale & Religion
Thesaurus der Träume

DROGEN
SUCHT
HALLUZINATIONEN
ÜBERDOSIS

Wenn Sie **DROGEN** nehmen, selbst ärztlich verschriebene, oder vor dem Schlafengehen Alkohol trinken, vermindert sich der Anteil der „Traumzeit" an der reinen Schlafenszeit beträchtlich. Es reduziert auch die „Hilfe", die Ihnen Ihre Träume geben können. Träumen Sie aber, daß Sie einer **SUCHT** verfallen sind, ist das eine Warnung Ihres Unterbewußtseins, daß Sie Gefahr laufen, den Kontakt zur Realität zu verlieren. Im Wachleben entwickeln sich manchmal harmlosere Dinge zu einer Sucht – z. B. die Arbeit bei den „Workaholics". Alle Träume sind in gewissem Sinn **HALLUZINATIONEN**, doch wenn Sie von Halluzinationen träumen, kann das bedeuten, daß Ihr Wach-Ich den Bezug zur Wirklichkeit verliert. Ein Traum von einer **ÜBERDOSIS** schließlich verweist darauf, daß Sie auch im realen Leben eine „Überdosis" nehmen: indem Sie jemanden zu oft sehen oder zu besitzergreifend sind.

KINO
76

KINO ist die populärste Form des Eskapismus. Ein Traum, daß man ins Kino geht, kann deshalb ähnliche Symbole wie Kommunikationsträume *(s. S. 137)* enthalten. Die Filmbilder, die Ihr Unterbewußtsein in Ihren Traum einspeist, sind keineswegs nur zufällig da, weil Sie sie gerade in einem Film sahen. Ist es ein Liebesfilm, so sollten Sie über Ihr Privatleben nachdenken. Enthält er weder Romantik noch Farbe, und langweilt er Sie oder macht Sie unruhig? (Einen Farbfilm in Schwarzweiß sehen, bedeutet genau dies!) Dann sollten Sie alles in Ihrer Macht Stehende tun, Ihre Situation zu ändern, oder Ihre Träume um Anregungen dafür bitten *(s. S. 33)*.

KOMMUNIKATION

Kommunikation ist die Basis allen Träumens, weil Träume ja nichts anderes sind als Botschaften von uns selbst an uns selbst. Wenn dies in deutlich erkennbarer Form geschieht, zeigt dies, daß unser Unterbewußtsein sich bemüht, seine Botschaft auf eine Art mitzuteilen, die es uns leichtmacht, sie zu verstehen.

POST
BRIEF

In einem Traum ist von Bedeutung, wie Sie auf Ihre **POST** oder einen **BRIEF** reagierten. Sie haben den Brief vielleicht entdeckt und entweder erleichtert aufgeatmet oder aber frustriert oder verärgert aufgenommen. Wie Sie den Traum-Brief öffneten, beschreibt bereits Ihre Reaktion: Geschah es hastig oder sorgfältig, oder legten Sie ihn zunächst beiseite und wollten ihn vorerst gar nicht öffnen? Ihr Traum hat Ihnen so deutlich klargemacht, daß es etwas in Ihrem Leben gibt, was Ihrer Aufmerksamkeit bedarf. Haben Sie den Brief beiseite gelegt, heißt das, Sie fühlen sich Ihrem Problem nicht gewachsen. Andere Symbole in diesem Traum können zu einer Entscheidung beitragen. Es kann sein, daß Sie im wirklichen Leben auf das Resultat eines Examens oder einer Bewerbung warten. Erhalten Sie im Traum die erhoffte Antwort, gibt es zwei mögliche Interpretationen dafür: Ihr Traum kann reine Wunschtraumerfüllung *(s. S. 150)* sein oder Ihnen Zuversicht einflößen, wenn Sie überzeugt davon sind, Ihr Bestes gegeben zu haben. Schreiben Sie im Traum selbst einen Brief, dann ist das ein Hinweis darauf, daß Sie mit jemandem in Kontakt treten möchten.

Gebäude & Innenräume
Alltägliche Dinge
Gefühlsleben
Tätigkeiten
Befindlichkeiten
Rituale & Religion
Thesaurus der Träume

FAKSIMILE
TELEGRAMM
FAX

Der Erhalt eines **FAKSIMILE**, eines **TELEGRAMMS** oder eines **FAX** im Traum bedeutet: DRINGEND! und zwar mit der Tendenz, daß Sie etwas bewegt, das unbedingt rascher Erledigung oder Abhilfe bedarf. Der Inhalt der Korrespondenz mag ganz ohne Zusammenhang zu Ihrem tatsächlichen Problem sein und in seiner einfachsten Form einfach nur eine Aufforderung darstellen, daß Sie endlich etwas tun oder sich entscheiden. Es ist ein Unterschied zwischen einem „altmodischen" Telegramm und einer modernen Fax-Nachricht. Was von beiden in Ihrem Traum auftaucht, hängt vielleicht auch mit Ihrem Alter und Ihrer Generation zusammen. Sind Sie schon älter und haben unangenehme Erinnerungen an Telegramme, die Sie bekamen, dann sollten Sie einem Traum-Telegramm nicht übermäßig viel Bedeutung beimessen.

BEGRÜSSUNG
HANDSCHLAG

Wenn Sie im Traum jemanden begrüßen oder von jemandem begrüßt werden, und Ihnen diese **BEGRÜSSUNG** angenehm ist und die Begegnung Ihnen Freude macht, dann bestätigt Ihr Traum Ihnen damit, daß Sie aufgeschlossen, vorurteilslos und bereit sind, neue Projekte anzugehen oder neue Herausforderungen anzunehmen. Wenn Sie abweisend waren, müssen Sie sich fragen, ob Sie einem Problem ausweichen. Ein Traum von einem **HANDSCHLAG** kann ähnliches aussagen, dabei ist aber die Stärke des Händedrucks mit ausschlaggebend. War er schlaff und schwach, sind Sie vielleicht Ihrer eigenen Meinung nach ohne rechte Begeisterung oder überhaupt nur halbherzig bei der Sache, um die es geht. War der Händedruck aber fest und herzlich, dann ist Ihre Haltung ausgeglichen; war er so kräftig, daß es fast weh tat, könnten Sie sich unter starkem, schwer erträglichem Druck fühlen.

FREMDSPRACHE
173
MORSEZEICHEN
DOLMETSCHER

Träume, in denen jemand erfolglos versucht, sich mit Ihnen in einer **FREMDSPRACHE** zu unterhalten, oder in denen Sie Nachrichten in unentzifferbaren **MORSEZEICHEN** empfangen, sind komplexe Symbole. Sie müssen Ihre Träume um ein verständliches Symbol bitten *(s. S. 33)*; aber entweder schaffen Sie es nicht, Ihre Gedanken, Ideen und Gefühle anderen verständlich zu machen, oder Sie sind gegenwärtig verwirrt und unsicher. Versuchen Sie, Ihr Problem zu analysieren. Hoffen Sie statt auf Verschlimmerung auf den Beistand Ihrer Träume. Vielleicht war im Traum ja Hilfe zur Hand und ein **DOLMETSCHER** erschien. Dieser würde dann, als positives Symbol, Ihre eigene rationale Seite verkörpern. Hat der Dolmetscher zufriedenstellend für Sie übersetzt?

TELEFON
158

Das **TELEFON** ist das klassische „Botschaften"-Traumsymbol. Wer war am anderen Ende der Leitung? Was bedeutet diese Person für Sie, und wofür steht sie in Ihrem Wachleben? Waren Sie selbst der Anrufer, dann wird sich Ihr Traum auf eine Mitteilung konzentrieren, die Ihr Wach-Leben jemandem übermitteln möchte. Sie müssen nachforschen, was für eine Mitteilung dies ist und an wen sie sich richten soll. Hatten Sie im Traum große Schwierigkeiten, zu der gewählten Nummer durchzukommen, dann ist Ihr Wach-Ich vermutlich bereits stark frustriert. Ihr Traumtelefonat kann ein Hilferuf gewesen sein.

INTERVIEW

Ein **INTERVIEW**, das Sie im Traum führten oder gaben, bedeutet, daß Sie sich nach Ihren Motiven, Handlungen oder anstehenden Entscheidungen fragen. Haben Sie im Traum bereits das Resultat des Interviews erfahren, dann können Sie dies als Bestätigung dafür nehmen, wie erfolgreich Sie im Leben Probleme lösen und Entscheidungen treffen. Steht Ihnen ein wirkliches Interview bevor, dann war Ihr Interview-Traum eine Stärkung Ihres Selbstbewußtseins dafür oder aber eine Warnung vor den möglichen Folgen.

NACHRICHT
MITTEILUNG
ANZEIGE

Wenn Sie träumen, daß Sie eine **NACHRICHT** oder eine **ANZEIGE** erhalten haben, bedeutet dies, daß Sie von etwas im Leben gefälligst „Notiz nehmen" sollen. Der Traum kann andeuten, daß Sie nicht so aufmerksam sind, wie Sie sein sollten. War die Mitteilung hingegen spiritueller oder religiöser Natur, müssen Sie bedenken, daß Träume immer Botschaften von uns selbst an uns selbst sind. Kommt in diesem Traum auch noch irgendeine Art Gottheit vor, so repräsen-

REZEPT tiert er Autorität, die Teil Ihres eigenen Wesens sein kann, aber auch jemand, der in Wirklichkeit starken Einfluß auf Sie ausübt. Träumen Sie von einem **REZEPT**, das Ihnen der Arzt gab, dann kann das ein Rat sein, wie Sie eine spezielle Situation korrigieren oder beeinflussen können.

GESPRÄCHE
REDE
STAMMELN/ STOTTERN

Führten Sie im Traum über etwas **GESPRÄCHE** oder hielten Sie eine **REDE**, sagt das viel darüber aus, daß Sie auch im Wachleben Ihre Ansichten gern äußern. Wie diese Äußerungen aufgenommen wurden, ist ein Hinweis darauf, ob Sie damit auch etwas ausrichten. Fangen Sie im Traum zu **STAMMELN** und **STOTTERN** an, dann sind Sie vermutlich im Zweifel über anstehende

UNTER-BRECHEN

Entscheidungen oder Handlungen. Redeten Sie hingegen zuviel, gibt der Traum Ihnen damit einen entsprechenden Wink. Am wahrscheinlichsten ist dies, wenn Sie von anderen Traummitgliedern dabei **UNTERBROCHEN** worden sind.

BESUCHER

Der Tatsache, daß Sie davon träumen, **BESUCH** zu bekommen, sollten Sie großes Augenmerk widmen. War der Besucher ein Fremder oder jemand, den Sie kennen und bewundern? Im ersteren Fall suchen Sie wahrscheinlich neue Begegnungen oder Abenteuer, im letzteren möchten Sie die bewunderten Eigenschaften oder Fähigkeiten der betreffenden Person gerne auch selbst besitzen.

GLÜCKSSPIEL

Träumen, in denen Sie Ihr Glück am Spieltisch oder beim Pferderennen versuchen oder sonst einfach Risiken eingehen, ist eines gemeinsam: Sie haben ein bestimmtes Ziel im Auge, wissen aber genau, es besteht die Gefahr, es nicht zu erreichen. Dieser Situation entspricht irgend etwas in Ihrem Wachleben.

KARTENSPIEL
AS
ROULETTE
140

Ein Traum, bei dem man Geld einsetzt – z. B. beim **KARTENSPIEL** –, kann etwas mit Ihrer aktuellen Gemütsverfassung zu tun haben. Vielleicht ist Ihnen mulmig, weil Sie im Leben zuviel Gefühl in jemanden investiert haben, der sich als unzuverlässig erweisen könnte. Haben Sie geträumt, plötzlich ein **AS** in der Hand zu halten oder daß beim **ROULETTE** Ihre Zahl fiel? Wer mochte damit gemeint sein? Was für ein As war es? Welche tatsächliche Bedeutung hat die Roulette-Zahl *(s. S. 80)*?

POKER
SPIELCASINO

Wenn Sie im Traum **POKER** spielten, war wohl das Wichtigste dabei, sich nicht in die Karten schauen zu lassen, mit anderen Worten, daß Sie Ihre Gefühle nicht zeigen. Besuchten Sie im Traum ein **SPIELCASINO**, so sind an Ihrer realen Problem- oder Konfliktsituation wahrscheinlich mehrere Leute beteiligt.

Reine Glücksspiele, im Gegensatz zu solchen, die auch ein gewisses Maß an Geschicklichkeit erfordern, beziehen sich im Traum eher auf „Schicksal" als auf den Bereich, den man auch selbst kontrollieren kann.

Die Welt der Natur
Phantasie- & Fabelwesen
Kunst & Wissenschaft
Menschlicher Körper
Gebäude & Innenräume
Alltägliche Dinge
Gefühlsleben
Tätigkeiten
Befindlichkeiten
Rituale & Religion
Thesaurus der Träume

LOTTERIE
TOMBOLA
LOTTO
ROULETTE
139

Wenn Sie geträumt haben, daß Sie ein **LOTTERIE**- oder **TOMBOLA**-Los kauften oder einen **LOTTO**-Schein ausfüllten, dann ist im Wachleben etwas außer Kontrolle geraten – oder Ihr Traum macht Ihnen klar, daß sich die Folgen des eigenen Handelns nicht immer genau vorhersehen lassen. Es kann auch Wunscherfüllung *(s. S. 150)* mit im Spiel sein. Gewinnt man im Traum beim **ROULETTE**, ist das pures Glück, und ganz unklug wäre es, wollte man etwa auf Traumzahlen hin tatsächlich große Summen wetten oder einsetzen. Kommt in einem Traum ein **WÜRFELSPIEL** vor: Haben Sie vielleicht „mit dem Tod gewürfelt", oder sind Sie risikobereit?

WÜRFEL-SPIEL

PFERDE-WETTE
RENNEN
134
BUCH-MACHER

Verfolgen Sie **PFERDEWETTEN** und **RENNEN** intensiv, ist ein Traum davon oder einem bestimmten Pferd der Mühe wert, näher erkundet zu werden, weil er mit Ihren Wachgefühlen zu tun hat und Ihr Unterbewußtsein bedeutend besser im Erkennen des Siegers ist als Ihr Bewußtsein. Ein **BUCHMACHER** im Traum kann einen wirklichen habgierigen Freund oder Bekannten verkörpern.

VERBRECHEN

Ein Traum, in dem man kriminell handelt – Mord oder nur kleiner Gelegenheitsdiebstahl –, muß sorgfältig ausgedeutet werden. Wer war das Opfer? Rekapitulieren Sie, wie Sie sich im Traum bei der Tat fühlten.

DIEB
EINBRECHER

Waren Sie im Traum ein **DIEB**? Was und von wem haben Sie gestohlen? Da in der Traumwelt nichts so ist, wie es aussieht, kann das Entwendete für etwas Abstraktes stehen. Angenommen, Sie träumen, einem Kollegen Geld gestohlen zu haben. Dahinter kann Neid auf dessen Stellung im Betrieb stecken, vielleicht auch der Wunsch, an ihm vorbei befördert zu werden. Bei einer Frau kann es bedeuten, daß sie die Bestohlene um deren Aussehen beneidet. **EINBRECHER** im Traum können sexuelle Bezüge haben. Ein Mann, der im Traum in die Wohnung einer Frau einbricht, will dort in Wirklichkeit (bewußt oder unbewußt) keine Gegenstände „entwenden", sondern etwas anderes. Ein **WILDERER** wiederum „stiehlt" Lebewesen. Wie beim Einbrecher ist dies als „Eindringen" in die Lebensweise anderer zu verstehen. Waren Sie im Traum **KOMPLIZE** bei einer Straftat, wurde Ihr Wach-Ich vermutlich überredet, jemandem bei etwas zu helfen, von dem Sie wissen, daß es falsch oder nicht korrekt ist.

WILDERER
KOMPLIZE

KRIEG

Menschen, die im Krieg waren, werden später noch lange in ihren Träumen von allem, was sie mitgemacht haben, verfolgt. Aber im Krieg träumen sie von Frieden und Hoffnung. Wer keinen Krieg miterlebte, für den sind Kriegsträume Hinweise auf private „Schlachten" und „Gefechte" mit sich selbst oder anderen.

Aggression, Zorn, Trauer oder Mitleid finden sich als häufigste Elemente in Kriegsträumen. Um welches es sich auch konkret handelt, stets ist es bedeutsam, weil es dokumentiert, welches Gefühl oder welcher Widerstreit im Wachleben diesen Traum ausgelöst hat. Der Schlüssel zum tatsächlichen Anlaß des Traums läßt sich meistens entdecken, z. B. durch Identifizierung der sich gegenüberstehenden **ARMEEN**, der Landschaft *(s. S. 58)* oder der Uniform der **SOLDATEN**. Der Verlauf der **SCHLACHT** (Wer hat gewonnen, wer verloren, welche Manöver gab es, und welche Taktik wurde angewandt?) ist von ebenso großer

ARMEE
SOLDAT
SCHLACHT

REGIMENT
INVASION

Bedeutung für die Nutzanwendung des Traums. Gehörten Sie im Traum einem am Krieg aktiv beteiligten **REGIMENT** an, ist dies eine Chiffre dafür, daß Sicherheit auch in der großen Zahl liegt. Ein Traum von einer **INVASION** bezieht sich darauf, daß sich jemand in Ihre Angelegenheiten einmischt, kann aber auch symbolisch die tätliche oder psychologische eigene Einmischung in den Lebensraum anderer meinen.

GUERILLA
HELM

Sieht man sich im Traum als Teilnehmer einer **GUERILLA**-Truppe, so läßt dies geheime Pläne im Wachleben vermuten, während ein **HELM**, den man trägt, vielleicht zusammen mit weiterer Schutzkleidung den Wunsch nach Deckung und Tarnung in einer bestimmten Sache widerspiegelt *(s. a. Waffen, S. 118)*.

DIENSTLEISTUNG

Noch zu Beginn des 20. Jahrhunderts war es nichts Abfälliges, ein „guter Diener“ zu sein. Heute bezieht sich „gute Dienste leisten“ vor allem auf kommerzielle Dienstleistungen. Ein Traum von Dienstleistungen ist deshalb heute eher Ausdruck der eigenen Selbstdastellung.

BUTLER
KAMMERZOFE
CHAUFFEUR

Ein Traum, in dem man **BUTLER** ist oder **KAMMERZOFE**, legt die Bereitschaft zur Unterordnung nahe, doch ist er auch mit „altmodischen“ Assoziationen verbunden. Erwartet man beruflich von Ihnen gefügige Unterordnung? Fühlen Sie sich als Hausfrau und Mutter eher als „Dienstbolzen“? Ernteten Sie in Ihrem Traum Lob oder Tadel? Freute es Sie, daß Sie zwar den unterwürfigen Dienstboten spielten, in Wirklichkeit aber hinter dem Rücken Ihres Dienstherrn Ränke schmiedeten? Wenn Sie im Traum **CHAUFFEUR** waren, gaben Sie vielleicht einen ganz hervorragenden Fahrer ab. Halten Sie sich auch im wirklichen Leben dafür?

DIENSTMANN

Kommt in Ihrem Traum ein **DIENSTMANN** vor, dann denken Sie einmal über all die Last Ihres Lebens nach. Luden Sie Ihre Bürden auf einen Traum-Dienstmann ab, so wälzen Sie wohl auch sonst Ihre Pflichten gerne auf andere ab. Gaben Sie Ihrem Traum-Dienstmann ein gutes

PORTIER/TÜRSTEHER

Trinkgeld? Ein Traum von einem **PORTIER** oder **TÜRSTEHER** symbolisiert, daß entweder Sie selbst anderen Türen öffnen oder jemand dies für Sie tut.

DER SPIEL-TRAUM

„Ich spielte mit meiner Freundin Mary ein Brettspiel. Ich nahm eine Karte auf, auf der stand: ‚Gehe ins Gefängnis.' Ich war zu diesem Zeitpunkt schon ziemlich frustriert, weil Mary die ganze Zeit gewann. Danach bekam ich die Karte ‚Du darfst aus dem Gefängnis', während Mary auf ein Feld würfelte, auf dem ich ein Hotel hatte, so daß sie mir eine Menge Geld bezahlen mußte. Als sie mir das Spielgeld gab, sagte Sie dazu: ‚Nimm das auch', und überreichte mir eine Karte, auf der stand: ‚Rücke vor auf Weiter.' Danach ging ich plötzlich auf einem schmalen und steilen Weg in einem dichten und feuchten Dschungel. Überall waren Dschungelgeräusche, dichte exotische Vegetation und Bäume. Es war aufregend; trotzdem war ich nervös. Ich hob einen Zweig auf, der aber in meiner Hand zerbrach, während etwas in mir mich aufforderte, mutig zu sein und weiterzugehen, weil ich dann einen herrlichen Blick von der Höhe aus haben würde. Dann befand ich mich oben auf einem großen Berg mit einem weiten Ausblick über ein Tal bis zu einer gewaltigen Felswand, in der einige Leute herumkletterten, sich abseilten und mir quer über das ganze Tal zuriefen: ‚Komm her, mach mit!' Gleich danach war ich bei ihnen, ebenfalls am Abseilen die Klippe hinab, und fühlte mich frei und glücklich. Etwa auf halber Höhe griff ich nach einer Handvoll Zweige. Sie zerbrachen sogleich alle in meiner Hand, was mir aber nun völlig gleichgültig war. Es war ein tolles Erlebnis. Darüber wachte ich auf und verspürte überaus positive Empfindungen über diesen besten Traum, den ich je hatte."

Mary gewinnt beim Spiel

Percy zieht Karte „Du darfst aus dem Gefängnis“

TRAUMDEUTUNG

Percy litt an der Glasknochenkrankheit und war an den Rollstuhl gefesselt. Er war ein talentierter Kalligraph, brach sich aber häufig schon einen Finger, wenn er nur eine Zeichenfeder hielt. Zur Zeit seines Traums war seinem Vater eine neue Stellung in Afrika angeboten worden, doch das Land, um das es sich handelte, besaß sehr mangelhafte medizinische Einrichtungen im Vergleich zu denen in Europa, und außerdem war auch das Klima dort für Percy sehr anstrengend. Da er jedoch erwachsen war, mußte er sich selbst entscheiden.

Mary war Percys Pflegerin, aber auch eine enge Vertraute und Freundin. Das Brettspiel in seinem Traum symbolisierte dieses Dilemma sehr deutlich. Die „Gefängnis“-Karte stand für Percy selbst, der in seinem zerbrechlichen Körper „gefangen“ war. Ihre Aussage bedeutete Bescheidung und Verwehrung, allerdings auch Sicherheit. Daß sein Glück im Spiel wechselte und er die Gelegenheit bekam, aus dem Gefängnis freizukommen und auch gleich auf das „Weiter“-Feld zu rücken, besagte, daß er ein Risiko eingehen sollte. Die abrupte Versetzung in den exotischen Dschungel verschaffte ihm eine Vorstellung, wie er auf sein neues Leben reagieren würde.

Er hatte sich immer schon gewünscht, etwas von der Welt zu sehen, die er bisher nur aus Büchern kannte. Der Umzug war Chance und Herausforderung zugleich, und die meisten Leute rieten ihm dringend davon ab. Und so war er im Traum zugleich aufgeregt, nervös und gehemmt (seine Reaktion auf den gebrochenen Zweig!). Doch er war mutig genug, bis auf die Anhöhe zu steigen und sich sogar zu denen zu gesellen, die sich abseilten. Sein Hochgefühl über das Abseilen und daß ihm die brechenden Zweige nun gleichgültig waren (sie symbolisierten seine zerbrechlichen Knochen), halfen ihm zu der Entscheidung, doch mit nach Afrika zu gehen.

Eines der interessantesten Elemente seines Traums war, daß er auf diesem Dschungelpfad ging: etwas, das er in Wirklichkeit niemals zustande bringen würde. Das Gewirr des Dschungels mit seinen Pflanzen und Geräuschen stellte die Probleme dar, die sich für ihn mit dem Umzug ergaben, waren aber zugleich ein Beweis für seine Unternehmungslust. Und wenn dieser Traum auch sehr viel eskapistische Wunscherfüllungs-Elemente *(s. S. 150)* enthielt, so war er trotzdem ein sehr positives Erlebnis für den Träumer.

AKTIVITÄTEN

Bestimmte Aktivitäten in unserer Traumwelt werfen die Frage auf, ob wir unsere wachen Stunden sinnvoll nutzen. Wir brauchen vielleicht mehr körperliche Bewegung oder müssen uns einer neuen Herausforderung stellen. Vielleicht stellen wir unsere persönlichen Eigenschaften auch zu sehr zur Schau – oder nicht nachdrücklich genug.

KLETTERN
HÜGEL *58*
BERG *58, 172*
GRABEN *48, 114*
AUSGRABEN

Sie haben vielleicht geträumt, daß Sie beim **KLETTERN** auf einem **HÜGEL** oder **BERG** waren. Wie es Ihnen dabei auch erging – ob es einfach oder schwierig war –, der Traum wird ein Sinnbild Ihres Ehrgeizes und Ihrer Fähigkeit sein, sich den Lebensanforderungen zu stellen. Waren Sie im Traum am **GRABEN** oder **AUSGRABEN**, so weist dies darauf hin, daß Sie versuchen, Fakten herauszubekommen oder zu den Wurzeln eines Problems vorzustoßen. Noch bedeutsamer (speziell wenn Sie wiederkehrende Träume mit einem dieser Symbole haben) ist, daß dieser Traum Ihnen rät, an Ihrer Persönlichkeit zu arbeiten und tiefsitzende Probleme zu lösen. Wenn Sie ein solcher Traum wirklich beunruhigt, ist es ratsam, professionelle Hilfe zu suchen.

TRAINING *73*

Wenn Sie träumen, daß Sie körperliche Betätigung und **TRAINING** betreiben, müssen Sie aktiver und energiegeladener werden. Eruieren Sie aber auch, ob das „Training“ Ihres Traums wirklich körperlich gemeint ist oder nicht eher Training des gesunden Menschenverstands, der Zurückhaltung oder des Takts fordert. Wenn Ihnen körperliche Übung aus irgendeinem Grund nicht möglich ist, obwohl Sie es gerne möchten, müssen

GEWICHTE *73*

Sie sich damit bescheiden, daß es sich um einen Wunscherfüllungstraum *(s. S. 150)* handelt. Haben Sie in Ihrem Traum **GEWICHTE** gestemmt, müßten Sie womöglich ab- oder aber zunehmen. In jedem Fall sollten Sie den Traum-Ratschlag ernst nehmen.

REITEN
PFERD *42, 170*
MOTORRAD
FAHRRAD *117*
TIER *121, 127, 155*

Ein Traum vom **REITEN** auf einem **PFERD** kann auch Bezüge zu Ihrem Sexualleben haben. Waren Sie furchtlos und genossen es, wird dies auf eine befriedigende erotische Beziehung hindeuten. Waren Sie hingegen – aus Angst herunterzufallen – angespannt und nervös, so gibt es für Sie auf diesem Gebiet etwas zu verbessern. Vielleicht leiden Sie an Hemmungen oder Schüchternheit oder sind nicht imstande, sich Ihrem Partner voll hinzugeben. Ähnliches gilt für Traum-Fahrten auf einem **MOTORRAD** oder **FAHRRAD.** War es eine holprige oder steile Fahrt bergauf? Das wäre ein Verweis auf Frustrationen und Probleme. Sind Sie im Traum auf einem anderen **TIER** geritten, überlegen Sie, was dieses Tier versinnbildlicht. War es eines aus dem Tierkreis: Stier oder Löwe vielleicht, und kennen Sie jemanden, der unter diesen Sternzeichen geboren ist? Problemloses Reiten oder Fahren besagt, daß Sie auch im Wachleben keine Probleme haben – vorausgesetzt, Sie übertreiben es nicht, „reiten“ auf anderen Menschen herum – oder es reitet jemand auf Ihnen herum.

GEHEN
LAUFEN
JOGGEN

Die Traum-Aktivitäten **GEHEN, LAUFEN** oder **JOGGEN** sind wahrscheinlich alle zusammen Kommentare zu dem Tempo Ihres Lebens-Laufs und wie Sie mit den diversen Aufgaben dabei zurechtkommen. Gehen Sie im Traum nur, dann scheinen Sie sich Ihrer Sache sicher zu sein; alles geht, wie es soll, und Ihre Streßbelastung ist gering. Als Traum-Jogger verläuft Ihr Leben zwar in einem gleichmäßigen Rhythmus, aber bestimmte Aspekte langweilen Sie. Das richtiggehende Laufen im Traum ist ebenfalls ein positives Symbol, vorausgesetzt Sie haben mit den anderen Schritt gehalten. Womöglich stehen Sie aber doch unter mehr Streß, als Ihnen guttut. Sind Sie hinter den anderen zurückgeblieben oder haben erfolglos versucht, einen Wettlauf zu gewinnen, dann müssen Sie einiges ändern, um den Druck zu verringern. Sie sollten diesen Traum also ausdrücklich als Warnung nehmen. Wo übrigens gingen, liefen und joggten Sie? Was/wo war Ihr Ziel, und durch welche Landschaft *(s. S. 58)* führte die Strecke? Wie war das Wetter *(s. S. 49)*? All diese Punkte können Ihnen etwas über das vorherrschende „Klima" in Ihrem Wachleben sagen und Hinweise auf Ihre Projekte und Ihren Erfolg beziehungsweise Mißerfolg geben.

EISLAUFEN *134, 148*
TANZEN *148*

Träume, in denen Sie **TANZEN** oder **EISLAUFEN**, sind normalerweise erfreuliche, und obwohl sie häufig reine Wunscherfüllungsträume *(s. S. 150)* sind, haben sie auch spezielle Bedeutung. Die Symbole in beiden Träumen sind ähnlich und sagen aus, daß Sie sich ganz allgemein Ihres Lebens freuen. Liefen Sie Figuren oder machten Sie Tanzschritte, von denen Sie wissen, daß Sie sie in Wirklichkeit niemals schaffen würden, dann läßt sich dies als Ihre Bereitschaft interpretieren, in irgendeinem Lebensbereich „abzuheben". Dann ist das Symbol dann eng mit dem Traum vom Fliegen *(s. S. 147)* verbunden. Kamen Sie beim Traum-Eislaufen nicht zurecht, sollten Sie überlegen, ob Ihr Wach-Ich vielleicht rücksichtslos oder allzu emotional handelt. Drängt Ihr Traum Sie vielleicht, „die Schlittschuhe anzuziehen" und Ihr Lebenstempo zu erhöhen? Hatten Sie

BALLETT-SCHUHE

BALLETTSCHUHE an, die Sie drückten, dann mag ein körperliches Problem mit Ihren Füßen der Anlaß Ihres Traums sein.

Träume von Spielen *(s. S. 132)* versuchen Ihre Aufmerksamkeit darauf zu lenken, wie Sie im Leben mit Konkurrenten umgehen und ob Sie ein guter oder schlechter Verlierer sind. Haben Sie in Ihrem Traum Ihre Mitspieler unterstützt, oder haben Sie absichtlich, aber doch mit Schuldgefühlen geschummelt? Ihr Traum könnte ein mentales Spiel kommentieren, das Sie in der Realität spielen, um einen Liebespartner zu gewinnen, oder aber er bezieht sich auf Ihr Geschäftsleben und auf Ihr Verhalten gegen Konkurrenten. Regt der Traum vielleicht an, daß Sie Ihr Leben ernster (oder leichter) nehmen sollten, als Sie es tatsächlich tun?

WEBEN
STRICKEN
HÄKELN
NÄHEN

Ein Traum von **WEBEN, STRICKEN, HÄKELN** oder **NÄHEN** kann eine sehr eindringliche Botschaft enthalten und Sie zum Nachdenken veranlassen, ob Sie sich in sehr eintönigen Beschäftigungen gefangen fühlen und vielleicht Ihren Horizont erweitern sollten. Denn obwohl alle diese Handarbeiten sehr befriedigend sein können und auch Kreativität erfordern, verlangen sie andererseits ständige Aufmerksamkeit bis in die Details, und ein Großteil der Arbeit ist Wiederholung der gleichen Handgriffe. Bezieht sich dies auf Ihre tatsächliche Tätigkeit, speziell wenn Sie zu Hause und für die Familie arbeiten? Haben Sie genäht und Stoffteile zusammengefügt, kann sich das auch darauf beziehen, daß Sie dabei sind, verschiedene Teilaspekte Ihres Lebens zusammenzufügen. Drehte sich Ihr Traum um das Weben, war damit etwas gemeint, das Sie gerade planen. Stricken oder Häkeln kann (wie auch bei den anderen Tätigkeiten) symbolisch ähnliches widerspiegeln. Haben Sie vielleicht (im Traum) eine Masche fallen lassen, waren Sie also (in der Realität) taktlos gegen jemanden? Ist Ihnen (im Traum) der Faden gerissen, hatten Sie also (in der Realität) Streit? Ob Sie den Faden wieder zusammenknüpften oder nicht, mag Ihnen Rat geben, ob Sie Ihre realen Differenzen beilegen sollten.

Die Welt der Natur
Phantasie- & Fabelwesen
Kunst & Wissenschaft
Menschlicher Körper
Gebäude & Innenräume
Alltägliche Dinge
Gefühlsleben
Tätigkeiten
Befindlichkeiten
Rituale & Religion
Thesaurus der Träume

REINIGUNG

Daß man sich im Traum heftig und zwanghaft die Hände wäscht, ist nichts Ungewöhnliches. Es ist der Versuch, das Unterbewußtsein von der Erinnerung an eine schwere Sünde oder ein Vergehen zu reinigen.

SCHRUBBEN
FLECKEN

Ein Traum, in dem man sich selbst wäscht, steht in Zusammenhang mit etwas, das uns im Wachleben beunruhigt oder besorgt macht. Je mehr wir uns im Traum **SCHRUBBEN**, desto zwingender/drängender ist der Impuls dazu. Einen **FLECK** von einem Kleidungsstück *(s. S. 84)* abwaschen, hat ähnliche Implikationen. Man muß eruieren, auf welches Problem sich dieses Traumsymbol bezieht. Meistens ist es entweder sofort – oder zumindest über zusätzliche Symbole – erkennbar. Manchmal ist dieser Traum auch eine Aufforderung, gewissenhafter zu sein.

DUSCHE
47
BAD
46
SHAMPOO
HAAR
92, 165
GENITALIEN
92

Bedeutsam ist auch, welcher Körperteil im Traum gereinigt wird. Unter der **DUSCHE** stehen oder in einem **BAD** liegen, bedeutet, daß man ein allumfassendes Problem vor sich hat. Wäscht man das **HAAR** mit **SHAMPOO**, dann bezieht sich das auf die eigenen Gefühle, wäscht man die **GENITALIEN**, schämt man sich einer sexuellen Eskapade oder weiß, daß man sich schämen sollte. Es kann aber auch die Besorgnis um eine Geschlechtskrankheit ausdrücken.

Ein Traum vom Großreinemachen in Ihrem Zuhause *(s. S. 102)* oder auch nur eines einzelnen Raums *(s. S. 103)* kann sich auf einen unbewußten Wunsch beziehen, Ihr Wachleben neu zu ordnen. Sie haben wahrscheinlich die Notwendigkeit erkannt, einigen „Schmutz" oder „Staub" loszuwerden, der Ihre Reaktionen beeinträchtigt oder Ihre Urteilsfähigkeit vernebelt.

WASCHMASCHINE

Vielleicht haben Sie im Traum mit einer **WASCHMASCHINE** zu tun gehabt. Haben Sie lediglich zugesehen, wie die Maschine lief, so kann das ein Gleichnis für die tägliche Routine sein. Ist sie langweilig und ewig gleich? Ähnliches kann es bedeuten, wenn Sie sich im Traum einen Waschmittelwerbespot im Fernsehen ansahen. Es kann Ihren Wunsch nach Verbesserung Ihres Lebensstils signalisieren – vielleicht sogar durch den Kauf einer neuen Waschmaschine.

HEIRAT

Ein Traum von Heirat kann ganz einfach Wunscherfüllungstraum (s. S. 150) *sein. Er kann sich aber auch auf andere Formen von „Vereinigung" beziehen, beispielsweise das Zusammenführen von Ideen, Aktivitäten oder Meinungen.*

VERLOBUNG
EHEMANN/EHEFRAU
90

Die Folklore kennt viele Mittel, um im Traum den zukünftigen Geliebten oder **VERLOBTEN** zu sehen; z. B. wenn man einen bestimmten Gegenstand unter das Kopfkissen legt. Daß dies in aller Regel auch „funktioniert", ist gar nicht so verwunderlich, wenn man sich vor Augen hält, daß das intensive Darandenken kurz vor dem Einschlafen auch wirklich zu dem gewünschten Resultat führt. Der Traum vom zukünftigen **EHEMANN**/der zukünftigen **EHEFRAU** muß jedoch keineswegs buchstäblich zu verstehen sein, sondern kann auch eine ganz andere Zukunftshoffnung ausdrükken. In gleicher Weise kann der Traum, zum **HAHNREI** gemacht zu werden, selbst wenn er auch Ausdruck von Eifersucht ist, einfach nur die Furcht bedeuten, einer Idee beraubt zu werden. Von **FLITTERWOCHEN** träumen, kann den positiven Blick nach vorn ebenso meinen wie die Erinnerung an eine glückliche Zeit. Der Traum von **UNTREUE** hingegen symbolisiert Selbstvorwürfe, einem Ideal oder Prinzip Ihres Lebens untreu geworden zu sein – aber natürlich auch direkt dem Ehepartner.

HAHNREI
FLITTERWOCHEN
151
UNTREUE

Fliegen

Zu den häufigsten Träumen gehören die vom Fliegen. Man weiß von Träumen, die so realistisch wurden, daß die Träumer beim Erwachen Treppen hinabfielen, weil sie sich noch immer der Schwerkraft entrückt fühlten.

Träume vom Fliegen variieren von einem Träumer zum anderen. Gemeinsam scheint ihnen aber allen zu sein, daß nur sehr wenige von langen und sehr hohen Flügen handeln. Viel häufiger ist der Träumer nur zum Schweben einige Meter über dem Boden imstande und etwa 20 bis 100 m weit, in aller Regel als Folge eines Sprungs. Die einfachste Erklärung dafür hat der englische Autor und Sexualwissenschaftler Havelock Ellis in seinem Buch *The World of Dreams (Die Welt der Träume)* geliefert. Er meinte, das simple Ein- und Ausatmen im Schlaf sei für das Traumgefühl des Fliegens ausreichend.

FALLEN
136

Gewisse Parallelen dazu sind Träume vom **FALLEN**, was ganz einfach nur wörtlich dem „in Schlaf fallen" entsprechen kann. Freud vermutete, daß Träume vom Fliegen nichts anderes seien als der Wunsch, zu sexueller Betätigung fähig zu sein. Auch andere Psychologen sind der Meinung, daß Träume vom Fliegen immer mit Sexualität zu tun haben. Aber wie bei allen Träumen können auch bei Flugträumen eine ganze Menge verschiedener Interpretationen zutreffen. Atmosphäre und Umfeld des Traums sind ebenfalls zu beachten. Bemühen Sie sich derzeit vielleicht gerade, sich „über die Dinge/ein Problem zu erheben", streben Sie eine Beförderung oder überhaupt eine Verbesserung Ihres Lebens an? Sind Sie dabei, eine Idee oder generell Ihren Ehrgeiz zu entwickeln? Und wie verlief Ihr Traum-Flug? Stürmisch, dem Glück entgegen, unsteuerbar oder einfach nur „auf und davon"?

Verfolgung

Träume von Verfolgungen sind wie Träume vom Fliegen überaus weit verbreitet. Der Träumer kann dabei auch gelegentlich der Verfolger selbst sein, häufiger aber ist er der Verfolgte – gejagt von (oft nicht identifizierbaren) Feinden oder Ungeheuern.

Es ist wichtig, das Symbol zu identifizieren, das Sie verfolgt, aber denken Sie hier immer wieder daran, daß es nicht ist, was es zu sein scheint. Vielleicht ist es eine Vorstellung oder Furcht, beispielsweise die Furcht vor Arbeitslosigkeit – oder auch ein Liebespartner, sexuelle Unsicherheit, ein Haus oder etwas, das Sie zu kaufen vorhaben. Sie können sowohl der Verfolger als auch der Verfolgte sein – oder sogar beides! –, wenn Ihr Ehrgeiz Sie treibt und den Erfolg sucht. Auch das Gejagtwerden von einem Gefühl ist denkbar, möglicherweise eines, das Sie im Wachleben von sich weisen. Es ist gesagt worden, daß fast jeder Traum dieser Art einen Konflikt meint – und wer oder was Sie verfolgt, etwas ist, mit dem Sie sich unterbewußt identifizieren, selbst wenn Sie es im Bewußtsein verabscheuen. Einen solchen Traum sollte man sich stets näher besehen. Dazu stellt man sich vor dem Schlafengehen die direkte Konfrontation mit dem Verfolger vor und daß man Auskunft verlangt, warum man verfolgt wird.

Die Welt der Natur
Phantasie- & Fabelwesen
Kunst & Wissenschaft
Menschlicher Körper
Gebäude & Innenräume
Alltägliche Dinge
Gefühlsleben
Tätigkeiten
Befindlichkeiten
Rituale & Religion
Thesaurus der Träume

DIE WELT DER NATUR
PHANTASIE- & FABELWESEN
KUNST & WISSENSCHAFT
MENSCHLICHER KÖRPER
GEBÄUDE & INNENRÄUME
ALLTÄGLICHE DINGE
GEFÜHLSLEBEN
TÄTIGKEITEN
BEFINDLICHKEITEN
RITUALE & RELIGION
THESAURUS DER TRÄUME

BEWEGUNG

Es ist wichtig zu wissen, daß uns gewisse Hemmungen von körperlicher Bewegung abhalten, wenn wir von irgendwelchen körperlichen Tätigkeiten träumen; daher haben wir nicht zu befürchten, daß wir beispielsweise aus dem Fenster springen werden, bloß weil wir davon träumten.

REIGEN
WALZER
SPRINGEN
134
HÜPFEN
136
JOGGEN
144
TAUCHEN

Träume von Bewegung haben eine andere Bedeutung als rein körperliche: nämlich z. B., daß man sich in der Realität „weiterbewegen", einen „anderen Weg einschlagen" oder seine Fortschritte „beschleunigen" muß. Im Traum einen **REIGEN** zu tanzen, kann sich auf reine Lebenslust beziehen, ebenso wie **WALZER**-Tanzen, wenn auch die beteiligten Emotionen verschieden sein werden. **SPRINGEN** oder **HÜPFEN** im Traum kann Ehrgeiz symbolisieren. Ein Traum hingegen von gemütlichem **JOGGEN** weist eher auf stetiges Vorwärtskommen ohne übertriebenen Ehrgeiz hin, während vom **TAUCHEN** zu träumen den Wunsch ausdrückt, sich in der Realität „voll auf/in etwas zu werfen". Einen **TRITT** zu versetzen oder zu bekommen, meint, daß etwas Bestimmtes abgelehnt wird. Ist man im Traum in einem **TANZ**- oder **AEROBIC**-Kurs, sollte man vielleicht ein wenig (körperlich) aktiver werden. Träume vom **BALLETT**-Tanzen oder **EISLAUFEN** können Elemente der Wunscherfüllung *(s. S. 150)* enthalten, doch spielt hier auch die Tatsache eine Rolle, daß beides jahrelange hingebungs- und mühevolle Ausbildung und Übung verlangt. Der Traum kann also eine Ermunterung sein, selbst geringe Fähigkeiten und Talenteauf künstlerischem Gebiet zielstrebig weiterzuentwickeln – sofern es sich nicht schlicht um eine Ermahnung zu disziplinierter Arbeit handelt.

TRETEN
TANZ
145
AEROBIC
BALLETT
EISLAUF
134, 145

BERUFE

Ein Traum, in dem das Hauptsymbol der jeweilige Beruf ist, kann ein Kommentar zum eigenen Verhalten sein. Man muß sich dabei jedoch nicht zwangsläufig als Koch oder Friseur sehen, der man im Traum war. Vielmehr gilt es zu erkennen, daß die geträumten Berufe etwas über die eigenen Handlungen und Haltungen aussagen.

SCHAUSPIELER
TÄNZER

Waren Sie im Traum **SCHAUSPIELER** oder **TÄNZER** oder Zuschauer irgendeiner Vorstellung? Dann mag Ihr Traum Wunscherfüllung *(s. S. 150)* sein, besonders wenn Sie sich einmal eine Karriere auf diesem Gebiet vorgestellt hatten. Das Theaterleben ist in Wirklichkeit jedoch nicht glamourös. Es bedeutet vielmehr harte Arbeit und oft lange Zeiten ohne Beschäftigung. Es mag deshalb eine verborgene Botschaft in Ihrem Traum enthalten sein, speziell wenn Sie glauben, Sie arbeiteten zu hart und zu lange für zuwenig Geld.

KAPITÄN
162

Ihr Traum-**KAPITÄN** kann eine Autoritätsfigur Ihres Lebens verkörpern, die womöglich sogar Teil Ihrer selbst ist. Der Kapitän gibt Ihnen vielleicht Anleitung oder Anweisungen; er kann auch einen Bekannten verkörpern, der dieselben Eigenschaften besitzt. Der Traum kann außerdem eine Bestätigung sein, daß Sie den richtigen Kurs steuern. Wichtig ist aber, ob der Kapitän Ihres Traums das Richtige tat oder ob er unentschlossen oder schwach war oder nur herumkommandierte. Vergleichen Sie ihn und sein Handeln mit Ihrem derzeitigen tatsächlichen Verhalten.

KLEMPNER
47

KLEMPNER müssen sich oft mit unappetitlichen Dingen beschäftigen wie mit stark verschmutztem Wasser. Ganz allgemein ist im Traum die Beziehung zwischen Wasser und unseren Emotionen stets von Bedeutung. Haben Sie sich in letzter Zeit in negative Emotionen verbissen, beispielsweise Eifersucht oder Neid? Wenn Ihr Traum-Klempner einen verstopften Abfluß gesäubert hat, könnte sich das auf blockierte Emotionen beziehen, die Sie vielleicht doch „abfließen" lassen sollten. Er könnte auch ein Hinweis sein, die „Tiefen" Ihrer Persönlichkeit zu ergründen.

KOCH
HAUSMEISTER

Wenn in Ihrem Traum ein **KOCH** oder **HAUSMEISTER** vorkommt: Was haben diese „besorgt"? Sind Sie vielleicht ganz übermäßig um den Schutz von jemandem, der Ihnen nahesteht, besorgt? Köche sind sprichwörtlich launenhaft und aufbrausend: Trifft dies etwa auch auf Ihren gegenwärtigen Gemütszustand zu? Sind Sie im Traum der Koch, kann dies bedeuten, daß Sie Liebe und Zuwendung brauchen – oder aber, daß Sie beides großzügiger austeilen sollten. Sind Sie im Traum ein Hausmeister: Denken Sie vielleicht, daß Sie im Wachleben allzu pedantisch sind oder sich zuviel um Ihre Lieben kümmern?

GÄRTNER

Graben, pflanzen, züchten und Unkraut jäten oder Verdorbenes beseitigen sind alles Stichworte, die mit **GÄRTNEREI** zu tun haben. Das Symbol Traumgärtner ist im allgemeinen positiv. Ein solcher Traum bezieht sich wahrscheinlich auf Ihre Hoffnungen, Erwartungen, Ziele und Zukunftspläne. Säen und pflanzen ist ein Bild für das „Aussäen" von Ideen, und das Ernten von Früchten bedeutet gesammelte Erfahrungen. Ein Traum vom Rosenzüchten kann sich auf Ihr Liebes- und Sexualleben beziehen, besonders wenn Sie oder Ihr Traumgärtner dabei Dornenstiche abbekommen.

FISCHER
FISCHE

Nachdem Wasser ein so allgegenwärtiges Symbol für Emotionen ist, liegt es nahe, daß ein Traum mit einem **FISCHER** für Ihre eigene Suche nach einem fehlenden, verlegten oder einfach nicht angemessen genutzten emotionalen Element in Ihrem Leben steht. Hat der Fischer auch **FISCHE** gefangen? Haben Sie diese zurück ins Wasser geworfen (= abgelehnt)? Ist der Fisch entkommen, und wenn ja – besagt dies vielleicht, daß Sie im Wachleben gefühlsmäßig zu passiv sind?

KÜNSTLER
FOTOGRAF
KAMERAMANN

Wenn Sie eine Kamera oder Malfarben besitzen, müssen Sie die praktische Seite eines Traums von einem **KÜNSTLER, FOTOGRAFEN** oder **KAMERAMANN** bedenken. Der Traum kann ganz direkt bedeuten, daß in Ihnen ein Künstler, Fotograf oder Kameramann schlummert, der aktiv werden möchte. Auch wenn Sie selbst glauben – oder andere gesagt haben –, daß Ihr Talent nicht ausreicht, kann Ihr Potential noch unentwickelt sein. Erforschen Sie, was im Traum gemalt, fotografiert oder gefilmt wurde; daraus könnten sich Hinweise ergeben.

MISSIONAR

War Ihr Traum-**MISSIONAR** hilfreich und machte Ihnen Mut, oder brachte es gar nichts? Waren Sie selbst der Missionar, so geben Sie im wirklichen Leben vermutlich wertvolle Ratschläge und spirituelle Führung. Vernachlässigen Sie aber die übrigen Symbole nicht, sie weisen auf zuviel oder zuwenig Eifer hin.

RASIEREN *165*
FRISEUR
KOSMETIKERIN

Bei Männern ist die Abneigung, sich im Traum **RASIEREN** zu lassen, klassischer Ausdruck von Kastrationsangst. Dagegen verbessert ein Besuch beim **FRISEUR** das Aussehen (was vielleicht tatsächlich nötig ist). Sind Sie selbst der Friseur, kommentiert der Traum Ihr autoritäres Verhalten. Vielleicht ist Ihre Position stärker, als Ihnen selbst klar ist. Träumen Sie davon, daß eine **KOSMETIKERIN** Sie behandelte, benötigen Sie mehr Ent-spannung (oder Zuneigung) oder müssen Ihr Image verbessern. Es kann aber auch sein, daß Sie Ihre eigene Erscheinung unterschätzen. Sind Sie selbst die Kosmetikerin, dann ist es denkbar, daß Sie versuchen, jemandem zu helfen, seine Erscheinung zu verbessern oder sein Selbstbewußtsein wiederherzustellen.

VERKÄUFER

Ein Traum, in dem Sie **VERKÄUFER(IN)** waren, kann bedeuten, daß Sie auch im Wachleben etwas „verkaufen" möchten: vielleicht einen Plan, eine Idee, ein Projekt? Oder sich selbst? Kaufen Sie hingegen selbst etwas von dem/der Traum-Verkäufer(in): War diese(r) vertrauenswürdig oder aber gerissen? Versuchen Sie vielleicht, sich Liebe und Zuneigung zu kaufen, oder trennen Sie sich von zuviel oder zu oft? Ist dieser spezielle Traum eine Aussage zu Ihrer emotionellen oder finanziellen Sicherheit? Fühlten Sie sich ausgebeutet, weil Sie im Traum gezwungen waren, wertvollen oder gefühlsträchtigen Besitz zu veräußern? Wenn ja, dann bringen Sie in Ihrem Leben vermutlich zu viele Opfer.

BAUER

Der **BAUER** sät, pflanzt, pflügt, mäht, züchtet, hält aber auch Nutztiere und verkauft sie zum Schlachten. Ihr Landwirts-Traum kann sich auf die lohnende und positive Seite des Bauernlebens beziehen, allerdings auch auf dessen weniger angenehme Seiten. Klären Sie zuallererst, welcher Apsekt in Ihrem Traum überwog. Es könnte sein, daß Sie gerade den Ertrag langer und harter Arbeit „abmähen"/ernten oder die Saat für die Zukunft ausbringen. Haben Sie im Traum ein landwirtschaftliches Fahrzeug gefahren? Für wen in Ihrem richtigen Leben stand es? Vielleicht für einen Mächtigen und Großen, von dem Sie wissen, daß Sie sich gegen ihn behaupten müssen? Waren Sie der Bauer, der über seine Felder hinblickt, kann das Zufriedenheit mit Ihrem Leben ausdrükken. Es ist ein positiver Traum.

Wunscherfüllung

Selbst noch ganz Ehrgeizlose haben ihre Erwartungen, Hoffnungen und Wünsche. Auch wenn sie gelernt haben, sie zu bezähmen, weil sie wissen, daß sie unerfüllbar sind, ändert es nichts daran, daß sie tief verborgen im Inneren weiter vorhanden sind. Zusammen mit weniger bedeutsamen Wünschen erfüllen sie sich in den Träumen.

STRAND *59, 127*
LAGUNE *46*
ADOLESZENZ
WIEGE *88*

Die häufigsten Träume überhaupt sind Ausflüsse unserer bewußten und unbewußten Wünsche. Fühlt man sich müde und erschöpft, träumt man von einem sonnigen Mittelmeer-**STRAND** oder einer stillen **LAGUNE**. Bemüht man sich gerade um eine Person des anderen Geschlechts, dann hat man wahrscheinlich Erfolgsträume. Ist man sich aller Vergänglichkeit sehr bewußt, träumt man leicht von der eigenen Jugend und **ADOLESZENZ**, oder man wünscht sich sogar zurück in die Baby-**WIEGE** und die Windeln. Hat man finanzielle Sorgen, entschädigt einen der Wunsch-Traum durch Bilder von **LUXUS** inmitten von Bergen von **BANKNOTEN**. Aber der Banknotenberg muß nicht nur direkt Bezug zu Ihren augenblicklichen finanziellen Sorgen haben. Er kann auch für sinnliche oder emotionale Entbehrungen stehen. Anders ausgedrückt, sosehr jeder Traum direkte Wünsche projizieren kann, so sehr können seine Bilder auch doppel- bzw mehrdeutig und (gar nicht selten!) „getarnt"/maskiert sein.

LUXUS
BANKNOTEN

BRAUT *177*
BRÄUTIGAM *177*
FLITTERWOCHEN *146*

Zahllos sind die Berichte von jungen Männern und Mädchen, die voneinander als künftige Liebes- und Ehepartner träumen *(s. S. 146)* und davon, als **BRAUT** und **BRÄUTIGAM** gekleidet zum Altar zu schreiten oder in die **FLITTERWOCHEN** zu reisen. Und gar kein Zweifel, daß dies in vielen Fällen Wunscherfüllungsträume sind. Aber es können auch Hinweise darauf sein, daß der Partner Ermunterung und Bestätigung braucht. Ein Flitterwochentraum kann durchaus als reine Vorfreude auf eine schöne Zeit erscheinen, doch ebenso – wenn Sie mit diesem Partner bereits längst zusammenleben – als Mahnung, daß er oder sie einer Versicherung Ihrer Gefühle bedarf.

HAREM
PROSTITUIERTE *169*
GIGOLO *169*

Ein Mann, der träumt, daß er sich in einem **HAREM** oder auch bei einer **PROSTITUIERTEN** befindet, kann damit seinen Wunsch nach größerer sexueller Abwechslung ausgedrückt sehen. Bei einer Frau, die träumt, in einem Harem gefangen zu sein oder der Prostitution nachzugehen, handelt es sich hingegen eher um eine Projektion sexueller Unterjochung als um einen Wunschtraum. Für einen Mann wiederum, der sich im Traum als **GIGOLO** sieht, kann dies Ausdruck geheimer Neigungen sein, Sex als Profittätigkeit zu betreiben – wobei der Profit nicht notwendigerweise in

EINKAUF

direkter Entlohnung bestehen muß, sondern auch emotionaler Natur sein kann. Ein **EINKAUFS**-Bummel im Traum ist entweder Wunscherfüllung, kann jedoch auch bedeuten, daß Sie ahnen, die Erfüllung Ihrer Wünsche werde teurer werden, als Sie denken. Kaufen Sie im Traum Nahrungsmittel, so wollen Sie (ins Wachleben übersetzt) vermutlich jemandes Liebe und Zuneigung kaufen.

TRAUMANALYSE

„Ich tanzte mit meiner Chefin, und dabei regten sich erotische Gefühle. Ich begehrte sie zwar nicht, dachte jedoch, es sei besser, mitzumachen. Sie sagte: ‚Ich weiß, daß ich Ihnen nichts bedeute, aber warum gehen wir nicht ins Bett? Ich kann Sie mir leisten, wie Sie wissen!' Ich antwortete: ‚Ich bin nicht käuflich!' Sie meinte: ‚Wie wäre es mit 10 000 Mark für zehn Minuten?' Aber ich fand sie nur noch häßlich und den Gedanken unerträglich. Darüber erwachte ich."

Dave fühlte sich beruflich nicht mehr wohl, weil eine Frau Leiterin seiner Abteilung geworden war. Er fand sie zwar attraktiv, und sie hatte ihn auch wissen lassen, daß sie seine Unterstützung benötigte, aber er bezweifelte, daß es ihm möglich sein würde, unter ihr zu arbeiten. Insgeheim hatte er sich eine Liebesaffäre mit ihr vorgestellt, deren Folge auch eine gewisse Macht über sie wäre. Doch sein Traum sagte ihm, daß er sich nicht auf diese Weise anbiedern sollte.

EHRGEIZ

Unsere Träume behandeln den Ehrgeiz oft als symbolische Reflexion unseres Strebens. Sie zeigen uns in den Begleitumständen die Art und Weise, wie wir unsere Ziele erreichen. Unsere Träume können uns deshalb anstacheln, noch höher hinaus zu wollen oder uns von unrealistischen Zielen abbringen.

HIMMEL
STERN

Immer schon hat der Mensch nach den Sternen gegriffen – im bildlichen wie direkten Sinn. Ein Traum, in dem man den nächtlichen **HIMMEL** beobachtet und vielleicht sogar eine interplanetare oder selbst interstellare Reise plant, weist darauf hin, daß man den Ehrgeiz hat, es auf seinem Gebiet möglichst weit zu bringen. Träumt man von einem einzelnen hellen **STERN** und dem Versuch, diesen zu erreichen oder einzufangen, so

ASTROLOGIE
MARS *65*
VENUS *64*
MERKUR *65*

verfolgt man wahrscheinlich tatsächlich den Wunsch, jemanden „einzufangen". Fertigt man Himmelskarten an, besagt dies, daß man in der Realität ehrgeizige Ziele verfolgt. Ein Traum von einem speziellen Planeten wird sich auf die **ASTROLOGIE** beziehen: Der **MARS** ermutigt Sie, für Ihre Rechte zu kämpfen, die **VENUS**, sich um Ihre Gefühle zu kümmern, der **MERKUR**, besser mit Ihrer Umwelt zu kommunizieren. Weil

TRAUMANALYSE

„Bei einer Auktion steigerte ich um einen Eiffelturm aus Porzellan mit. Es wurde hoch geboten. Als mir das Geld ausging, bot ich dem Auktionator mein Haus an. Er akzeptierte und gab mir das Stück. Da sah ich, daß dem Turm ein Pfeiler fehlte. Ich protestierte, aber man erklärte mir: ‚Ersteigert ist ersteigert.' Daraufhin warf ich das Stück zu Boden. Es zerbrach nicht. Ein Fremder hob es auf und ging damit weg – zu meiner Freude."

Juliet, Sachbearbeiterin in einem Reisebüro, war sehr ehrgeizig und scharf auf die Übernahme des Pariser Büros. Ihr Traum machte ihr aber klar, daß Sie dieses Ziel viel zu verbissen anstrebte, als daß sie damit Erfolg haben könnte.

die Planeten aber hoch über uns wandern, beziehen sie sich auf Ihre Hoffungen und Ziele – es sei denn, der Planet steht erkennbar für einen Ihrer Bekannten.

WERBUNG

Der Zweck der **WERBUNG** ist, Ihnen etwas zu verkaufen. Ein Traum, in dem Sie von einer Werbung sehr beeindruckt sind oder die Sie sogar selbst entworfen haben, wird Sie an Ihren Ehrgeiz oder an eines Ihrer Ziele erinnern. Dabei ist für die Deutung ganz ausschlaggebend, was sie anpries und zu welchen Bedingungen. War sie klar, gut gestaltet und eindrucksvoll, oder ungeschickt formuliert? Hat im letzteren Fall die Zeit Ihre zunächst lauteren Ziele fragwürdig werden lassen?

FISCHEN *169*
ANGELN

Wenn Sie vom **FISCHEN** oder **ANGELN** träumen: Wonach fischt oder angelt Ihr Wach-Ich gerade? Oder sagt Ihnen der Traum eher, daß äußerste Sorgfalt und Einfallsreichtum nötig sind, wenn Sie Ihre Ziele noch erreichen wollen?

AUKTION *121*

Fand in Ihrem Traum eine **AUKTION** statt, so kann sich das auf Ihren Ehrgeiz beziehen, etwas zu besitzen, und die Hauptfrage ist dabei, um was genau Sie mitgeboten haben – vielleicht um eine berufliche Stellung. Haben Sie zuwenig geboten oder aber mehr, als die Sache tatsächlich wert war? Wenn ja, sollten Sie vermutlich Ihren Ehrgeiz überdenken.

BETRUG

Symbole für Betrug in unseren Träumen sind als Warnungen gedacht. Sie sind nicht immer leicht zu interpretieren, weil wir uns allzu gerne selbst belügen und immer nur die am wenigsten unangenehme Botschaft zur Kenntnis nehmen.

BETRUG

Ob Sie selbst der Betrüger waren oder das Opfer eines **BETRUGS**, Ihr Traum hat Sie jedenfalls gewarnt. Haben Sie z. B. beim Kartenspielen gemogelt, dann sind Sie wissentlich in eine krumme Sache zum Schaden anderer verwickelt. In diesem Fall ist es klug, wenn Sie sich den Traum und seine Botschaft sehr zu Herzen nehmen und möglichst konkrete Konsequenzen daraus ziehen. Aber auch die andere Möglichkeit kann zutreffen: Jemand anders versucht Sie übers Ohr zu hauen.

FÄLSCHUNG
VORSPIEGELUNG

Ein Traum von **FÄLSCHUNG** und **VORSPIEGELUNG** falscher Tatsachen sagt Ihnen, daß Sie sich selbst belügen und zu sein vorgeben, was Sie gar nicht sind. Betrifft die Traum-Fälschung eine Antiquität, dann ist wahrscheinlich etwas gemeint, was die Vergangenheit betrifft. Ist Ihre Traum-Fälschung aufgeflogen, dann ahnen Sie analog die Gefahr, auch in der Realität demnächst entdeckt zu werden. Gibt es etwas, das Sie zu gestehen haben? Sieht man sich im Traum zu einer Fälschung oder Vorspiegelung gezwungen, hat man vermutlich im wirklichen Leben das Gefühl, einer Sache nicht gewachsen zu sein.

TRICK

Wenn Sie in einem Traum einen **TRICK** vorführten, hat dieser dann die Leute beeindruckt, oder ging er schief? Es kann sich um eine Traumwarnung handeln, daß Sie im Wachleben versuchen, allzu clever zu sein, oder auch, daß Sie andere zu manipulieren versuchen.

MACHENSCHAFTEN

Haben Sie im Traum finstere **MACHENSCHAFTEN** ausgeheckt, ein Komplott oder Ränke geschmiedet, dann könnte das auf Vorhaben Ihres Wach-Ichs anspielen. Unterbewußt ist Ihnen klar, daß Sie mehr im Sinn haben, als Sie anderen gegenüber zugeben, und der Traum warnt Sie vor dem Ergebnis Ihrer – vielleicht nicht hasenreinen – Pläne.

GEHEIMNIS Von einem **GEHEIMNIS** träumen, das man mit jemandem teilt, verweist auf persönlichste Gedanken und Verhaltensweisen, von denen man ahnt, daß man sie sorgsam im Auge behalten sollte. Oft verbergen wir ja Dinge vor uns selbst und tun so, als existierten sie gar nicht. Ihr Traum signalisiert Ihnen deshalb, daß Sie einen bestimmten Zug Ihres Charakters im Auge behalten sollten, den Sie sonst verbergen, und daß Sie mehr Geheimniskrämerei betreiben, als Ihnen guttut.

CODE In gewissem Sinne sind alle Träume **CODES**, aber wenn ein Code direkt, als deutliches Symbol, in einem Traum auftaucht, dann hatten Sie vermutlich Mühe, ihn in diesem Traum zu entziffern oder ihn jedenfalls sofort zu verstehen. Im ersteren Falle verwirrt Sie vielleicht ein Problem, eine Person oder ein Aspekt in Ihrem Leben. Brachten Sie es aus übermäßigem Taktgefühl nicht übers Herz, etwas klar und deutlich mitzuteilen, so daß sich nun keiner mehr auskennt? Haben Sie im Traum versucht, eine codierte Nachricht zu lesen *(s. Kommunikation, S. 137)*, dann sind Ihre Träume wahrscheinlich so unklar, daß Sie deren Botschaft nicht mehr verstehen können; dann müssen Sie diese um weitere Hinweise bitten *(s. S. 33)*.

SAFE TRESORKASSETTE Ein Traum, in dem ein **SAFE** oder eine **TRESORKASSETTE** auftaucht, könnte Ihre persönliche Sicherheit kommentieren: Fühlen Sie sich im Wachleben sicher? Wenn Sie im Traum Wertsachen weggeschlossen und in einen Safe gelegt haben, dann kann das ein Gleichnis für Ihre Beziehung zu Ihrem Lebenspartner oder zu Ihren Kindern sein. Behandeln Sie diese vielleicht wie einen Besitz?

VERSTECKEN Wovor Sie sich in einem Traum **VERSTECKEN**, ist etwas, vor dem Sie im Wachleben gewisse Angst haben. Genauso wie in den Verfolgungs-Träumen *(s. S. 147)* kommen Sie nicht darum herum, das Monster zu stellen und mit dem, was es repräsentiert, klarzukommen. Vielleicht verstecken Sie sich aus Scham oder aus Mangel an Selbstbewußtsein?

SICHERHEIT

Wenn unsere Sicherheit in Gefahr ist, wird sich die Besorgnis auch in Träumen niederschlagen. Erscheint Sicherheit als ein Gefühlswert oder spielt sonst in Träumen eine Rolle, dann müssen wir bestimmte Dinge ändern oder unsere Gefühle überdenken und ordnen.

TÜR *100, 101, 103* **TÜRSCHLOSS** *169*

Das Öffnen einer **TÜR** im Traum, speziell einer, die in einen neuen Raum führt *(s. S. 103)*, bedeutet im allgemeinen neue Möglichkeiten oder Aufbruch. Nur wenn die Tür dazu dient, die Welt auszusperren oder sich selbst in der eigenen Umwelt einzuschließen, hat dies eine andere Bedeutung. Es kann ein Hinweis darauf sein, wie sicher oder unsicher man sich im Leben fühlt. Wie sicher war die Traum-Tür? Bot sie den erforderlichen Schutz, oder war sie alt und morsch? Letzteres läßt vermuten, daß Sie nur ein schwach ausgeprägtes Selbstbewußtsein besitzen. Gleichfalls bedeutsam ist das **TÜRSCHLOSS**.

WÄCHTER Ein Traum von einem **WÄCHTER** kann darauf verweisen, daß jemand oder etwas des Schutzes bedarf oder daß Sie sich gegen etwas Bestimmtes wappnen müssen. Wenn Ihnen in Ihrem Traum ein Wächter den Weg versperrte: Vielleicht fühlen Sie sich an der Ausführung einer bestimmten Aufgabe gehindert? Hat der Wächter Sie vielleicht vor Gefahren auf dem weiteren Weg gewarnt? Dann läßt sich dies als allgemeine Warnung verstehen, vorsichtiger zu sein.

PENSION/ RENTE Ihr Traum von Ihrer **PENSION** oder **RENTE** mag Ihnen versichert haben, daß Sie keine Angst vor dem Alter zu haben

Die Welt der Natur
Phantasie- & Fabelwesen
Kunst & Wissenschaft
Menschlicher Körper
Gebäude & Innenräume
Alltägliche Dinge
Gefühlsleben
Tätigkeiten
Befindlichkeiten
Rituale & Religion
Thesaurus der Träume

DIE WELT DER NATUR
PHANTASIE- & FABELWESEN
KUNST & WISSENSCHAFT
MENSCHLICHER KÖRPER
GEBÄUDE & INNENRÄUME
ALLTÄGLICHE DINGE
GEFÜHLSLEBEN
TÄTIGKEITEN
BEFINDLICHKEITEN
RITUALE & RELIGION
THESAURUS DER TRÄUME

brauchen, da Sie dann versorgt sein werden. Die Pension könnte aber auch Ihre allgemeine Zuversicht ausdrücken oder das Vertrauen darauf, außer finanziell gesichert auch geistig wohlversorgt zu sein. Ist Ihre Pension oder Rente im Traum nicht überwiesen worden, könnte sich das dar-auf beziehen, daß Sie sich auf unzuverlässige Anlagen stützen oder allgemeine Unsicherheit verspüren. Wenn Ihnen Ihr Sparbuch oder Ihr Geld weggenommen wurde, dann sollten Sie darüber nachdenken, wie emotional sicher Sie sich wirklich fühlen (*s.* Emotionen *S. 130*).

TRAUMANALYSE

„Ich war in einem Theater, und ein Zauberkünstler bat mich, ihm bei einem Trick zu assistieren. Er flüsterte mir zu: ‚Sie stehen doch auf meiner Seite und tun so, als habe der Trick funktioniert?' Ich aber erwiderte fest, daß ich das nicht tun würde, und rannte davon, er hinter mir her. Ich schlug eine Tür hinter mir zu und war ganz geblendet von der hellen Nachmittagssonne."

Eine Kollegin Kathys hatte sie gebeten, einen schweren Fehler, den sie begangen hatte und der die Firma viel Geld kosten würde, zu vertuschen. Kathy aber entschied sich dagegen, und der Traum sagte ihr, daß sie sich damit befreit hatte.

ALPTRÄUME

In Alpträumen können wir uns wie begraben, erstickt oder ertrunken fühlen – und das ohne jede Vorgeschichte, die dazu führte. Vielleicht fühlten wir uns verfolgt oder gejagt – oft am Ende eines normalen Traums.

ALPDRÜCKEN

Die einfachsten Alpträume gehören zu den mysteriösesten Traumarten, und wir wissen immer noch nicht alles über sie. Es sind die Träume, die mit ausgesprochenen Horrorgefühlen verbunden sind, die uns überfallen, für die wir aber keinerlei erkennbaren Grund und Anlaß sehen. Oft sind sie von einem Gefühl des Erdrückt- oder Zermalmtwerdens begleitet. Ein solcher Traum wird üblicherweise **ALPDRÜCKEN** genannt. Die neueste Theorie darüber besagt, daß er rein körperliche Ursachen hat, beispielsweise weil wir nur schwer atmen können. In der modernen Traumdeutung gibt es die traditionelle Erklärung des Alpdrückens – nämlich als Ausdruck einer sexuellen Belästigung im Traum *(s. S. 62)* – nicht mehr, schon weil das Alpdrücken am häufigsten bei Kindern aufzutreten scheint – wenn es auch objektiv nur sehr selten vorkommt. Träume dieser Art wiederholen sich niemals in derselben Nacht, häufig auch nicht innerhalb mehrerer Wochen, falls überhaupt. Sie sind zwar sehr unangenehm, aber es gibt auch keinerlei Beweise dafür, daß sie tatsächlichen psychologischen oder physischen Schaden anrichten. Wiederholen sie sich allerdings bei Erwachsenen, dann empfiehlt sich eine allgemeine ärztliche Untersuchung, und es kann sich lohnen, zugleich die anderen „normalen" Träume zu analysieren, die man in dieser Zeit hatte. Es ist unwahrscheinlich ist, daß Alpdrükken-Träume irgendeinen Sinn haben, denn sie enthalten nie eine Handlung.

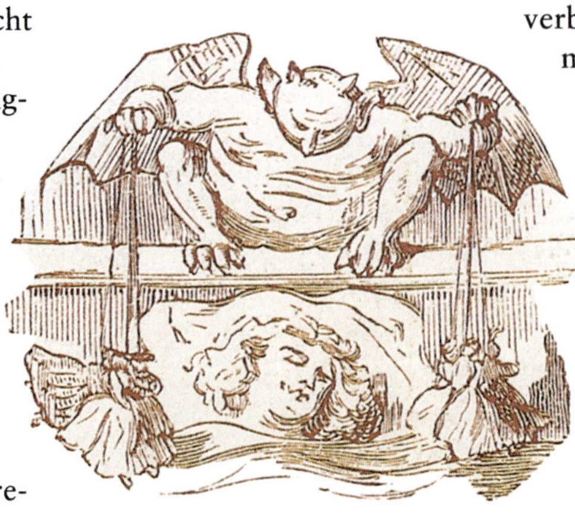

Die zweite Art Alpträume ist weitaus interessanter als das Alpdrücken, und es läßt sich auch etwas dagegen tun, obwohl einige mysteriöse Elemente damit verbunden sind. Träume, aus denen wir mit Gefühlen von Angst oder Unbehagen abrupt erwachen, pflegen sich immer gegen Ende des Nachtschlafs zu ereignen. Sie enthalten kein allen gemeinsames Element, d. h., wir haben alle unsere ganz persönlichen Alpträume, die von unserem psychologischen Zustand und unseren speziellen Angstgefühlen bestimmt sind. Es gibt die Meinung, diese entstünden aus unseren verborgensten

Frustrationen, Repressionen oder Selbstverurteilungen. Einer der ersten Erforscher der Alpträume, Ernest Jones, stellte in seinem Buch *Der Alptraum* fest, „Gesunde“ hätten niemals welche. Er glaubte, sie seien stets Ausdruck und Ausfluß gewaltsamer Konflikte zwischen bestimmten unterbewußten sexuellen Wünschen und intensiver Angst. Bei Männern sei die Ursache die nicht bewußte latente Homosexualität bzw. solche Neigungen, bei deren tatsächlicher Entdeckung und Bewußtwerdung sie selbst Abscheu darüber empfinden würden. Es fällt heute schwer, dies wirklich als die ganze Wahrheit zu akzeptieren. Aber es gibt auch noch andere Erklärungen, die kaum weniger simpel sind. Calvin Hall meinte in *Die Bedeutung der Träume*, Alpträume seien eine Bestrafung des Träumers für Sünden gegen sein eigenes Gewissen. Und auch Ann Faraday machte es sich in ihrem Buch *Das Traumspiel* doch wohl entschieden zu leicht, wenn sie eben diese Theorie mit der Begründung unterstützte, sie selbst habe so manchen Alptraum gehabt, den sie „eindeutig als Fast-Selbstbestrafung erkannte. Die meisten nahmen die Form von Haft oder Hinrichtung an.“ Außerdem erinnerte sie an Jungs Theorie, daß Alpträume, besonders diejenigen, in denen ein Verfolger auftritt, sich auf den Schatten *(s. S. 97)* beziehen, der unsere unterbewußten, tagsüber unterdrückten Lüste und Wünsche repräsentiert. Mit dieser Art Alpträume kann man verhältnismäßig gut zurechtkommen, obwohl es für den Träumer alleine schwierig sein mag; womöglich wäre eine Therapie bei der Bewältigung des Problems doch hilfreich.

UNGEHEUER

Wenn Sie träumen, daß Sie von einem **UNGEHEUER** irgendeiner Art bedrängt oder verfolgt werden, sollten Sie sich umdrehen und sich ihm stellen. Denn das Mysteriöse verliert seinen Schrecken, wenn es identifiziert wird. Wenn Sie dem Monster direkt in die Augen sehen, ist es bereits nicht mehr so furchterregend und kann vielleicht sogar komische Züge bekommen. Es kann ein Tier sein, das wild und bedrohlich aussieht, aber mit dem man doch fertig werden kann. Ist dieses Erkennen Ihres persönlichen Monsters erst einmal geschehen, dann überreden Sie es, mit Ihnen zu sprechen: Fragen Sie es, was es will, und bedienen Sie sich, wenn nötig, der „Zwei-Stühle-Technik“ *(s. S. 33)*. Das Monster versucht vielleicht, Sie dazu zu bringen, irgend etwas zu tun oder nicht zu tun.

TIER
121

TIERE in Träumen *(s. S. 42)* repräsentieren oft unsere animalische Natur. Wenn also Ihr Verfolger z. B. ein Löwe, Tiger oder Keiler ist, dann sollten Sie erforschen, was dieses Tier in Ihnen selbst verkörpert und ob dieses Element Ihres Wesens gesund ist. Verleugnen Sie einen wichtigen Teil Ihrer animalischen Natur? Je besser Sie diese Zusammenhänge verstehen, desto sanfter wird Ihr Tier werden.

LÄHMUNG
93

Eine der beängstigendsten Formen von Alpträumen ist mit **LÄHMUNG** verbunden. Sie kommen während des REM-Schlafs, der uns (sicherheitshalber) immobilisiert. Jemand, der sich im Bett unruhig hin und her wälzt, befindet sich nie in den Klauen eines Alptraums. Die naheliegendste Deutung der Bewegungsunfähigkeit im Traum ist eine „Lähmung“ der Gefühle (emotionale Paralyse) oder ein Gefühl der Hilflosigkeit in bestimmten Situationen des privaten oder beruflichen Lebens. Vielleicht fühlen Sie sich zwischen zwei Mühlsteinen einander entgegenstehender Einflüsse, beispielsweise einem Loyalitätskonflikt zwischen einem unmittelbaren Vorgesetzten und einem Kollegen, oder zwischen dem Ehepartner und dem oder der Geliebten, oder auch nur zwischen Möglichkeiten des Handelns.

ÜBERFALL
118, 120, 159
ERDBEBEN
48, 121, 158, 161

Wir können im Traum schlimme Erlebnisse unseres Lebens wieder abrufen, manchmal bis in kleinste Details, etwa einen **ÜBERFALL** auf uns oder ein **ERDBEBEN** oder einen Flugzeugabsturz oder ein Zugunglück. Diese Träume sind zunächst oft noch sehr lebhaft und klar, verblassen in aller Regel aber mit der Zeit. Wie alle anderen Träume haben auch sie ihre konkrete Ursache, in diesem Fall also das tatsächliche Katastrophenereignis. Allgemein aber haben sie keine weitere Bedeutung als Ihre persönliche Erinnerung daran.

DER TRAUM VOM POP-STAR

„Ich sah mir im Fernsehen einen Film an, in dem ein Hochhaus einstürzte. Obwohl ich große Angst hatte, begann ich, in dem Schutt nach Verletzten zu suchen, fand aber niemanden, dem ich hätte helfen können. Plötzlich sah ich einen riesigen Baum vor mir, in dessen Wipfel ein berühmter Popstar sang. Er lächelte mir zu und forderte mich auf, zu ihm hinaufzukommen. Das schmeichelte mir sehr, und sofort setzte ich meinen Fuß auf den ersten Ast. Doch da erschien meine Schulleiterin und vertrat mir den Weg. ‚Auf keinen Fall', sagte sie, ‚gehst du zu diesem Kerl da hinauf! Statt dessen marschierst du hier um das Spielfeld herum, und zwar für immer und ewig!' Ich war verzweifelt, weil ich unbedingt zu dem Popstar hinauf wollte, denn ich wußte, daß er es mit mir treiben wollte. Aber die Schulleiterin zeigte mit dem Finger auf mich, und ich mußte um das Spielfeld herum marschieren, auf dem meine Freundinnen Hockey spielten, ohne mich eines Blickes zu würdigen. In der Ferne sah ich eine riesige Plakatwand. Beim Näherkommen las ich: ‚Immer weitermarschieren!' Dann schwebte die Plakatwand auf einen steilen Berg hinauf. Ich wußte nicht, warum, aber ich mußte unbedingt zu der Plakatwand gelangen. Als ich näher kam, bewegte sie sich zur Seite, und dahinter kam eine kleine Tür mit einem gewaltigen Vorhängeschloß zum Vorschein. Daneben hing der Schlüssel an einer Schnur. Ich nahm ihn. Er war sehr schwer, doch ich schaffte es, ihn in das Schloß zu stecken. Die kleine Tür sprang auf, und ich quetschte mich durch. Dahinter sprang ein großes und wildes Pony herum. Ich wollte es streicheln, aber da wurde es ein riesiges Abhak-Zeichen."

HOCHHAUS IM FILM STÜRZT EIN

KAREN SUCHT IM SCHUTT

TRAUMDEUTUNG

Karen, eine 16jährige Schülerin, hatte einige wichtige Prüfungen total vergeigt – daher das Symbol des einstürzenden Hochhauses in dem Katastrophenfilm. Daß sie sich anschließend selbst in dem Szenario wiederfand und im Schutt nach Opfern suchte, steht für ihre Betrübnis über ihr Prüfungsversagen und die Hoffnung, die Scharte wieder ausbügeln zu können. Der Teil des Traums mit dem Popstar ist Wunscherfüllung *(s. S. 150)*. Das Erscheinen der Autoritätsfigur der Schulleiterin bzw. ihre Drohung hat eine Doppelbedeutung: erstens, daß Karen sich auf ihre Schularbeit konzentrieren, und zweitens, daß sie ihre sexuellen Aktivitäten zügeln sollte. Für ihr Alter hatte Karen bereits ziemlich ausgiebige sexuelle Erfahrungen, und der Popstar symbolisierte für sie Sex schlechthin. Das Marschieren bedeutete, daß das Mädchen dringend eine ernsthaftere Einstellung zu Arbeit und Leben bekommen mußte. Daß ihre Freundinnen auf dem Spielfeld sie ignorierten, unterstrich das nur, ebenso wie die Parole auf der Plakatwand. Immerhin, es gelang ihr, durch die scheinbar viel zu enge Tür zu schlüpfen – ein Symbol dafür, daß sie wußte, daß sie „durchkommen" konnte. Das Pony war ihre eigene unverbildete Natur mit ihrer ganzen Wildheit, mit der sie zu Rande kommen mußte. Als sie es streichelte, war dies der Kontakt mit sich selbst, und dies provozierte dann die Verwandlung in ein Zustimmungssymbol (das Zeichen des Abhakens). Insgesamt versicherte dieser Traum ihr, daß alles gut werden konnte, wenn sie nur zur Ruhe kam und disziplinierter wurde.

GEFAHR

Ein Traum, in dem man in Gefahr ist, scheint auf einen Alptraum (s. S. 154) *hinauszulaufen, hat aber tatsächlich meistens mehr Sinn. Alpträume haben wenig oder gar keine Bedeutung, während Gefahrenträume Warnungen vor etwas in unserem Wachleben sind, weshalb wir sie beachten sollten.*

LAWINE *161*
ERDBEBEN *48, 121, 155, 161*

Träume, in denen Gefahren von Naturkatastrophen drohen, sind kaum je prophetisch. Wenn es auch solche Träume gibt *(s. S. 62)*, sind sie doch selten und auch auf gewisse Menschen beschränkt. Außerdem sind sie häufig zu allgemein und vage, um praktisch zu nützen. Ein Traum mit einer **LAWINE** bezieht sich auf eine erdrückende Macht im Leben, die einen zu überrollen droht – eine Lawine an Arbeit, beispielsweise. Reißt die Lawine Sie mit, dann haben Sie Ihr Leben derzeit wohl nicht mehr im Griff und müssen sich umschauen, wo und wie Sie wieder Halt finden könnten. Ein Traum von einem **ERDBEBEN** deutet auf Unsicherheit im Wachleben hin. Wenn der Boden unter Ihren Füßen zittert und das Haus einzustürzen droht, in dem Sie wohnen oder arbeiten, kann dies eine Spiegelung Ihrer privaten oder beruflichen Unsicherheit sein. Ein Traum von einer **EXPLOSION** kann sich auf eine abrupte Veränderung Ihres Lebens oder einen unvermuteten Gefühlsausbruch beziehen. Was für Schaden entstand in dem Traum? Ist etwas zerbrochen, so ist das sicherlich ein Symbol, und auch, wenn sich im Traum jemand auf Sie verließ, sich an Sie klammerte oder in ähnlicher Gefahr war, ist dies von Bedeutung. Haben Sie geträumt, daß **DONNER** und **BLITZ** in einem **GEWITTER** Gefahr brachten, so ist der reale Hintergrund dafür ein emotionales Problem. Hat Sie der Blitz getroffen, signalisiert dies aber auch unvermittelte Erleuchtung. Im Traum in ein **LOCH** zu fallen, kann angsterregend sein. Befinden Sie sich real in einer unhaltbaren Lage oder in einer Situation, aus der Sie nicht mehr herauskommen?

EXPLOSION *131*
DONNER *49*
BLITZ *50*
GEWITTER *49, 121*
LOCH

TELEFON *138*
ALARM

Manchmal führt ein vorbeifahrendes Auto oder eine losgehende Alarmanlage in der Nacht zu einem „Mini-Traum", aus dem man erwacht, nachdem man träumte, das **TELEFON** im Büro habe geklingelt. Diese Art Traum bedeutet gar nichts weiter. Etwas anderes ist es, wenn Sie im Traum selbst einen **ALARM** auslösen oder an Ihrem Auto oder Haus eine Alarmanlage anbringen. Wenn Männer von Autos träumen, hat das meist sexuelle Bezüge, und deshalb läßt sich auch ein Auto-Alarm-Traum damit in Zusammenhang bringen. Gibt es Analogien zu Ihrem Privatleben? Verhalten Sie sich ungestüm und aggressiv? Ein Haus im Traum bezieht sich immer auf die Familie. Braucht diese oder jemand aus ihr Hilfe oder Schutz? War der Alarm-Traum befriedigend bzw. waren Sie zufrieden mit seiner Wirkung? Ein Alarmsignal, das nicht losgeht, ist ein besonders deutliches Symbol. Im Traum den Wecker zu stellen, kann sich allgemein auf Zeit *(s. S. 80)* beziehen: Wofür könnte es schon zu spät sein, woran könnten Sie erinnert werden?

ANGRIFF/ ÜBERFALL
118, 120, 155
GEWALT

Sie haben vielleicht geträumt, daß Sie **ANGEGRIFFEN** oder **ÜBERFALLEN** wurden oder mit einem Angriff bedroht wurden. War die damit verbundene **GEWALT** nicht Ihre Hauptsorge, sondern mehr die Bedrohung, kann dies eine Warnung für Ihr Wach-Ich sein. Der Angriff muß nicht tätlich sein, sondern kann Ihren Charakter oder Ihre Integrität bedrohen. Wichtig ist, wer der Angreifer ist. Können Sie ihn nicht erkennen oder identifizieren, sagt Ihnen dies, daß Sie nur eine vage Vermutung haben, aber trotzdem besser vorsichtig sind.

Den Weg zum Verständnis („Deutung") des Traumes beschreiten wir, indem wir annehmen, daß das, was wir als Traum nach dem Erwachen erinnern, nicht der wirkliche Traumvorgang ist, sondern nur eine Fassade, hinter welcher sich dieser verbirgt. (Sigmund Freud, in „Abriß der Psychoanalyse")

WARNUNG

Einer der hilfreichsten Aspekte des Träumens ist, daß wir uns damit selbst vor Situationen oder Dingen, deren wir uns im Wachleben nicht bewußt sind, warnen können.

ZUVIEL GELD AUSGEBEN

ENTKOMMEN

Die Detailuntersuchung der Träume führt häufig zu dem Schluß, daß ihr Hauptzweck darin besteht, vor etwas im Wachleben zu warnen. Das kann psychologischer Natur sein: Im Supermarkt **ZUVIEL GELD AUSGEBEN**, warnt davor, daß man in eine Beziehung zuviel Gefühle investiert. Der Traum vom **ENTKOMMEN** aus einem verschlossenen Raum *(s. S. 103)* und fröhlich durch eine unbekannte Landschaft *(s. S. 58)* zu wandern, mahnt, daß man Entspannung braucht und seine Pflichten auch einmal hinter sich lassen muß.

Es gibt noch andere praktische Traum-Warnungen. Ihre Hundeleine reißt, die Bremsen Ihres Autos versagen, in Ihrer Küche bricht Feuer aus – und Sie entdekken beim Nachforschen, daß Ihre wirkliche Hundeleine morsch, die Autobremse abgefahren ist und in der Küche die Stromleitung blank liegt. Die Erklärung ist einfach: Unbewußt haben Sie alle diese Fehler bereits registriert, aber noch immer nichts unternommen. Ihr Traum mahnt Sie, das bald zu tun.

Es ist eine etablierte Tatsache, daß Träume manchmal Krankheiten melden können, bevor wir uns noch krank fühlen und bevor auch ein Arzt etwas feststellen könnte. Das darf man natürlich nicht so verallgemeinern, daß man jedesmal sofort zum Arzt rennen soll, sobald man einmal von einer Krankheit *(s. S. 95)* träumte. Aber trotzdem kann im Traum (besonders, wenn er sich wiederholt) die Tatsache eines bestimmten Schmerzes oder einer Geschwulst oder Verfärbung die Mühe lohnen, nachzuforschen. Alles, was nach dem Erwachen noch in der Erinnerung hängengeblieben ist, kann für die Erklärung und Deutung der im Traum ausgesprochenen Warnung von Bedeutung sein und Aufschlüsse geben, nach denen dann gehandelt werden kann.

DIE WELT DER NATUR
PHANTASIE- & FABELWESEN
KUNST & WISSENSCHAFT
MENSCHLICHER KÖRPER
GEBÄUDE & INNENRÄUME
ALLTÄGLICHE DINGE
GEFÜHLSLEBEN
TÄTIGKEITEN
BEFINDLICHKEITEN
RITUALE & RELIGION
THESAURUS DER TRÄUME

UNFALL

Es gibt eine Anzahl gut dokumentierter Träume, die exakte „Vorhersagen" späterer Unfälle waren. Die sicherste Theorie dazu (sofern man nicht ohnehin an Traum-Prophezeiungen glaubt) ist, daß unser Unterbewußtes Dinge bemerkt, die sich unserer bewußten Wahrnehmung entziehen.

Sie können beispielsweise von einer bestimmten Frau träumen, die auf einer ganz bestimmten Kreuzung überfahren wird – und dann passiert genau dies. Die Erklärung kann sein, daß diese bestimmte Kreuzung einfach sehr gefährlich ist und die Frau eine unvorsichtige Fußgängerin. Unbewußt haben Sie beide Tatsachen registiert und die Wahrscheinlichkeit erkannt, daß dieser Frau etwas passieren wird. Unterschwellig nehmen wir ohnehin tagtäglich um uns herum viele erheblich subtilere Einzelheiten unterschwellig wahr.

Wenn Sie träumen, daß Sie einen Unfall haben, dann kommt es darauf an, wie er geschah, speziell, wenn es sich um etwas handelt, das Sie regelmäßig benützen, beispielsweise ein Gartengerät. Sehen Sie nach, ob es in gutem Zustand ist, und seien Sie vorsichtig, wenn Sie das nächste Mal damit umgehen. Der Unfall kann aber auch überhaupt nicht das bedeuten, was er darstellt, speziell, wenn noch jemand beteiligt ist *(s. u., Traumanalyse).*

TRAUMANALYSE

„Ich mähte im Garten den Rasen, als mich die Nachbarin über den Zaun grüßte. Die Sonne schien, und obwohl ich sie nur bis zu den Schultern sah, wußte ich, daß sie nackt ein Sonnenbad nahm. Ich stellte den Rasenmäher ab, um mich mit ihr zu unterhalten, doch da wurde ich von einem Blitz getroffen, ohne allerdings Schaden zu erleiden. Die Nachbarin jedoch erschrak sehr und war plötzlich verschwunden."

Dies könnte den Träumer auch lediglich mahnen, die Stromleitungen seines Rasenmähers zu überprüfen. Da er aber tatsächlich ein glücklich verheirateter Mann war und trotzdem ein Auge auf die Nachbarin geworfen hatte, warnte ihn der Traum vor einer Affäre mit ihr.

KATASTROPHEN

Träume von Katastrophen sind oft überaus anschaulich. Man kann aus ihnen verstört erwachen und sich deswegen übertriebene Sorgen machen. Trotzdem enthalten diese Träume manchmal bedeutsame Warnungen zu Bereichen des Wachlebens und sollten deshalb nicht ignoriert werden.

Jeder Traum von einer Katastrophe ist erst einmal beunruhigend, aber man muß sich vor Augen halten, daß dies selten konkrete Vorhersagen sind. Betrifft die Traum-Katastrophe etwas der unmittelbaren eigenen Umgebung wie das eigene Heim, dann kann er einfach eine direkte Warnung sein. Unbewußt haben Sie vielleicht eine schadhafte Stromleitung oder einen Riß in der Wand (oder sonst einen häuslichen Schaden) festgestellt und nicht daran gedacht, daß eine rechtzeitige, kleine Reparatur veranlaßt werden müßte, um größeren Schaden zu verhindern. Der Traum erinnert Sie daran.

Ein Traum, in dem Ihr eigenes Heim *(s. S. 102)* von einer Katastrophe betroffen wird, sagt etwas über Ihre Persönlichkeit und Ihre Lebenseinstellung aus. Vielleicht haben Sie sich zu bedeutsamen Änderungen Ihres Lebens entschlossen,

HAUS
100, 101

die aber die Zerstörung des über lange Zeit Geschaffenen nach sich ziehen würden. Der Traum kann Sie vor den katastrophalen Folgen Ihres Handelns auf lange Sicht warnen. Wenn Sie aber Ihr **HAUS** mit einer gewissen Befriedigung einstürzen sahen („Gott sei Dank, daß das vorbei ist"), ist trotzdem die Frage, ob Sie das Hinterlassen von Ruinen wirklich so kühl ließ. Falls ja, dann sind Sie zweifellos bereit, ein neues Leben anzufangen und das alte abzuschreiben.

LAWINE
158
ERDBEBEN
48, 121, 155, 158
SCHNEE
49, 172

Katastrophenträume können von brennenden Häusern *(s. S. 100)* handeln oder von in einer **LAWINE** oder einem **ERDBEBEN** Verschütteten. Bei einem solchen Traum ist zuerst zu klären, wie man reagiert hat und ob man, falls überhaupt, in persönlicher Beziehung zu der Katastrophe stand. War man lediglich unbeteiligter Zuschauer, wenn auch gelähmt vor Entsetzen, stellt sich die Frage, ob man Existenzängste hat oder zumindest weniger selbstsicher ist, als man sein sollte. Haben Kollegen oder Familienangehörige mit Schwierigkeiten zu kämpfen, und Sie wissen davon, dann kann Ihr Traum Sie mahnen, sich aktiver darum zu kümmern. Beim Lawinentraum ist zu klären (weil **SCHNEE** weiß ist: die Farbe der Unschuld!), ob Sie vielleicht etwas, das an Ihrem Gewissen nagt, zu verbergen suchen. Haben Sie vielleicht unmoralisch gehandelt, aber Unschuld geheuchelt? Der Erdbebentraum drückt eine Lebensunsicherheit aus (den Boden unter den Füßen verlieren!) und zwar vermutlich eine ganz konkrete: Verlust von Heim oder Arbeitsstelle.

Wenn Sie geträumt haben, daß Sie sich in einem Gebäude *(s. Bauwerke S. 100)* befanden, das einstürzte, sollten Sie überlegen, ob nicht auch in Ihrem Leben rundherum „alles" zusammenfällt. Der Überlebenskampf im Traum ist aber ein positives Zeichen: Sie stellen sich dem Lebenskampf. Bei Männern kann es auch ein Potenzproblem betreffen.

FLAMMEN
HAUS
100, 101

Die Elemente spielen in Katastrophenträumen häufig eine wichtige Rolle. In einem Feuer *(s. S. 45)* zu verbrennen, kann die Übersetzung dafür sein, daß in der Realität ein Feuer der Leidenschaft Sie verzehrt: eine klare Warnung, speziell, wenn Sie erfolglos versucht haben, die **FLAMMEN** zu löschen. Sehr positiv dagegen wäre, wenn ein **HAUS** oder Zimmer *(s. S. 103)* Feuer gefangen hätte und es Ihnen gelungen wäre, dieses zu ersticken, denn dies ist ein Symbol für beherrschte Leidenschaft – also dafür, daß Sie Ihr Leben im Griff haben.

SCHIFFS-WRACK
47

Wasser *(s. S. 46)* nimmt in den Träumen ständig verschiedene Formen an, hat aber auch seinen Platz in Katastrophenträumen. Mit gutem Grund wird angenommen, daß es mit unseren Emotionen zu tun hat, wann immer es auftaucht. Haben Sie geträumt, sich in einem **SCHIFFSWRACK** zu befinden, in dem das Wasser immer höher steigt, steht Ihnen auch emotional in einer bedeutsamen Sache „das Wasser bis zum Hals". Sie müssen Ihre starken Gefühle verstandesmäßig hinterfragen und logisch in den

Die Welt der Natur
Phantasie- & Fabelwesen
Kunst & Wissenschaft
Menschlicher Körper
Gebäude & Innenräume
Alltägliche Dinge
Gefühlsleben
Tätigkeiten
Befindlichkeiten
Rituale & Religion
Thesaurus der Träume

Griff bekommen. Haben Sie in dem Schiffswrack versucht, andere zu retten, ist bedeutsam, wer das war. Ein Kind beispielsweise kann ein Element Ihres Wachlebens bedeuten, das Sie entwickeln möchten und das wirken könnte als Gegengewicht gegen Ihre starken emotionalen Verhaltensweisen.

FLUGZEUG
135

Träume von **FLUGZEUG**-Abstürzen fassen Ihre Einstellungen zu bestimmten wichtigen Vorhaben Ihres Wachlebens zusammen. War Ihr Engagement in einem Projekt voreilig, und machen Sie sich jetzt deswegen Sorgen? Oder fürchten Sie einen finanziellen „Absturz" bzw ein intellektuelles Versagen (speziell, wenn Sie vor wichtigen Prüfungen oder irgendeiner anderen Art von Test oder Überprüfung stehen), oder haben Sie Angst, daß Ihre Pläne oder Projekte keinen Erfolg haben? Spüren Sie, daß Ihr „Höhenflug" auf Luftschlössern aufbaut?

AUTO
116, 134, 135

Ein Traum von einem **AUTO**-Unfall warnt vielleicht, daß Sie im Wachleben „zu schnell fahren" – weil Sie vielleicht Rivalen zuvorkommen wollen. Fahrende Autos haben in der Regel sexuelle Bedeutung, speziell für Männer; vielleicht also sind Sie zu sorglos, sich und Ihre Sexualpartner zu schützen.

HUNGERSNOT
DÜRRE

Träumen Sie von Katastrophen wie **HUNGERSNOT** oder **DÜRRE**, dann machen Sie wahrscheinlich auch im Wachleben gerade eine emotionale „Dürre" durch, vielleicht weil Ihr(e) Partner(in) Sie „aushungert" oder Sie sich sonst davon erschöpft fühlen. Eine andere mögliche Bedeutung sind humanitäre Themen mit der Ermahnung, in dieser Beziehung mehr zu tun.

Das Wort Traum leitet sich vom mittel- und althochdeutschen troum (altsächsisch drom, altfriesisch dram, mittelenglisch dream, altnordisch draumr) ab und läßt sich auf eine Bedeutung „Trugbild" zurückführen (wahrscheinlich vom germanischen drau(g)hma bzw. der indogermanischen Wurzel dreugh = Trügen). Kluge, Etymol. Wörterbuch, de Gruyter, 1934).

AUTORITÄT

Gelegentlich begegnen wir in unseren Träumen Autoritätsfiguren. Sie sind in der Regel gebieterische Gestalten, die im Traum auftauchen, um uns zu unterweisen und zu führen, und versuchen, uns ihren Willen aufzuzwingen.

PRIESTER
RICHTER
124, 164
KÖNIG/ KÖNIGIN
115, 162
SCHULLEITER

Die ersten Autoritätspersonen, die in unser Leben treten, sind die Eltern, und viele Traum-Autoritätssymbole rühren denn auch von den tief eingekerbten Erinnerungen an diese her – selbst wenn sie oft als **PRIESTER, RICHTER, KÖNIGE/KÖNIGINNEN** oder **SCHULLEITER** auftreten. Manchmal erinnern uns diese Gestalten an Pflichten oder an unsere Verantwortung, die wir lieber vergessen würden, beispielsweise der Allgemeinheit gegenüber.

KARDINAL
DIKTATOR

Eltern kommen für gewöhnlich nicht als sie selbst in Autoritäts-Träumen vor. Erscheint aber im Traum jemand, den man kennt, so ist er zumeist auch direkt gemeint. Doch solche Personen bringen keine Botschaften aus dem Unterbewußtsein, sondern sind nur Projektionen der Charaktere, die sie tatsächlich sind. Taucht jedoch ein feierlicher **KARDINAL** oder ein strenger **DIKTATOR** auf, dann meldet sich damit Ihr Unterbewußtes und teilt Ihnen über einen Aspekt Ihrer Persönlichkeit mit, was Sie eigentlich ohnehin wissen, aber vielleicht nicht wahrhaben wollen.

VERKEHRSPOLIZIST
KARTENKONTROLLEUR
KAPITÄN
148
BOTSCHAFTER
HAUSHERR
PROPHET

Autoritätspersonen im Traum können vielerlei Gestalt haben, vom **VERKEHRSPOLIZISTEN** und **KARTENKONTROLLEUR** bis zum **KAPITÄN, BOTSCHAFTER, HAUSHERRN** oder **PROPHETEN.** Wichtiger jedoch ist die von ihnen überbrachte Botschaft, da diese nicht nur für ein bestimmtes aktuelles Problem, sondern für das gesamte Leben des Träumers bedeut sam ist.

ESTABLISHMENT

Der Begriff „Establishment" für die Institutionen und Kräfte, die Autorität, Legitimität, Tradition und den Status quo verkörpern, hat inzwischen eine abfällig-negative Wertung bekommen.

Träume vom Establishment oder von jemandem, der es verkörpert, haben manches mit den Autoritätsträumen *(s. S. gegenüber)* gemeinsam. Wo jedoch eine Autoritätsfigur eher dazu anleitet, anarchistisch oder ungehorsam zu sein, wird die Establishmentfigur eher vor den nachteiligen Folgen unangepaßten und unüblichen Verhaltens warnen.

ANWALT
OFFIZIER
POLIZIST
164

Träume, in denen ein **ANWALT, OFFIZIER** oder **POLIZIST** vorkommt, sind eher Echo auf Establishment-Verhalten als Verkörperungen von Autorität. Sind Sie sich besonders eines „ehrbaren" ordentlichen Verhaltens oder Erscheinungsbildes von jemandem in Ihrem Traum bewußt, der ausdrücklich oder durch sein Benehmen einen Gegensatz zu Ihrer eigenen Nachlässigkeit darstellt, dann müssen Sie vermutlich stärker als bisher auf Ihr Aussehen achten und auch mehr Augenmerk auf Ihr ganzes Benehmen legen, das andere stört oder irritiert. Selbst wenn Sie glauben, nur Ihre wahren Gefühle oder Entscheidungen zu vertreten, schwächen Sie Ihr Ansehen durchaus nicht, wenn Sie etablierte Ansichten nicht einfach abtun. Toleranz gegen andere Meinungen ist ja ganz allgemein eine bessere Basis für den Umgang mit Andersdenkenden als Unduldsamkeit.

DISZIPLIN

Viele Menschen haben Schwierigkeiten mit der Disziplin in ihrem Leben. Dies beeinträchtigt das Ausschöpfen der vollen Möglichkeiten, die man hätte, würde man bis in den Alltag hinein rationaler handeln.

AKROBAT
72
BALLETTÄNZER
BALANCE
72
TEAM
DRILL
115
WARTESCHLANGE

Taucht im Traum jemand auf, der nur mit seiner „harten Arbeit" gewinnen kann, so ist das ein Fingerzeig, sich im Wachleben bestimmten Aufgaben nicht zu entziehen. **AKROBATEN** oder **BALLETTÄNZER** ohne Disziplin verlieren die **BALANCE** oder stürzen – eine Analogie zur emotionalen Balance im Wachleben. Soldaten- **DRILL** im Traum (oder sonst eines **TEAMS**) bedeutet Kritik an Nachlässigkeit. Verlief der Drill ohne Zwischenfälle? Falls nicht, ist zu überlegen, ob man sich vor einem Lebensbereich drückt, der augenblicklich Sorgen macht. Eine **WARTESCHLANGE** ist ein klassisches Beispiel disziplinierten Verhaltens.

AUFGEZÄUMTES PFERD
VERTRAG
LEIM

Manche Träume machen darauf aufmerksam, daß weniger ein ganzes Verhaltensmuster im Leben gestört ist oder nicht voll ausgelebt wird, sondern daß Zurückhaltung und Selbstbeherrschung fehlen. Ein **AUFGEZÄUMTES PFERD** kann dies symbolisieren (= die animalische Seite Ihres Wesens muß gezügelt werden). Jeder **VERTRAG** – auch wenn er Geld einbringt – enthält Klauseln, etwas rechtzeitig und auftragsgemäß zu liefern/zu erledigen. Ein Traum dieser Art könnte daran erinnern, daß jede Beziehung ihre zwei Seiten hat. **LEIM** im Traum signalisiert andererseits, daß man die Disziplin übertrieben hat, wobei aber auch wichtig ist, Umfeld und Zusammenhang sowie die dabei herrschende Stimmung zu analysieren.

DIE WELT DER NATUR
PHANTASIE- & FABELWESEN
KUNST & WISSENSCHAFT
MENSCHLICHER KÖRPER
GEBÄUDE & INNENRÄUME
ALLTÄGLICHE DINGE
GEFÜHLSLEBEN
TÄTIGKEITEN
BEFINDLICHKEITEN
RITUALE & RELIGION
THESAURUS DER TRÄUME

SALUTIEREN

SALUTIEREN ist gewiß ein Ausdruck von Disziplin, nur: Geschah es im Traum aufrichtig oder ironisch? Erwiesen Sie einer realen Idee, einem Projekt oder einer Situation Ihre Ehrenbezeugung? Oder gaben Sie damit sich selbst die Zustimmung zur unbeirrbaren Loyalität einer bestimmten Ansicht gegenüber?

VERKEHRSAMPELN
STRASSENSCHILDER

VERKEHRSAMPELN sind zusammen mit **STRASSENSCHILDERN** Anweisungen, die man respektieren sollte, und zwar nicht nur zum eigenen Wohl, sondern auch zu dem der Allgemeinheit. Ein Traum, in dem man sie ignoriert, kann ein mahnender Hinweis auf vernünftiges Verhalten im Wachleben sein.

JUSTIZ

Selbst wer sich bewußt dafür entschieden hat, nur seiner Familie gegenüber Verpflichtungen zu haben und sich über Fairneß und Vorurteile nicht den Kopf zu zerbrechen, wird gelegentlich in seinen Träumen daran erinnert – wie von seinem besseren Ich –, daß es ohne Gerechtigkeit und Justiz einfach nicht geht.

GERICHTSSAAL
ANKLAGEBANK
RICHTER *125, 162*
STAATSANWALT
GESCHWORENE
MONARCH
POLIZIST *163*

In einem **GERICHTSSAAL**-Traum sitzt man vielleicht selbst auf der **ANKLAGEBANK**. Man kann aber auch der **RICHTER** sein oder der **STAATSANWALT** oder **GESCHWORENER**. Selbst den Recht sprechenden **MONARCHEN** können Sie verkörpern oder einen **POLIZISTEN**, der dafür sorgt, daß Recht und Ordnung gewahrt werden. Justizthemen im Traum sind fast mit Sicherheit Hinweise, daß Ihr Thema im Wachleben großen moralischen Widerstreit verursacht. Steht man, statt ihm ausgeliefert zu sein, auf der Seite des Gesetzes, so vertraut vermutlich jemand darauf, daß Ihr Sinn für Gerechtigkeit für eine faire Entscheidung sorgt. Das kann eine einfache Familiensache betreffen, aber auch eine sehr viel weiterreichende. Welche Entscheidung zu treffen ist, müßte sich aus der Traumanalyse klar ersehen lassen.

RICHTER *125, 162*
ANKLÄGER
ANGEKLAGTER
WAAGSCHALE

Für die Beurteilung eines Justiz-Traums ist auch das Verhalten der Autoritätsperson (*s. S. 162*) wichtig. Haben Sie das Urteil akzeptiert? Oder war Willkür und Ungerechtigkeit im Spiel? Falls Sie selbst der **RICHTER** waren, müssen Sie vielleicht in der Realität einige Vorurteile ablegen oder relevante Beweise überzeugender vortragen. Waren Sie der **ANKLÄGER**, aber zugleich auch der **ANGEKLAGTE**, und arbeitet Ihr Gewissen also rege? Träume, bei denen etwas auf die **WAAGSCHALE** gelegt wird, sind eine Mahnung, beide Seiten einer Sache zu betrachten; vielleicht hat man einer Seite nicht ausreichend Gewicht beigemessen. Schuldgefühle aller Art und Bestrafungsrituale oder -vorstellungen sind nach Freud (*Die Traumdeutung*) immer Projektionen, die sich aus dem Unterbewußten schon bei „Verletzungen der Normen" heraufdrängen, selbst wenn die eigentliche Schuld-Ebene noch gar nicht erreicht ist.

TRAUMANALYSE

„Ich fuhr im Bus von der Arbeit nach Hause, als mich jemand am Arm faßte, mich auf ein Paradefeld mitzerrte und die Soldaten in Paradeuniform dort kommandieren ließ. Ich wußte, daß die Königin in einer halben Stunde erwartet wurde. Ich wußte auch genau, wie die Parade verlaufen sollte, aber nicht, was für Befehle ich erteilen mußte. Ich schrie also: ‚Der Haufen da drüben mal weiter nach hinten!' Aber da lachten sie alle nur, und die Musikkapelle spielte einen Trauermarsch. Ich hörte schon die Menge der nahenden Königin zujubeln. Da wachte ich in kalten Schweiß gebadet auf."

George ist Theaterinspizient. Bei einem Musical sollte es zahlreiche Szenenwechsel geben. Er machte sich zunehmend Sorgen, ob alles glatt ablaufen könne, da man ihm nicht genug Zeit für einen bestimmten Szenenwechsel gab. Die Königin im Traum stand für den Regisseur. In mancher Hinsicht war dies ein klassischer Angsttraum, aber es war auch ein starker Wille erkennbar, allen Schwierigkeiten zum Trotz „sein Stück zusammenzukriegen" und seine Arbeit besser und erfolgreich zu organisieren.

IMAGE

Auch wenn wir nicht alle imagebewußt sind, gewisse Standards – die unserer eigenen Generation – respektieren wir. Wir mögen für Rockmusik sein oder für Klassik, aber an Normvorstellungen halten wir uns. Sich von ihnen zu lösen, bedarf eines bewußten Willensakts. Träume können Image-Veränderungen anregen oder verhindern.

HAARE *92, 146*
GLATZE *92*
PERÜCKE
TRANSPLANTAT

Träume, in denen **HAARE** eine große Rolle spielen, sind Kommentare zu unserem physischen und psychischen Befinden und symbolisieren Männlichkeit und Lebenskraft. Haben Sie im Traum Ihr dichtes, glänzendes Haar gebürstet, dann bestätigt Ihnen Ihr Unterbewußtsein damit, daß Sie im Leben Erfolg haben und gut aussehen. Hatten Sie aber Haarausfall oder bereits eine **GLATZE**, dann scheint Ihr Selbstbewußtsein unterentwickelt zu sein, weil jemand dauernd daran sägt. Haben Sie eine **PERÜCKE** ausprobiert, dann scheinen Sie im Wachleben eine etwas prätentiöse Art zu haben, ebenso, wenn Sie sich im Traum Haare **TRANSPLANTIEREN** ließen. Andererseits könnte beides bedeuten, daß Sie Ihre Jugendlichkeit zurückgewinnen möchten. Männliche Teenager haben

RASIEREN *150*
BART *92*

meistens Angst vor dem **RASIEREN** durch Fremde. Wichtig ist, wer der Rasierende ist. Ein Traum-**BART** ist ebenfalls ein Männlichkeitssymbol, kann aber auch eine Frage sein, was man dahinter verstecken will: ein fliehendes Kinn vielleicht (= emotionale Schwäche), oder will man mehr Männlichkeit vortäuschen, als vorhanden ist?

ZÄHNE *92, 95*

Viele Träume haben mit den **ZÄHNEN** zu tun; entweder fallen sie aus oder sind so schlecht oder schief, daß wir immer den Mund zupressen. Fast alle haben wir irgendwann einmal diesen Traum. Er kann bedeuten, daß wir etwas Unpassendes oder zur Unzeit sagten, also besser den Mund gehalten hätten, doch häufiger geht es um das eigene Aussehen, für das die Zähne ja von entscheidender Bedeutung sind. Wir sehen, sagt dieser Traum, nicht bestmöglich aus.

KOSMETIKA
KÖRPERBEMALUNG

Kosmetik wird aus vielerlei Gründen verwendet, zur Verbesserung des Aussehens, zum Verbergen von Mängeln und um anderen zu gefallen. Bedient der Traum sich dieser Symbole, dann als Hinweis darauf, daß Mängel oder Hemmungen vorhanden sind, denen man sich aber nicht gerne stellt. Wendet man im Traum **KOSMETIKA** an, dann sucht man im Wachleben vermutlich etwas zu verbergen/verdecken – womöglich sogar vor sich selbst. Vielleicht waren im Traum die Kosmetikbemühungen auf einen bestimmten Bereich konzentriert, z. B. die Augen. Versuchen Sie also im Wachleben etwas nicht zu sehen oder zu verstehen? Welcher Lebensbereich oder welche Einstellungen oder Charaktereigenschaften müßten einmal näher untersucht werden? Vielleicht weichen Sie den Realitäten aus? Haben Sie sich im Traum mit Schminkfarben den ganzen Körper bemalt oder einer **KÖRPERBEMALUNG** unterzogen? Dies ist ein bedeutend intimerer Akt als nur ein Kleiderwechsel *(s. S. 84)* und kann sich also auf Ihre intimsten Gefühle beziehen, wobei die gewählte Farbe *(s. S. 75)* bedeutsam ist.

SONNENBRÄUNE

Noch immer herrscht die Ansicht vor, **SONNENBRÄUNE** steigere nicht nur das Wohlbefinden, sondern auch das Aus- und damit Ansehen. Ein Sonnenbad im Traum kann aber, selbst wenn Sie im Wachleben optimistisch, positiv und lebensbejahend sind, eine nachdrückliche Warnung davor sein, sich in der Realität nicht (die Finger) zu verbrennen, indem Sie allzu sehr an Ihrem Aussehen herumbasteln.

TÄTOWIERUNG

Sich im Traum **TÄTOWIEREN** zu lassen, hat ähnliche Bedeutung wie die Körperbemalung *(s. S. 165)*, aber der entscheidende Unterschied ist die

DIE WELT DER NATUR
PHANTASIE- & FABELWESEN
KUNST & WISSENSCHAFT
MENSCHLICHER KÖRPER
GEBÄUDE & INNENRÄUME
ALLTÄGLICHE DINGE
GEFÜHLSLEBEN
TÄTIGKEITEN
BEFINDLICHKEITEN
RITUALE & RELIGION
THESAURUS DER TRÄUME

Dauerhaftigkeit der Tätowierung. Sie entscheiden sich also bewußt und endgültig für etwas. Was für eine Tätowierung war es? Rein dekorativ? Dann haben Sie das Bedürfnis, nachhaltig etwas für Ihr Image/Aussehen zu tun. Oder war es ein Name, ein Motto, ein erkennbares Symbol? Dann mag sich das überhaupt nicht auf Image und Aussehen beziehen, sondern eher auf den Wunsch, im Wachleben einer Erinnerung oder einer wichtigen Tatsache ein bleibendes Denkmal zu setzen. Ein Traum, in dem man eine Tätowierung entfernen läßt, macht darauf aufmerksam, daß es ein langer und mühevoller (und schmerzlicher) Prozeß ist, etwas oder jemanden aus seinem Leben zu entfernen, wobei man offenbar gerade ist. Ist man sich der Tätowiernadel sehr bewußt, können sexuelle Anklänge mitschwingen.

KOSTÜM
MASKE
LARVE
TRANSVESTIT

Die meisten Menschen kostümieren und maskieren sich gern, ziehen also **KOSTÜME** an und gehen heiter auf Bälle oder Partys mit **MASKEN** oder **LARVEN**. Solche Episoden im Traum können weit wichtigere Aussagen enthalten, als wir annehmen. Wie bei den Kosmetika *(s. S. 165)* verändern wir mit alledem unser Aussehen, was Tarnung und Verstecken eines bestimmten Teils unserer Persönlichkeit bedeutet. Ein **TRANSVESTITEN**-Traum (Tragen von Kleidern des anderen Geschlechts) kommentiert Schwierigkeiten mit dem Gleichgewicht zwischen der maskulinen und der femininen Seite der Persönlichkeit, ist jedoch kein Hinweis auf Homosexualität.

UNSICHTBARKEIT

Der Wunsch, **UNSICHTBAR** zu sein, bedeutet Furcht oder Scham wegen eines

BESCHEIDENHEIT
INFERIORITÄT

bestimmten Aspekts Ihres Wachlebens. Zusätzliche Hinweise müssen die Zusammenhänge ergeben. Es kann ein Kommentar zum eigenen Selbstvertrauen bzw. dessen Mangel sein. Ein Traum von **BESCHEIDENHEIT** kann dagegen nur signalisieren, daß man sich lieber weniger auffällig kleiden oder auch benehmen sollte. Fühlt man sich im Traum anderen ausgesprochen unterlegen (**INFERIORITÄTS**-Komplex), sollte man seine Träume *(s. S. 33)* um die Aufzeigung von Wegen zur Steigerung des Selbstvertrauens bitten; vielleicht ist ein kompletter Imagewechsel die Lösung.

SPIEGEL

Sehen Sie im Traum in den **SPIEGEL,** kann dies einfach nur Besorgnis über Ihr Image/Aussehen bedeuten. Da wir uns im Spiegel aber bekanntlich seitenverkehrt sehen, kann es sich auch um eine Aufforderung handeln, sich selbst einmal so zu betrachten, wie einen die anderen sehen. War der Spiegel schmutzig, oder hatte er Sprünge? Dann unterliegen Sie wohl einigen Selbsttäuschungen. Waren Sie hingegen überrascht, wie klar und scharf das Spiegelbild ist, und stellten Sie gleichzeitig daran Schönheitsfehler fest, die Ihnen vorher noch nie aufgefallen waren, dann vollziehen Sie wohl gerade entsprechende Veränderungen in Ihrem Wachleben.

MODE
MODEL/MANNEQUIN
KLEIDERPUPPE

Träume mit Modethemen sind vielleicht Reaktionen auf Ihre gesamte Einstellung zur Gegenwart. Wenn Sie sich schäbig angezogen fanden, dann haben Sie offensichtlich das Gefühl, selbst und mit Ihren Ansichten „aus der Mode“ zu sein. Wenn Sie aber die Models auf dem Laufsteg bewundert haben, was an Ihnen fanden Sie so attraktiv? Möchten Sie selbst **MODEL/MANNEQUIN** werden, dann ist es wohl ein Wunscherfüllungstraum *(s. S. 150),* und Sie träumen auch wach davon. Sahen Sie im Traum eine **KLEIDERPUPPE** im Schaufenster an oder selbst puppenhaft aus (hübsch, aber seelenlos)? Mit anderen Worten, waren Sie selbst dieses Traum-Mannequin?

LEISTUNG

Nicht immer tadeln die Träume uns nur. Manchmal gratulieren sie uns auch und anerkennen eine Leistung, die unser Wach-Ich aus irgendwelchen Gründen nicht erkennt. Wenn dies geschieht, sollte uns das stärken.

TITEL
DIPLOM
177
ORDEN
TOR
ELTERN
PARTNER
90

Sie träumen vielleicht, Ehrungen zu empfangen: Man verleiht Ihnen einen **TITEL** oder ein **DIPLOM,** oder Sie bekommen ein Abschluß-Zeugnis von einer höheren oder Hochschule oder einen **ORDEN,** oder Sie schießen ein entscheidendes **TOR** für Ihre liebste Mannschaft. In der Realität scheinen solche persönlichen Leistungen häufig anderen wichtiger zu sein als Ihnen selbst, und deshalb gestatten wir uns im Traum zuweilen zuviel der Ehre. In einem solchen Fall sind Sie sich vielleicht der Bedeutung einer Ihrer Leistungen gar nicht voll bewußt. Nehmen im Traum **ELTERN** oder Ihr **PARTNER** an der Ehrung teil, dürfen Sie gewiß sein, daß Sie durch das von Ihnen Vollbrachte auch tatsächlich in deren Ansehen und Achtung gestiegen sind.

RENNEN
134
PREIS

Wenn Sie im Traum ein **RENNEN** oder einen **PREIS** gewonnen haben, so symbolisiert dies eine Leistung eher physischer als mentaler Art: Vielleicht haben Sie mit einer Diät über Ihr Gewicht „gesiegt“ oder das Rauchen „erfolgreich“ aufgegeben.

RUHM

Ein Traum von **RUHM** kann reine Wunscherfüllung *(s. S. 150)* sein, aber auch Sinnbild für einen öffentlichen Auftritt oder die Tatsache sein, daß Ihr (gutes oder schlechtes!) Verhalten von mehr Leuten registriert wird, als Sie vielleicht vermuten.

ERNTE

Ein **ERNTE**-Traum enthält die Mitteilung, daß alles seine Folgen hat: Wie man sät, so erntet man. Verlief Ihre Traum-Ernte problemlos, oder verregnete oder verhagelte es sie?

HEILIGENSCHEIN

Wenn Sie von einem **HEILIGENSCHEIN** träumen, haben Sie eine ausgesprochen gute Meinung von sich selbst. Aber ist sie auch gerechtfertigt? Haben Sie jemand anders mit einem Heiligenschein gesehen, so mag das eine Zusammenfassung Ihrer Gefühle für diese Person bedeuten.

DIE WELT DER NATUR
PHANTASIE- & FABELWESEN
KUNST & WISSENSCHAFT
MENSCHLICHER KÖRPER
GEBÄUDE & INNENRÄUME
ALLTÄGLICHE DINGE
GEFÜHLSLEBEN
TÄTIGKEITEN
BEFINDLICHKEITEN
RITUALE & RELIGION
THESAURUS DER TRÄUME

VERÄNDERUNGEN

Viele Menschen finden es schwierig, sich mit Veränderungen abzufinden. Sie schaffen Unruhe, man sieht selten die neuen Möglichkeiten, die sie bieten, und allzu leicht unterliegen wir unseren Emotionen oder den Erfordernissen des Augenblicks. Träume sind jedoch immer dazu bereit, uns die Wahrheit zu sagen, und wenn wir auf sie hören, erhalten wir von ihnen wertvollen Rat – besonders auch in Zeiten des Wandels.

ABSCHIED
AUSWANDERUNG

Ein Traum von Tod *(s. S. 86)* ist fast immer symbolisch für kommende – praktische oder psychologische – Veränderungen und kann in der Traumdeutung sogar zu den positivsten Symbolen zählen. Einem Todes-Traum ähnlich ist der vom **ABSCHIED**-Nehmen. Dabei bleibt festzustellen, wovon man (in der Realität) Abschied nimmt. Ein Traum, in dem Sie Freunden oder Ihrem Partner Lebewohl sagen, bedeutet nicht automatisch, daß Sie diese bald verlassen wollen; Sie verabschieden sich vielleicht von etwas, das sie repräsentieren. Auf gleiche Weise bedeutet der Abschied von einem Haus oder Ort, daß man seine Vergangenheit insgesamt oder jedenfalls einen Teil von ihr hinter sich zu lassen bereit ist. Zusätzliche Symbole in dem Traum können seine wahre Bedeutung klären. Geht es im Traum um eine **AUSWANDERUNG**, so ist das Traumsymbol besonders deutlich. Sie hängen vermutlich in der Realität sehr an Ihren bisherigen Lebensumständen, und es steht Ihnen eine wirklich radikale Veränderung bevor, die Sie erst verkraften müssen.

TARNUNG
KALEIDOSKOP
68

Verkleiden oder **TARNEN** Sie sich im Traum, haben Sie offenbar etwas zu verbergen. Es kann aber auch einfach ein Bezug auf Veränderungen sein. Welcher Art war Ihre Verkleidung? Haben Sie sich als Clown maskiert oder als Ungeheuer oder einfach als jemand anders, dem Sie im Wachleben vielleicht ähnlicher werden wollen? Ein Traum von oder mit einem **KALEIDOSKOP** demonstriert, daß Ihr Leben mehr Farbe und Abwechslung braucht.

ALCHEMIE

Die **ALCHEMIE** dreht sich nicht nur um die Verwandlung von einfachem Metall in Gold. Wenn also eines ihrer Symbole in einem Traum auftaucht, ist zu überlegen, was im Leben der Verbesserung bedarf. Welches „Element“ könnte Sie als wertvolles Mitglied der Gemeinschaft ausweisen? In der Alchemie gibt es aber auch eine gleichermaßen starke Tradition psychologischer Veränderungen. Es war ihr Ziel, die menschlichen Wesen aus niederem Stoff in engelsgleiches Gold zu verwandeln. Ihr Traum suggeriert also, daß Sie sich in irgendeiner Hinsicht zum Besseren verändern müssen.

REVOLUTION

REVOLUTION ist eine radikale und gewaltsame Veränderung der Zustände. Ein Revolutions-Traum verlangt Nachdenken, was im realen Leben dramatischer Veränderung bedarf. Eine persönliche Eigenschaft, die man rasch und radikal ablegen muß? Oder muß privat oder beruflich etwas verändert werden? Der Ursprung und die treibende Kraft von Revolutionen ist bekanntlich großer Zorn. Ihr Traum möchte Sie also vermutlich auch dazu anfeuern, Ihrem aufgestauten Ärger ein Ventil zu verschaffen.

VERSUCHUNG

In der Frühzeit des Christentums hielt man Träume für Blendwerk des Teufels, der damit Männer und Frauen zur Sünde verleiten wolle. Es gibt viele Berichte von Heiligen, die durch erotische Träume in Versuchung geführt worden sein sollen.

PROSTITUIERTE *151*
GIGOLO *151*
FISCHEN *152*

Heute weiß man, daß Träume von niemandem „geschickt“ werden, sondern daß sie Botschaften von uns selbst an uns selbst sind. Träume von Versuchungen oder Handlungen, die wir im Wachleben für unmoralisch halten, erinnern uns an Wünsche und Begierden, die wir verdrängt haben. Ein Traum, in dem man zu einer **PROSTITUIERTEN** oder zu einem **GIGOLO** geht, kann ein reiner Ausdruck sexueller „Untererernährung“ sein oder der Wunsch nach sexueller Abwechslung. Ein Traum, in dem man **FISCHEN** geht und einen unwiderstehlichen Köder an der Angel auslegt, bedeutet den direkten Wunsch, sich jemanden „zu angeln“, oder daß es eine nahezu unwiderstehliche Versuchung gibt. Das Unterdrücken von Wünschen kann edle Motive haben, trotzdem muß man sich über seine Emotionen klar sein und diesen die Zügel zumindest so locker lassen, daß man abschätzen kann, ob ihre Verdrängung nicht zu psychischen Schwierigkeiten führt.

TRAUMANALYSE

„Ich spielte Billard, obwohl ich von diesem Spiel überhaupt keine Ahnung habe. Ich war am Verlieren, aber ich wußte trotzdem, daß ich noch gewinnen konnte, wenn ich den blaßblauen Ball einlochte. Als mein Gegenspieler nicht hersah, nahm ich den Ball, um ihn in die Tasche zu stecken. Doch sofort schämte ich mich, ließ ihn zu Boden fallen und tat, als wäre er mir versehentlich hinuntergefallen.“

Der Träumer war in die Freundin seines Freundes verliebt (am Tag zuvor hatte er sie in einem blaßblauen Kleid gesehen). Er dachte, er könne sie „in die Tasche stecken“, wenn er seinen Charme spielen lasse, aber der Traum sagte ihm, daß er dieser Versuchung widerstehen sollte.

BESCHRÄNKUNGEN

Unsere Frustration über alle die Beschränkungen, die uns das Leben aufzwingt – praktisch und psychisch –, entlädt sich oft im Traum. Da Träume aber normalerweise konstruktiv sind, geben sie uns auch Hinweise darauf, wie wir damit fertig werden können.

GEFÄNGNIS *124*

Träume, in denen die Bewegungsfreiheit beschränkt ist, müssen keine direkte Analogie zu physischem Eingesperrtsein in der Realität darstellen. Wer eingesperrt ist, träumt ganz im Gegenteil von der Freiheit, wenn auch die Umstände des Eingesperrtseins zu Alpträumen *(s. S. 154)* führen können. Träume vom **GEFÄNGNIS** können psychische Beengtheit bedeuten. Man kann sich in einer persönlichen Beziehung „gefesselt“/„eingesperrt“ fühlen, oder auch in einer Verantwortung, die schwer auf einem lastet. Die näheren Umstaände des Gefängnisaufenthalts sollten Sie einer genaueren Betrachtung unterziehen, speziell, ob es Erleichterungen gab – die Aussicht aus dem Fenster ins Freie, einen freundlichen Wärter (und wen in Ihrem Wachleben verkörpert dieser?). Weil man ins Gefängnis immer „geschickt“ wird, muß also jemand für die Beeinträchtigung der Bewegungsfreiheit in der Wirklichkeit verantwortlich sein. Gleiches gilt für jede Art von **ARREST** oder Fesselung mit einem **SEIL**, und die

ARREST *153*
SEIL

Die Welt der Natur
Phantasie- & Fabelwesen
Kunst & Wissenschaft
Menschlicher Körper
Gebäude & Innenräume
Alltägliche Dinge
Gefühlsleben
Tätigkeiten
Befindlichkeiten
Rituale & Religion
Thesaurus der Träume

dahinterstehende Motivation ist zu klären (weil man ja im Traum sowohl sein eigener Richter als auch Gefängniswärter sein kann).

GRUBE
FALLE
NETZ

Fielen Sie im Traum in eine **GRUBE**, kann dies eine Erinnerung an einen Unfall sein, der Sie in der Bewegung oder im Denken und Handeln einschränkte. Die Begleitumstände sollten die Erklärung für dieses Symbol liefern, immer bedacht, daß eine Grube Unterirdisches bedeutet *(s. Erde, S. 48)*. Traten Sie aber im Traum in eine **FALLE**, sind die herzustellenden Bezüge grundsätzlich verschiedener Art. Zwar hat jemand die Falle angelegt, um Sie zu fangen, aber zum Teil ist es Ihre eigene Schuld, wenn Sie hineintreten. Der Traum ist als Kritik an Ihrem Verhalten in letzter Zeit zu verstehen. Ein Traum, in dem Sie in einem **NETZ** gefangen werden, beinhaltet eine Aussage über erotisches Fehlverhalten (das Symbol steht in Verbindung mit weiblicher Macht).

ASTHMA

Alle Träume von körperlicher Beeinträchtigung wegen einer Krankheit weisen auf reale Schwierigkeiten hin, aber jemand, der an Asthma leidet, wird eher davon träumen, frei atmen zu können, als von seiner Krankheit. Ein Gesunder indessen, der von **ASTHMA** träumt, kann damit an reale körperliche Beeinträchtigungen erinnert werden *(s. a. Krankheit, S. 95)*.

PFERD
42, 144
ZÜGEL
GESCHIRR

Das Pferd ist traditionell ein Symbol des Lebens, aber auch z. B. für Weisheit, Denken und Verstand. (Für die frühen Christen war es sogar ein Lustsymbol.) Ein **PFERD** im Traum repräsentiert wahrscheinlich einen Teil der eigenen Persönlichkeit. Hatte das Pferd auch **ZÜGEL** oder war im **GESCHIRR**, bezieht sich das auf (selbst- oder fremdbestimmte) Beschränkungen im Wachleben, welche die volle Persönlichkeits- oder seelische Entfaltung verhindern. Wollte das Pferd in eine bestimmte Richtung laufen? Trug es einen Reiter? War es unlustig, geduldig oder phlegmatisch? Der Traum reflektiert sicherlich Ihre eigene Haltung zu dem Problem, das er symbolisiert, kann aber auch Wege aufzeigen, es zu lösen.

BESTRAFUNG

Träume teilen uns auch Dinge mit, die wir eigentlich gar nicht wissen möchten, so auch Bestrafungen, von denen wir unterbewußt wissen, daß wir sie verdienen. Manchmal sind es Strafen für Taten, die wir noch gar nicht begangen haben, oder für gedankenlos verübte.

GALGEN
125
VERBRECHER
124
MOB
175

Träume bestrafen zuweilen für Taten oder Gedanken, die das bessere Ich nicht billigt. Die Traumsymbole erscheinen dabei oft überzogen. Hat man vielleicht nur gedankenlos etwas Nachteiliges von einem Freund gesagt, sieht man sich im Traum gleich am **GALGEN** (weil man „Ruf-Mord" begangen hat!). Solche Träume können auch Ausdruck der Überzeugung sein, jemand anders verdiene die Strafe. Da ein Traumsymbol alles und jeden repräsentieren kann, kann der **VERBRECHER** ein anderer Mensch oder man selbst sein. Selbst ein ganzer **MOB** kann ausschließlich die eigene Persönlichkeit darstellen, allerdings auch

LYNCHEN
125
STOCK
GUILLOTINE
125
RUTE
51

die öffentliche Meinung. Träumt man, daß man **GELYNCHT** wird, muß man überlegen, ob man sich im Wachleben unsozial verhält. Man kann auch selbst das Strafinstrument sein, also **GALGEN, STOCK, GUILLOTINE** oder **RUTE**; dann ist nachzuforschen, wer damit bestraft wird und warum.

RUTE
51
STOCK

Körperliche Züchtigung, z. B. Auspeitschen mit der **RUTE** oder Prügel mit dem Schlag-**STOCK**, muß überhaupt nicht Strafe bedeuten. Geschieht sie im Traum und wird sogar angenehm empfunden, liegt die Deutung masochistischer Neigungen nahe.

HÖLLE *88*

Bilder der **HÖLLE** tauchen in Träumen von heute sicherlich sehr viel seltener auf als in puritanischeren Zeiten. Es gibt sogar bekannte Träume, in denen die Hölle als ganz angenehmer Ort erschien. Trotzdem, im allgemeinen gilt sie natürlich noch immer als schreckliche Verkörperung von Bestrafung und Büßen schlechthin. Im Traum in die Hölle verdammt zu sein und dort die bekannten Höllenqualen zu erleiden, ist zwangsläufig ein Verweis auf große bewußte oder unbewußte Schuldgefühle und all die Energie, mit der Sie selbst sich im Traum davor warnen.

UNTERRICHT SCHULE *89, 174*

Träumt man, wieder in der **SCHULE** und im **UNTERRICHT** dort zu sein oder nachsitzen zu müssen, weil man nicht ordentlich lernte, manifestiert sich darin Sorge, im Wachleben Anweisungen oder Informationen nicht beachtet zu haben. Auch das unterbewußte Schuldgefühl, vieles nicht zu wissen und eigentlich zum selbständigen Weiterlernen verpflichtet zu sein, kann in solchen Träumen zum Ausdruck kommen.

TRAUMANALYSE

„Bei einer öffentlichen Hinrichtung drängte ich mich neugierig und entsetzt zugleich nach vorne. Ich sah nach oben zum Galgen, und da baumelte ich selbst. Ein Mann neben mir sagte: ‚Schneiden wir ihn ab, vielleicht lebt er ja noch.' Die Menge war plötzlich verschwunden, wir stiegen auf der Leiter nach oben und schnitten die Leiche ab. Der Mann sagte: ‚Zu spät, er hing schon zu lange da.' Ich machte die Augen auf und blinzelte mir selbst zu."

Jonathan dachte zuerst, der Traum bedeute, er müsse bestraft werden, konnte sich aber nicht denken, wofür. Nach einiger Zeit wußte er, wer der andere Mann in dem Traum war: jemand, dem er Geld schuldete. Jonathan begriff, daß der Traum ihn für das Hinauszögern der Rückzahlung tadelte. Daß er sich selbst zublinzelte, bedeutete das stillschweigende Eingeständnis, daß er bewußte nicht zahlte, obwohl er das Geld gehabt hätte.

VERLUST

Traumbilder von Verlust tauchen häufig nach dem Tod geliebter Menschen auf. Sie können jedoch auch erscheinen, wenn es um den Verlust weniger greifbarer Dinge wie Liebe oder Respekt oder sogar Selbstachtung geht.

AMPUTATION

Träume, in denen man einen eigenen Körperteil durch **AMPUTATION** verliert (ein häufiger Traum!), hinterlassen ein starkes Verlustgefühl. Der Verlust eines Beins signalisiert Einschränkung der Bewegungsfreiheit, z. B. wegen eines unerfüllten Reisewunsches oder der Notwendigkeit, eine Reise abzusagen. Hat man kürzlich einen Kollegen oder Freund, auf den man sich verließ, verloren, träumt man vielleicht vom Verlust der rechten Hand. Bei einem Mann wird ein Kastrationstraum *(s. S. 97)* sicherlich mit Potenzverlust zusammenhängen.

JUNGFRÄULICHKEIT

Der Verlust der **JUNGFRÄULICHKEIT** im Traum kann hingegen etwas ganz anderes bedeuten als Entjungferung im sexuellen Sinn. Er kann den Verlust der rein kindlichen Unschuld versinnbildlichen – weil vielleicht bisherige naive Vorstellungen zerstört wurden. Was haben Sie im Wachleben in letzter Zeit erfahren, das Ihren Kinderglauben erschüttert, Ihre Vorstellungen über den Haufen geworfen oder Ihre Illusionen zerstört haben könnte?

Die Welt der Natur
Phantasie- & Fabelwesen
Kunst & Wissenschaft
Menschlicher Körper
Gebäude & Innenräume
Alltägliche Dinge
Gefühlsleben
Tätigkeiten
Befindlichkeiten
Rituale & Religion
Thesaurus der Träume

ASCHE

Ein Traum, daß man etwas durch Feuer *(s. S. 45)* verloren hat – speziell, wenn es absichtlich in einem Lagerfeuer verbrannt wurde –, sagt etwas über verlöschende Energie oder Motivation aus. Ist das Symbol in Ihrem Traum vollständig zu **ASCHE** verbrannt? Das wäre ein Zeichen für verlorene Ideale oder die Ablehnung eines Planes, den Sie zu verwirklichen trachteten. Er könnte Sie aber auch vor Überarbeitung warnen: Sie „verbrennen" zuviel emotionale oder physische Energie.

FREUND
ERSCHEINUNG

Verliert man im Traum **FREUNDE**, so deutet das auf den Verlust einer Eigenschaft hin, die man an diesem sehr bewundert. Die Art des Abschieds (ernst, unangenehm etc.) demonstriert den Grad des Verlustes. Daß jemand, den man verloren hat, im Traum erscheint, ist tröstlich, nur selten beängstigend, und unterstreicht den Verlust.

IRRGARTEN
LABYRINTH

Ein **IRRGARTEN** oder **LABYRINTH** ist oft Symbol für Schwierigkeiten oder Verwirrung in manchen Lebensbereichen. Fühlen Sie sich in einem Traum-Irrgarten verloren und verwirrt, sind die Ursache wohl die komplexen Möglichkeiten in Ihrem Wachleben, die sorgfältige Überlegungen vor allem Entscheidungen erforderlich machen. Beachten Sie alle möglichen zusätzlichen Hinweise des Traums, speziell, welche Symbole darin vorkamen. Wenn Sie sich schließlich dazu durchrangen, einen bestimmten Weg als Ausweg aus dem Irrgarten zu versuchen: Was führte zu dieser Entscheidung?

SCHWIERIGKEITEN

Ein Hauptzweck unserer Träume ist, uns die Schwierigkeiten unseres Wachlebens zu projizieren, damit wir diese besser verstehen können – durch verständliche Symbole. Es können aber auch Symbole ohne offensichtliche Bezüge auftauchen.

MORAST
BERG
58, 144
FELSWAND
58
EIS
130
SCHNEE
46, 160
IRRGARTEN
LABYRINTH

Träume, in denen Sie durch einen **MORAST** stampfen, einen **BERG** oder eine **FELSWAND** erklettern, sich durch **EIS** und **SCHNEE** kämpfen oder aus einem **IRRGARTEN** oder **LABYRINTH** *(s. o.)* hinauszukommen versuchen, können sich auf verschiedene Schwierigkeiten beziehen. Sie kommen, wenn man sich in einer mehr oder minder aussichtslosen Position sieht. Meist spiegeln sie Ihre Schwierigkeiten im Wachleben, übersetzt von der mentalen oder emotionalen Ebene auf die körperliche. Es kann sich lohnen, Ihren Träumen zu sagen, daß Sie mehr Information brauchen: Bitten Sie vor dem Einschlafen Ihre Träume, Ihnen einen Ausweg aus dem Sumpf oder auf den Berg zu zeigen. Ihre Träume geben Ihnen dann einen Hinweis. Vielleicht kehrt ds frühere Traumsymbol – Sumpf oder Berggipfel – gar nicht mehr zurück, dafür taucht aber ein neues Symbol auf, das seinerseits einen Ausweg aus dem Wachproblem anbietet. Die Klärung der Bedeutung hängt mit von den Nebensymbolen ab.

THESAURUS
KREUZWORT
133

Von einem Puzzle zu träumen, das Nachdenken erfordert, kann bedeuten, daß man die Wachprobleme etwas zu überheblich oder zu intellektell angeht und den Emotionen einen größeren Spielraum zubilligen soll. Steht man z. B. in einer schwierigen persönlichen Beziehung, ist das „Hinsetzen und vernünftig reden“ nur die eine Seite, und die Verdrängung der Leidenschaften, die Sie in das Dilemma brachten, eine ganz andere. Ein Traum, in dem man einen **THESAURUS** (Wortsammlung) nach einem Synonym für „Liebe“ durchsucht oder in einem **KREUZWORT**-Rätsel einen unübersehbaren Hinweis auf den Partner einfach nicht versteht, versucht mitzuteilen, daß man Thesaurus samt Kreuzworträtsel besser wegwirft und sich dafür der Gefühlsseite der Angelegenheit widmet. Macht Ihnen im Traum eine

MATHE-
MATIK
SPRACHE
138

MATHEMATIK-Gleichung oder eine unverständliche **SPRACHE** zu schaffen, so sind Sie vermutlich auch in der Realität über ein bestimmtes Verhalten oder einen Gefühlsausbruch bestürzt.

LIEGESTUHL
VERDAUUNG
IGEL

Die Masken, die sich Traumsymbole aufsetzen, sind Legion. Versuchen Sie z. B. vergeblich, einen **LIEGESTUHL** aufzustellen – welches einfache, aber unlösbare Problem in Ihrem Leben kann damit gemeint sein? Ein Traum von **VERDAUUNGS**-Störungen ist meist keine Folge schweren Essens, sondern eher einer „Kröte“, die Sie „schlucken“ mußten. Haben Sie im Traum versucht, einen **IGEL** mit bloßen Händen aufzuheben: Mit was für einem widerborstigen Zeitgenossen haben Sie es im Wachleben gerade zu tun?

EINSAMKEIT

Träume von Einsamkeit/Verlassenheit sind oft der Ausfluß eines einspännigen Lebens. Einsamkeits-Symbole können aber, außer auf ein freudloses Leben, auch darauf hinweisen, daß wir uns in einer Angelegenheit von Freunden oder Kollegen absondern.

MENGE
175, 177
ASTRONAUT
GARTEN
52, 54
KIND
89

Allein in einer **MENGE** zu sein, ist ein Gleichnis der eigenen Isoliertheit, in einer Landschaft *(s. S. 58)* aber bestätigt es, daß man seine Entscheidungen lieber allein trifft. War man traurig, bestätigt der Traum, daß Alleinsein nicht immer gut ist. **ASTRONAUT** auf einem Weltraumspaziergang zu sein, kann irritieren und auf die eigenen tiefsten Empfindungen verweisen, daß man „letztlich doch ganz allein ist“. Waren Sie hingegen allein in einem **GARTEN**, dann ist dies sehr viel annehmbarer – sofern der Kontext des Traums nichts anderes andeutet. Sieht man sich wieder als **KIND**, noch dazu allein und im Dunkeln, bedeutet dies, daß man lernen muß, sich auch mal auf andere zu verlassen und Hilfe derer, die helfen können, auch zu suchen. Jeder Traum von Einsamkeit und Alleinsein, ob nun wörtlich oder in einer Menge, drückt Existenzunsicherheiten aus.

TRAUMANALYSE

„Ich war wieder ein Kind und hatte Geld für Süßigkeiten bekommen. Auf dem Weg zum Laden aber verlor ich es und suchte in meiner Kleidung danach, doch deren Taschen waren voller Löcher, und ich wußte, durch eines war die Münze gefallen. Hätte ich bessere Kleidung, dachte ich, wäre das nicht passiert, und als ich in den Laden kam, sagte der Mann dort: ‚Warum hast du das Geld nicht in der Hand gehalten?‘ Er gab mir aber trotzdem einige Bonbons.“

James, ein junger Mann, sollte gerade eine neue Stellung antreten. Es war ihm klar, daß er einen guten Eindruck machen mußte, aber er hatte kein Geld, sich neue Anzüge zu kaufen, die er zu brauchen glaubte. Daß er im Traum das Geld wegen des schlechten Zustands seiner Kleidung verlor, spiegelte seine Sorge wider, nicht anständig genug für das Gehalt, das er bekam, gekleidet zu sein. Der Traum bestätigte aber auch, daß er seine neue Stellung verdiente.

Zusammenkünfte

Alle größeren Menschenansammlungen sind mit starken Gefühlen der Einmütigkeit oder der Gegensätze, von Streß oder Spannungen befrachtet. War man im Traum in einer Menge oder beobachtete eine solche, dann muß man die Atmosphäre und die vorherrschenden Emotionen dort analysieren. Eine Traum-Menge kann immer auch eine Problem-Menge symbolisieren.

CLUB
HERDENTRIEB
SIPPE

Ein **CLUB**-Mitglied zu sein, verleiht ein Gefühl von Sicherheit: Man weiß sich mit Gleichgesinnten bei gleichen Interessen verbunden. Was im Traum passierte, reflektiert vermutlich Ihre aktuellen Gefühle. War der Traum angenehm und fühlten Sie sich wohl, versinnbildlicht er, daß man sich in der Familie und bei den Freunden geborgen fühlt. Wurde man aber z. B. hinausgeworfen und schämte sich, hat man in der Realität wahrscheinlich Schuldgefühle bestimmter Art. Der **HERDENTRIEB** in uns bewirkt vor allem in der Jugend, daß man sich auf keinen Fall von der eigenen Freundes-Clique unterscheiden will. Bei Erwachsenen aber verlangt ein Traum mit **SIPPEN**-Obertönen, zu erforschen, ob man die eigene Individualität genügend ausdrückt oder von der Bezugsgruppe bzw. Sippe stärkere Unterstützung sucht.

SCHULE
89, 171
LEHRER
88, 89
HOCHSCHULE
UNIVERSITÄT
VORLESUNG
TUTOR

Träume von der **SCHULE** erläutern, wie die Vergangenheit in die Gegenwart hineinwirkt. Verbindungen vom Traum zu jüngsten Ereignissen ergeben sich, auch der **LEHRER** – eine Autoritätsfigur *(s. S. 162)* – entspricht vermutlich jemandem in der Gegenwart. An der **HOCHSCHULE** oder **UNIVERSITÄT** herrscht größere Freiheit als an einer Schule. Wenn man also von einer **VORLESUNG** träumt und die Aufmerksamkeit eines **TUTORS** zu erwecken ver

suchte, so ist für die Deutung zu klären, wen er in der Realität verkörpert und warum man soviel Wert darauf legte, von ihm beachtet zu werden. Oder verkörpert er einen Teil der eigenen Intelligenz, die man selbst nicht genug schätzt? Man braucht vielleicht stärkere intellektuelle Herausforderungen oder möchte seinen geistigen Horizont in einer anderen Hinsicht erweitern.

KOMMUNE
GEMEINSCHAFT

Ähnlich wie bei einem Club *(s. gegenüberliegende Seite)* ist eine Kommune oder eine Gemeinschaft in der Regel ein Zusammenschluß Gleichgesinnter. Aber in einer Kommune leben und arbeiten, verlangt normalerweise auch Opfer nach dem Motto: „Wir bekommen nur wenig Geld für harte Arbeit." Waren Sie in Ihrer Traum-Kommune oder -Gemeinschaft ein williger Arbeiter oder fühlten Sie sich doch eher ausgebeutet? Mit anderen Worten: Fühlt sich Ihr Wach-Ich in irgendeiner Weise übervorteilt? Wenn Sie aber fleißig gearbeitet haben, weil Sie wußten, alle zogen am gleichen Strang der gemeinsamen Sache, dann haben Sie vermutlich das Gefühl, im Wachleben deutlich mehr für die Gemeinschaft und das Allgemeinwohl tun zu müssen.

KONFERENZ
KONGRESS
PUBLIKUM
EMPFANG
GÄSTE
102

Schicken unsere Träume uns in **KONFERENZEN** oder zu **KONGRESSEN**, dann sagen sie uns damit, wir sollten mehr auf andere Meinungen und Erfahrungen hören und flexibler werden. Haben wir auf einer solchen Veranstaltung selbst gesprochen, dann hängt die Deutung wesentlich davon ab, ob unser **PUBLIKUM** uns mit großem Interesse zuhörte, ob wir schreien mußten, um uns Gehör zu verschaffen, oder ob wir gar mit Buhrufen vom Podium vertrieben wurden. Dies alles sind Traumsymbole mit Aussagen zu unserer gegenwärtigen Lebenseinstellung und Warnungen vor den Reaktionen der Umwelt. Das vielleicht negativste Symbol wäre, wenn wir im Traum gesehen hätten, daß das halbe Publikum während unseres Vortrags friedlich schlief. Gaben wir selbst im Traum einen **EMPFANG** und begrüßten **GÄSTE**, dann bestätigt dies, daß wir im Wachleben besonders aufgeschlossen sind. Gab es jedoch Schwierigkeiten mit einigen Gästen, so stehen diese für reale Probleme in unserem Umfeld *(s. a. unten bei* Menge*)*.

GEMEINDEVERSAMMLUNG

Im Traum bei einer religiösen **GEMEINDEVERSAMMLUNG** (zum Gebet oder Gottesdienst) zu sein, kann die Zustimmung zu einer moralischen Position bedeuten. Auf jeden Fall hängt es mit Ihrer moralischen bzw. mit Ihrem gegenwärtigen spirituellen/religiösen Standort zusammen. Stimmung, Verhalten und Reaktion auf den Gottesdienst sind wesentliche Elemente für die Traumdeutung.

MENGE
173, 177
MOB
170
BANDE
176

Träume, in denen man von einer **MENGE** oder einem **MOB** bedrängt wird, können äußerst angsterregend sein, und davon kann nur befreien, wenn es gelingt, sich herauszukämpfen. Fast immer verweist so etwas auf Probleme, die einen im Wachleben „umgeben" – je dichtgedrängter die Menge, desto schwerwiegender die Probleme. Positiv ist ein solcher Traum, wenn es gelingt, die Menge unter die eigene Kontrolle zu bringen. Hatte man aber Angst, niedergetrampelt zu werden, ist dies ein Symbol dafür, daß man viel Hilfe benötigt, z. B. wenn man sehr hart arbeitet,

TRAUMANALYSE

„Ich befand mich zu Ostern in Griechenland in einer wogenden Menge. Es war fürchterlich laut, und die Leute schossen Feuerwerkskörper ab, vor denen ich seit jeher Angst habe, und ich geriet auch richtig in Panik, weil ich der Menge nicht entkam. Ein Mann neben mir sagte: ‚Keine Angst, die können Ihnen nichts tun', und gab mir einen Knallkörper. Ich dachte, er würde explodieren, doch er verknatterte nur. Dann aber wuchsen Wurzeln daraus hervor, und es wurde eine schöne Orchidee daraus."

Die Träumerin war Lehrerin und hatte Schwierigkeiten mit einem Stundenplan, den sie erstellen sollte, wobei Kollegen sie bedrängten, ihre Wünsche zu berücksichtigen. Sie fürchtete, daß es bald Krach gäbe. Der Traum versicherte ihr aber, daß sie die Sache fest im Griff habe. Sie war Hobby-Orchideenzüchterin. Dies sind sehr langlebige Pflanzen. Daß eine Orchidee ihren Traum krönte, war deshalb Bestätigung ihrer Hoffnung, ihre Arbeit werde zu einem guten Ergebnis und zu Anerkennung führen.

DIE WELT DER NATUR
PHANTASIE- & FABELWESEN
KUNST & WISSENSCHAFT
MENSCHLICHER KÖRPER
GEBÄUDE & INNENRÄUME
ALLTÄGLICHE DINGE
GEFÜHLSLEBEN
TÄTIGKEITEN
BEFINDLICHKEITEN
RITUALE & RELIGION
THEASAURUS DER TRÄUME

Die Welt der Natur
Phantasie- & Fabelwesen
Kunst & Wissenschaft
Menschlicher Körper
Gebäude & Innenräume
Alltägliche Dinge
Gefühlsleben
Tätigkeiten
Befindlichkeiten
Rituale & Religion
Theasaurus der Träume

VERSAMMLUNG PARTEI

um eine Stellung zu behalten und die Familie zusammenzuhalten, oder persönliche Probleme Depressionen oder Verwirrung verursacht haben. Von einer zügellosen **BANDE** gejagt zu werden, kann ebenfalls auf bestimmte Probleme verweisen, die Bande kann aber auch einem Ungeheuer *(s. S. 154)* ähneln. Wen verkörperte/meinte die Bande? Vielleicht jemanden, den man kennt? Der Grund warum man im Traum an einer **VERSAMMLUNG** oder Kundgebung teilnahm – entweder, weil man die Ziele dieser politischen **PARTEI** unterstützte oder im Gegenteil bekämpfte –, ist ausschlaggebend für die Deutung. In jedem Fall ist ein gewisser Zorn des Wach-Ichs mit im Spiel, der der Erforschung bedarf.

REGIMENT *141*
ORCHESTER *70*

Bei aller Verschiedenheit haben ein **REGIMENT** und ein **ORCHESTER** viel gemeinsam. In beiden ist strikte Disziplin *(s. S. 163)* und exakte Zusammenarbeit nötig, um erfolgreich zu wirken (= zu verteidigen/kämpfen bzw. Musik zu machen). Im Traum Regimentsangehöriger oder Orchestermitglied zu sein, kann die Notwendigkeit ausdrücken, mit den Freunden oder Kollegen diszipliniert zusammenzuarbeiten – „im Gleichschritt" und „gleichgestimmt". Die anderen im Regiment oder Orchester können direkt die Kollegen in der Realität verkörpern. Wie gut spielte das Orchester, wie entschlossen marschierte das Regiment?

FAMILIENTREFFEN

Ein Traum von einem **FAMILIENTREFFEN** hat wohl nostalgische Bezüge, d. h., man ist kürzlich mit der Vergangenheit konfrontiert worden oder mit ihr beschäftigt gewesen, oder vielleicht erkennt man einen Nutzen für den Augenblick aus vergangenen Erfahrungen. Womöglich aber auch ist man zu sehr auf die Vergangenheit fixiert, statt den Blick auf Gegenwart und Zukunft zu richten.

FESTLICHKEITEN

Träume von Festlichkeiten spiegeln höchstwahrscheinlich ein Gefühl der Genugtuung, etwas vollbracht/vollendet zu haben, wider. Wie wir uns dabei fühlen und verhalten und was überhaupt vorgeht, bringt die tiefere Bedeutung des Traums zum Vorschein.

WEIHNACHTEN
KARNEVAL *179*

Träumt man von einer Enttäuschung zu **WEIHNACHTEN**, kann das eine Mahnung sein, die eigenen Erwartungen nicht zu hoch anzusetzen, oder einfach, sich auf das (oder ein anderes) Fest vorzubereiten. Auch die religiöse Seite des Themas ist zu bedenken. Waren Sie im Traum bereit, Ihren Glaubensfragen größeres Augenmerk zu widmen? Der **KARNEVAL** ist für viele Menschen ebenfalls ein Anlaß zu intensiven Vorbereitungen. Gingen Sie im Traum zum Karneval: Wie waren Sie kostümiert *(s. a.* Image, *S. 165)*? Zog der Karnevalsumzug einfach nur vorüber? Das würde bedeuten, daß Ihnen entgeht, was das Wachleben Ihnen zu bieten hat.

FESTIVAL
FEST

Feierte Ihr Traum-**FESTIVAL** etwas Bestimmtes, dürfte dies das Schlüsselsymbol sein. Waren Sie persönlich daran beteiligt, ist der Traum Lob für das, was Sie kürzlich geleistet haben, und Ermunterung Ihres Selbstbewußtseins. Bei Dorf**FESTEN** hingegen ist oft Rivalität im Spiel, was bei der Deutung von Traum-Festen generell zu berücksichtigen ist.

FAHNE

Das Hissen oder Einholen einer Fahne hat nationale und territoriale Obertöne. Haben Sie im Traum Ihre eigene **FAH-**

AMTSEINFÜHRUNG

NE gehißt, kann das eine Aufforderung sein, Ihr Licht nicht unter den Scheffel zu stellen und bezüglich Ihrer Fähigkeiten und Handlungen mehr Selbstvertrauen zu entwickeln. Ist in Ihr persönliches „Territorium“ eingedrungen worden, mangelt es an Privatsphäre, oder machen Sie gerade irgendwelche Rechte geltend? Auch die Teilnahme an einer **AMTSEINFÜHRUNG** im Traum mag mit höherer Selbsteinschätzung in der Realität zusammenhängen. Ihr Traum könnte andererseits aber auch mit einer wichtigen Entscheidung in Verbindung stehen, die Sie vor kurzem getroffen haben, möglicherweise Ihr persönliches Prestige betraf und erheblichen Zeit- und Geldaufwand erforderte. Von allgemeiner Festlichkeit zu träumen, ist sicherlich ein positives Symbol, kann aber auch bedeuten, daß Sie positivere Erwartungen hegen sollten.

ZEREMONIEN

Kamen Zeremonien in einem Traum vor, erwacht man für gewöhnlich in gehobener Stimmung, weil der Traum offensichtlich ein Lob für jüngst errungene private oder berufliche Erfolge war. Reagiert man jedoch nicht so, sollte man sich überlegen, ob der Traum nicht vielleicht zeigen wollte, was man alles erreichen könnte.

HOCHZEIT
BRAUT *151*
BRÄUTIGAM *151*
BRAUTJUNGFER

Sind Sie ledig und erfreuen sich an einer Traum-**HOCHZEIT**, dann ist das mit großer Sicherheit ein Wunscherfüllungstraum *(s. S. 150)*, kann aber auch mahnen, nicht so verbissen nach dem rechten Partner zu suchen – speziell, wenn Sie selbst die **BRAUT** oder der **BRÄUTIGAM** waren. Trugen Sie Weiß *(s. Farben, S. 75)*, kann dies mit Ihrer Haltung zur Sexualität zusammenhängen. Waren Sie die **BRAUTJUNGFER**, wie standen Sie zur Braut? Könnte der Traum auch bedeuten, daß Sie im Wachleben bald mit einer neuen Arbeit oder mit einer höheren Hypothek „verheiratet“ sein werden?

EXAMEN *167*
ABSCHLUSS

Träumen Sie von einer **ABSCHLUSS**-Zeremonie oder haben selbst ein **EXAMEN** abgelegt, dann ist der Traum einfach Anerkennung und Belobigung für Ihre Mühe und Leistung, vielleicht auch Ermunterung für die Zukunft. Falls Sie noch unsicher sind, wie es weitergehen soll, sollten Sie Ihre Träume um weitere Hilfe bitten *(s. S. 33)*.

MENGE *173, 175*
UMZUG/FESTZUG

Haben Sie geträumt, eingezwängt in einer **MENGE** auf einen **UMZUG/FESTZUG** gewartet zu haben: Wer oder was war in diesem Zug? Die Bedeutung dieses Symbols und wofür es stehen könnte, kann sich auf etwas oder jemanden beziehen, dem Ihre Bewunderung gilt (bzw. darauf, was die Sache oder die Personen repräsentieren). Waren Sie selbst mit im Zug und wurden bejubelt, so sind Sie vielleicht von einer Idee besessen, für die Sie Aufmerksamkeit erheischen möchten.

UNTERHALTUNG

Träume, deren wesentliches Moment die Unterhaltung ist, zeigen, daß wir im Wachleben zuwenig Freude haben. Beteiligen wir uns selbst an der Unterhaltung, ist das eine Bestätigung, daß wir uns Mühe geben, das Leben auch zu genießen und uns Zeit auch für die leichteren und heiteren Dingen zu nehmen.

ZIRKUS
TRAPEZ
72
HOCHSEIL
CLOWN

Wie Sie auf Ihren Traum-**ZIRKUS** reagieren, ist wesentlich für die Deutung. Vielleicht fanden Sie ihn großartig und waren voller Bewunderung für die Leistungen der Artisten, oder aber Sie lehnten ab, daß edle Tiere zu dressierten Vorführungen benutzt wurden. Was in der Manege vor sich ging, muß individuell untersucht werden *(s. a. Mandala, S. 68)*. Kommt dem freien Lebensstil des „Fahrenden Volks" Bedeutung zu? Sind Sie selbst in dem Zirkus aufgetreten (= sind also im Wachleben gerade waghalsige Risiken eingegangen)? Sind Sie vom **TRAPEZ** oder **HOCHSEIL** gestürzt und mit Angstgefühlen erwacht? Das wäre eine Warnung. Waren Sie der Zirkus-**CLOWN**, sollten Sie sich fragen, ob Sie sich im Wachleben über jemanden lustig machen oder ihn nachäffen – oder lacht jemand über Sie? Oder tun Sie nur, als seien Sie glücklich und lachten, während Sie hinter einer fröhlichen Miene verbergen, daß Sie unglücklich sind?

KOMÖDIANT
ZAUBERER
62

Eine ähnliche Interpretation ist denkbar, wenn auch ein **KOMÖDIANT** auftauchte, und ein Traum-**ZAUBERER** versucht wohl, Ihre Aufmerksamkeit auf irgendeine Art von Täuschung oder Betrug *(s. S. 152)*, der Sie kürzlich zum Opfer fielen, zu lenken. Vielleicht versucht jemand, Ihr Wach-Ich zu hintergehen? Oder sind Sie selbst der Schuldige?

JAHRMARKT
RUMMEL-PLATZ

Ihr Traum-**JAHRMARKT** oder **RUMMELPLATZ** kann verschiedene Möglichkeiten bedeuten, die Ihnen derzeit offenstehen.

FEUERWERK

Beziehen Sie alle Fahrgeschäfte und Schaubuden (die zum Lachen und die zum Fürchten) mit in die Deutung ein. Ein **FEUERWERK** löst immer Freude und Begeisterung aus, aber es ist extrem flüchtig, und es kann auch Unfälle damit geben. Es kann auch sexuelle Obertöne haben – als „Kommentar" zum Thema Orgasmus oder Nervosität vor einer erotischen Bindung.

AUFTRITT
81
RING-KÄMPFE
134
SPIELZEUG

Sahen Sie sich im Traum einen **AUFTRITT** auf der Bühne an, dann wurde Ihnen vielleicht Ihre gegenwärtige Situation vorgeführt. Konnten Sie sich mit einem der Auftretenden identifizieren? Traten Sie sogar selbst auf, dann spielen Sie in der Realität vielleicht gerade „eine Rolle" und lügen sich womöglich selbst etwas vor, um Eindruck zu machen. **RINGKÄMPFE** im Traum könnten bedeuten, daß Sie auch tatsächlich gerade mit etwas „ringen". Wie ging der Kampf aus? Ein Traum-**SPIELZEUG** kann Sie selbst symbolisieren: Spielt jemand mit Ihren Gefühlen?

DIE WELT DER NATUR
PHANTASIE- & FABELWESEN
KUNST & WISSENSCHAFT
MENSCHLICHER KÖRPER
GEBÄUDE & INNENRÄUME
ALLTÄGLICHE DINGE
GEFÜHLSLEBEN
TÄTIGKEITEN
BEFINDLICHKEITEN
RITUALE & RELIGION
THEASAURUS DER TRÄUME

Rituale

Die meisten Menschen brauchen Rituale im Leben – als Markierungen für Veränderungen und Aufstieg. Sie geben uns ein Gefühl der Geborgenheit, vor allem wenn sie mit Gleichgesinnten vollzogen werden. Wenn wir im Traum aber von ihnen ausgeschlossen werden, hegen wir geheime Schuld- und Schamgefühle, weil wir gegen wichtige Regeln verstoßen haben.

KRÖNUNG Von allen Ritualen ist eine **KRÖNUNG** sicher die eindrucksvollste. Werden Sie im Traum selbst gekrönt, haben Sie wahrscheinlich viel Grund zum Stolz auf eigene Leistungen. Eine Krone zu tragen, bedeutet jedoch auch ein hohes Maß an Verantwortung und Pflichten, die erfüllt werden müssen. Deshalb ist so ein Traum auch eine Warnung: Sind Sie nach Ihrem Augenblick des Ruhms auch imstande, alles zu schaffen, was vor Ihnen liegt?

PROZESSION Religiöse **PROZESSIONEN** dienen der Glaubensstärkung durch Anregung der Vorstellungskraft. Vielleicht waren Sie im Traum eine der Schlüsselfiguren? Möchten Sie auch in der Realität so sein? Viel hängt von Ihrer Einstellung zum Glauben ab, ganz gleich, welcher Religion und welchem Kulturkreis Sie entstammen. Beunruhigt Sie dieser Traum oder findet man keine sinnvolle Erklärung dafür, kann es sinnvoll sein, professionelle Hilfe in Anspruch zu nehmen – vor allem, wenn ein Traum wiederkehrt.

KARNEVAL Der **KARNEVAL** hat religiöse Ursprünge – er findet vor der Fastenzeit und vor dem Frühlingsanfang statt. Träumen Sie lebhaft davon, führen Sie vermutlich derzeit ein allzu lustbetontes Leben, obwohl Ihnen klar ist, daß Sie später einmal dafür „büßen“ müssen.

Die Welt der Natur
Phantasie- & Fabelwesen
Kunst & Wissenschaft
Menschlicher Körper
Gebäude & Innenräume
Alltägliche Dinge
Gefühlsleben
Tätigkeiten
Befindlichkeiten
Rituale & Religion
Theasaurus der Träume

Die Welt der Natur
Phantasie- & Fabelwesen
Kunst & Wissenschaft
Menschlicher Körper
Gebäude & Innenräume
Alltägliche Dinge
Gefühlsleben
Tätigkeiten
Befindlichkeiten
Rituale & Religion
Theasaurus der Träume

RELIGION

Religion hat für die Menschen vielfältige Bedeutung. Die Traumdeutung hat auf diesem Gebiet ihre Schwierigkeiten, unter anderem mit der Zuordnung von Symbolen zu diesem Bereich. Bei religiösen Träumen gilt noch mehr als bei allen anderen, daß die Symbole sich sehr stark maskieren und tarnen können.

Noch in relativ modernen Zeiten gab es den Glauben, Träume seien gottgesandt. Bischof Thomas Ken (1637-1710) vertrat die Ansicht, da Gott allgegenwärtig sei, sei es nicht denkbar, daß er ausgerechnet in den Träumen nicht vorhanden wäre. Dann aber müsse man auch annehmen, daß er durch Träume Botschaften an sein Volk übermittle. Von Christus gibt es zwar keine Traum-Berichte im Neuen Testament, aber sowohl Mohammed wie Buddha träumten nach der Überlieferung, und der Koran soll sogar im Traum offenbart worden sein. Nun träumen aber nicht nur überzeugte Gläubige von religiösen Themen. Jung schrieb, die Mehrzahl seiner Patienten, die ihm Träume mit religiösen Symbolen schilderten, seien vom Glauben abgefallen gewesen, so daß sich ihre Träume als Ausdruck von Gefühlen der Reue und des Verlustes deuten ließen. Es ist hier nicht möglich, sämtliche religiösen Symbole aller Religionen aufzuführen, aber die meisten hier erwähnten lassen sich auch auf nichtchristliche Religionen übertragen – wenn natürlich auch immer der Zusammenhang mit den Schriften und Lehren der jeweiligen Religion zu beachten bleibt. Träumt man vom Besuch eines geweihten Ortes, so könnte das ein Kommentar

KIRCHE
100
KATHEDRALE
KAPELLE
100
KRYPTA

zum Mangel an spirituellen Inhalten des eigenen Lebens sein. War die Traum-**KIRCHE** still und friedlich und strahlte Ruhe aus, deutet das darauf hin, daß Sie in Ihrem Wachleben nach Raum für Ihre Entfaltung im spirituellen Bereich suchen sollten. Zwischen einer **KATHEDRALE** und einer **KAPELLE** bestehen auch als Traumsymbole Unterschiede, die sich auch auf die Art Ihres spirituellen Strebens übertragen lassen. Ebenso kann der Traum von einer **KRYPTA** sich auf einen „tief vergrabenen" Bereich des spirituellen Ichs beziehen. War die Kirche nur noch eine Ruine, so spielt ein Element von Reue und Trauer mit, und Sie sollten überlegen, welcher Bereich Ihres spirituellen Lebens ein Trümmerfeld ist.

KANZEL
125
ALTAR

Der Traum, von der **KANZEL** oder vom **ALTAR** eine Predigt zu hören, bedeutet, daß deren Inhalt von einer höchsten Autorität *(s. S. 162)* stammt, die aber keine religiöse sein muß, sondern auch die oberste Instanz unserer inneren Kräfte repräsentieren könnte. Bedeutsam für die Erklärung ist, wie die Predigt gehalten wurde: harsch oder sanft, streng oder milde.

PAPST
BISCHOF
CHRISTUS
60

Auch eine Botschaft von einem Amtsträger der Kirche ist die einer Autoritätsperson *(s. S. 162)* und in aller Regel bedeutsam. Es gibt nur sehr wenige Ausnahmen (ein Rationalist, der den Klerus verachtet, wird kaum von Kirchenautoritäten träumen), ihre Botschaften sind gewichtig und ernst und müssen beachtet werden. Ob es sich um den **PAPST** höchstpersönlich handelt oder wenigstens um einen **BISCHOF** oder gar nur um einen einfachen Priester, ist dabei von weniger großer Bedeutung, als es nach den Rangunterschieden scheinen könnte: Die Botschaft wird in jedem Falle ernst zu nehmen sein, wenn auch der Papst mehr „gelten" wird als der Kaplan. Andere Gestalten wie **CHRI-**

MUTTERGOTTES STUS oder die **MUTTERGOTTES** haben natürlich auch im Traum eine ganz besondere Bedeutung, die ihrem Raum in der Religion entspricht.

TAUFE Ein Traum von einer **TAUFE** ist ein starkes Symbol für Neuanfang, neues Leben. Wurden Sie auf einen neuen Namen getauft, und hatte dieser eine besondere Bedeutung? Nahmen Sie aber nur an der Taufe eines Säuglings teil, müssen Sie dies in Beziehung zu Ihrem realen Leben setzen. Das Taufkind könnte eine Idee oder ein Projekt darstellen, an dem Sie zu arbeiten begonnen haben und wofür Sie Zustimmung und Unterstützung erhoffen und suchen. Der Traum kann dem Projekt auch wirklich „einen Namen geben".

LÄSTERUNG Bei **GOTTESLÄSTERUNG** in Ihrem Traum kommt es wesentlich darauf an, in welcher Form sie geschah, da sich dies auf etwas im realen Leben beziehen kann. Blasphemie ist eine Spezialform der Beleidigung, keine konstruktive Kritik. Sind etwa Ihre Einwände gegen etwas in der Realität auch nicht über heftigen Protest statt sachlicher Argumente und Taten hinausgekommen?

SEGEN Wird im Traum ein **SEGEN** erteilt, ist dies ein Ausdruck der Zustimmung – entweder Ihrer eigenen oder der von jemand anders – zu einer Haltung oder Unternehmung. Je intensiver der Segen und je höherrangig der Segnende, desto befriedigender wird es für Sie im Hinblick darauf sein, was dies für Ihr Wachleben bedeutet.

EUCHARISTIE Die **EUCHARISTIE**-Feier ist die unblutige Erneuerung des Kreuzesopfers Christi. Die religiöse Bedeutung der Wandlung von Brot und Wein verweist darauf, daß ein Traum, in dem diese Symbole vorkommen, Ihre Suche nach Bestätigung zu Basiselementen Ihres Lebens darstellt. Auch hier ist Ihr Verhalten im Traum entscheidend für die Deutung. Fühlten Sie sich erneuert und gesegnet, oder traten Sie nur zögernd oder sogar mit der Furcht, zurückgewiesen zu werden, an den Kommunionstisch?

KREUZ, *60*
KRUZIFIX, *60*
Ein relativ einfacher Traum, in dem ein **KREUZ** oder **KRUZIFIX** (oder das

KREUZIGUNG Symbol einer anderen Religion) das beherrschende Symbol ist, bedeutet eine klare Bestätigung oder Verdammung, speziell, wenn man gläubig und fromm ist. Ein Agnostiker wird kaum von solchen Symbolen träumen und wenn, dann als Anzeichen dafür, daß er dennoch im Wachleben nach irgendeiner Art von Glauben sucht. Werden Sie im Traum selbst das Opfer einer **KREUZIGUNG**, dann ist das sicher eine Metapher für einen Vorgang in Ihrem Wachleben, in dem man Sie wegen einer Sache oder eines Problems „ans Kreuz schlägt", oder bei dem Sie unangemessene Zugeständnisse machten, d. h. „Opfer brachten").

KREUZZUG Gegen wen oder was richtete sich Ihr Traum-**KREUZZUG**? Die Identifizierung des Feindes ist wichtig, ebenso, warum Sie gegen ihn kämpften. Ein solcher Traum besagt, daß Sie im Wachleben einen Gegenspieler haben, gegen (oder auch für) den Sie sich durchsetzen müssen. Alle einzelnen Traumelemente müssen bedacht werden, um zu verstehen, in welche Richtung diese Sie führen wollen.

AUFERSTEHUNG Ein **AUFERSTEHUNGS**-Traum ist ganz klar ein Hoffnungstraum, z. B. wenn er die „Auferstehung" von einer Krankheit oder die „Wiedergeburt" einer Idee oder eines Ziels oder die Erneuerung einer romantischen, platonischen oder beruflichen Beziehung behandelt.

TRAUMANALYSE

„Ich ging durch eine kahle Landschaft, als es zu regnen begann. Es gab weder Baum noch Haus als Unterschlupf, aber in der Ferne sah ich eine Kirche und lief auf sie zu. Die Tür war offen, doch es war nur eine Ruine ohne Dach, in die es ebenfalls hineinregnete. Ich ging nach vorne, aber wo der Altar sein sollte, war nur eine leere Stelle. Irgendwo in der Ferne sang ein Chor, aber ich konnte nicht entdecken, wo."

Bill hatte eigentlich Priester werden wollen, dann aber den Glauben verloren. Der Traum verwies auf die Kargheit seines spirituellen Lebens, auf seine Angst, sich nirgends mehr mit seinen Problemen hinwenden zu können, und auf die Leere in seinem Leben. Der ferne Chor sagte ihm, daß Glaubensreste noch vorhanden seien. Er wußte jedoch nicht, wie er zum Glauben zurückfinden könnte.

DIE WELT DER NATUR
PHANTASIE- & FABELWESEN
KUNST & WISSENSCHAFT
MENSCHLICHER KÖRPER
GEBÄUDE & INNENRÄUME
ALLTÄGLICHE DINGE
GEFÜHLSLEBEN
TÄTIGKEITEN
BEFINDLICHKEITEN
RITUALE & RELIGION
THEASAURUS DER TRÄUME

DER HOCHZEITSTRAUM

„Ich schritt durch den Mittelgang der Kirche zu meiner Trauung, war aber ganz in Schwarz gekleidet, auch mit schweren schwarzen Schuhen, einem schwarzen Schleier und einem Brautstrauß aus schwarzen, verwelkten Rosen. Ich wollte gar nicht heiraten und schien auch weder zu wissen noch mich dafür zu interessieren, wer mein Bräutigam war.

Plötzlich neigte sich der Mittelgang der großen und vollbesetzten Kirche schräg nach unten, so daß ich mich schneller und schneller zum Altar bewegte, wie sehr ich mich auch dagegenstemmte. Angewidert versuchte ich mich vom Altar fernzuhalten, auf dem sich, wie ich jetzt sah, schmutzige Wäsche und erdverkrustete Kartoffeln bergeweise auftürmten. Ich wußte, ich sollte die Schmutzwäsche waschen und die Kartoffeln schälen.

Der Mittelgang wurde immer abschüssiger, und alle Leute in der Kirche begannen zu singen: ‚Weiter, weiter, weiter!' Am Altar ließ ich meinen Brautstrauß einfach fallen, und er zerfiel in hundert Dinge: Saucieren, Pfannen, Schaufeln, Socken, Papierfetzen und alle Arten von Abfall. Die Leute schrien mir zu, ich sollte gefälligst saubermachen, damit sie heimgehen könnten, und zeigten mit langen, dürren Fingern auf mich. Ich versuchte alles aufzuheben, aber es war schwierig, weil alles plötzlich herumflog. Dann erblickte ich einen farbenprächtigen Schmetterling. Ich griff nach ihm, aber er flog davon, hinauf in den Himmel."

SCHMETTERLING FLIEGT ZUM HIMMEL HINAUF

BRAUTSTRAUSS ZERFÄLLT IN HUNDERT DINGE

TRAUMDEUTUNG

Laura hatte lange ein erfülltes Künstlerleben geführt, allerdings nur wenige ihrer Bilder verkaufen können. Das brachte Geldsorgen, und als auch noch ihr Freund arbeitslos wurde, stiegen die Schulden. Zur Zeit des Traums sah sie sich gezwungen, demnächst eine öde Fabrikarbeit anzunehmen. Der Gedanke daran war ihr schrecklich, aber es ging nicht anders, weil sie Geld verdienen mußte.

Die Hochzeit im Traum bedeutete für sie die widerstrebende Annahme dieser Fronarbeit, die verwelkten Rosen symbolisierten ihre geschwundenen Hoffnungen. Sie war zu dieser Zeit überaus deprimiert, was sich in dem allgegenwärtigen Schwarz manifestierte. Der Schleier verbarg ihre Scham und war vielleicht ein Symbol für ihre Abneigung gegen das, was ihr bevorstand. Die feindselige Menge stand für ihre Probleme, und der Abfall und daß sie ihn nicht zusammenräumen konnte, für ihre Reaktion auf die Fabrikarbeit. Der Altar war das Opfer-Symbol, die Berge von Schmutzwäsche und die Kartoffeln bedeuteten die freudlose Fabrikschufterei, die Kartoffeln allerdings zusätzlich, daß die mühselige, eintönige Arbeit dennoch Lohn bringen würde. Das einzig positive Element, der bunte Schmetterling – eine Analogie zu ihren Bildern – stand natürlich (auch wenn es ihr nicht gelang, ihn einzufangen) für den Hoffnungsschimmer, der ihr blieb. Es ist durchaus denkbar, daß sie später, wenn sich ihre finanzielle Situation gebessert und sie einige ihrer Bilder verkauft hat, auch denselben Schmetterling in einem künftigen Traum einzufangen imstande ist. Wenn also der Traum eine Spiegelung ihrer derzeitigen unerfreulichen Lage und der daraus folgenden Niedergeschlagenheit war, so enthielt er doch auch eine Botschaft der Hoffnung.

Laura konnte nur mühsam gehen, weil ihre Schuhe so schwer waren – ein Sinnbild für ihren Widerwillen. Der immer abschüssiger werdende Mittelgang der Kirche demonstrierte ihre zunehmenden Geldsorgen, und der zerfallende Strauß ihren Zorn darüber, obwohl sie sich unter Opferung ihrer eigentlichen Arbeit bereit zeigte, etwas zu tun, um ihre Situation zu verbessern. Sie hatte die Fabrik bereits besichtigt und wußte, daß sie große Schwierigkeiten haben würde, das dortige Fließbandtempo mitzuhalten – verkörpert durch die anfeuernde Menge.

Die Welt der Natur
Phantasie- & Fabelwesen
Kunst & Wissenschaft
Menschlicher Körper
Gebäude & Innenräume
Alltägliche Dinge
Gefühlsleben
Tätigkeiten
Befindlichkeiten
Rituale & Religion
Thesaurus der Träume

DER THESAURUS DER TRÄUME

Alle Stichwörter im nachfolgenden Abschnitt können irgendwann als Bilder in Ihren Träumen auftauchen. Jedes solche Traumbild läßt sich einem oder mehreren der Traumthemen im vorangegangenen Kapitel zuordnen. Im THESAURUS DER TRÄUME sind die Themen unter jedem Stichwort in Großbuchstaben mit der entsprechenden Seitenzahl angeführt. Darunter stehen weitere Wörter und Begriffe in *Kursivschrift*, die entweder auf ein anderes Stichwort verweisen oder weitere Denkanstöße für die Traumdeutung anbieten, falls von den angegebenen Traumthemen keines paßt oder anwendbar ist.

ABBRUCH — Hauptstichwort
- BAUWERKE 100
- EMOTION 130
- VERÄNDERUNGEN 168

(Traumthemen mit Seitenzahl)

Beziehung, Wettkampf — sonstige Hinweise

Hier ein Beispiel für das Vorgehen anhand des THESAURUS DER TRÄUME:
Wenn in Ihrem Traum der Abbruch eines Gebäudes vorkam (entweder Sie selbst daran beteiligt waren oder nur zusahen), schlagen Sie zunächst unter dem Traumthema „Bauwerke" nach. Falls keiner der dort beschriebenen Zusammenhänge auf Ihren Traum zutrifft, gehen Sie über auf das nächste Thema und versuchen Sie, einen Bezug zwischen den Gefühlen in und zu Ihrem Traum mit dem dort Gesagten herzustellen. Wenn dies nicht gelingt, versuchen Sie es mit dem dritten vorgeschlagenen Thema oder den darunterstehenden Hinweisen.
Sollten Sie solche Zuordnungen schwierig finden, kann es einen Versuch wert sein, eine einfache Begriffsassoziation vorzunehmen. Denken Sie an das wichtigste Bild in Ihrem Traum und sprechen Sie das Wort aus, das Ihnen als erstes dazu einfällt. Es kann einen Zusammenhang aufzeigen, den Sie bis dahin übersehen haben.
Eine vollständige Liste aller möglichen Traumsymbole zu erstellen ist unmöglich, weil wir von allem und jedem träumen können. Scheint das Hauptmotiv Ihres Traums überhaupt nicht im THESAURUS DER TRÄUME auf, dann schlagen Sie das nächstliegende Stichwort nach.

A

ABBRUCH
- BAUWERKE 100
- EMOTION 130
- VERÄNDERUNGEN 168

Beziehung, Wettkampf

ABENDESSEN
- ESSEN UND TRINKEN 106

Geselligkeit, Romantik, Zusammenkünfte

ABENTEUER 136

ABFALL
- MÜLL 119
- REINIGUNG 146
- SCHMUTZ 119
- SCHULD(GEFÜHLE) 124

Nachlässigkeit, Liederlichkeit

ABFALLEIMER
- BEHÄLTER 108
- MÜLL 119

wegwerfen

ABFLUSSROHR
- MÜLL 119

ABGEORDNETER
- ZUSAMMENKÜNFTE 174

Auseinandersetzung, Ideen verfechten, Verantwortung

ABGRUND
- ALPTRAUM 154
- ANGST 120
- GEFAHR 158
- LANDSCHAFT 58

Hindernis

ABHANG
- LANDSCHAFT 58

Anstrengung, Mühelosigkeit

ABNABELUNG
- GEBURT 86

Loslösung, Trennung

ABSCHIED
- EMOTION 130
- VERÄNDERUNGEN 168

Trennung, Wahl

ABSTINENZ
- DISZIPLIN 163
- ESSEN UND TRINKEN 106

ABWÄGEN
- JUSTIZ 164

Gleichgewicht, Überlegung

ABWESENHEIT
- EINSAMKEIT 173

Mangel

ABZEICHEN
- KLEIDUNG 84

Etikett, Militär, Verein

ACCESSOIRES
- KLEIDUNG 84

Einzelheit

ACHT
- ZAHLEN 80

ADLER
- GEFLÜGELTE TIERE 43

Stolz, Scharfsichtigkeit

ADOLESZENZ s. **JUGEND**

ADOPTION
- LIEBE 126
- WAHL

AEROBIC
- BEWEGUNG 148

AFFE
- SÄUGETIERE UND REPTILIEN 42

Geschnatter, Klatsch, nachahmen, Schabernack

AGGRESSION
- FEINDSELIGKEIT 122
- KRIEG 140

Drohung, Gewalt, Invasion, Streit

AHORN
- BÄUME 50

Ansätze, Natur, Neuanfang

AKROBAT
- ANGST 120
- DISZIPLIN 163
- GESCHICKLICHKEIT 72
- UNSICHERHEIT 121

Balance, Gleichgewicht

AKTE
- DISZIPLIN 163

Gedächtnis, Organisation, Wissen

AKTIVITÄTEN 144

ALARM
- GEFAHR 158

ALBATROS
- GEFLÜGELTE TIERE 43

ALCHEMIE
- VERÄNDERUNGEN 168

ALIMENTE
- SCHULD 124

betrügen, Fehler, Sex

ALKOHOL
- ESKAPISMUS 136
- ESSEN UND TRINKEN 106

ALKOVEN
- ZIMMER 103

Intimität

ALLEE
- LANDSCHAFT 58

ALLERGIE
- ANGST 120
- SCHULD 124

ALLMENDE
- LANDSCHAFT 58

teilen

ALMOSEN
- GELD 110

Wohltätigkeit

ALPDRÜCKEN
- ALPTRÄUME 154

Angst

ALPTRÄUME 154

ALRAUNE
- ESSEN UND TRINKEN 106

ALTAR
- RELIGION 180
- ZEREMONIEN 177

AMEISE
- SÄUGETIERE UND REPTILIEN 42
- SCHWIMM- UND KRABBELTIERE 44

AMEISENHAUFEN
- BEHÄLTER 108
- GEFAHR 158
- SCHWIMM- UND KRABBELTIERE 44

Geschäftigkeit

AMETHYST
- SCHMUCK 114

AMMONIAK
- WAFFEN 118

Gift, Urin

AMPFER
- ANDERE PFLANZEN 52

AMPUTATION
- VERLUST 171

Behinderung

AMTSEINFÜHRUNG
- FESTLICHKEITEN
- LEISTUNG 167
- FEIERLICHKEITEN 176

Ehre

ANANAS
- OBST 54

ANATOMIE
- DER KÖRPER 91

Analyse, Aufbau, Forschung, Verwesung

Die Welt der Natur
Phantasie- & Fabelwesen
Kunst & Wissenschaft
Menschlicher Körper
Gebäude & Innenräume
Alltägliche Dinge
Gefühlsleben
Tätigkeiten
Befindlichkeiten
Rituale & Religion
Theasaurus der Träume

Die Welt der Natur
Phantasie- & Fabelwesen
Kunst & Wissenschaft
Menschlicher Körper
Gebäude & Innenräume
Alltägliche Dinge
Gefühlsleben
Tätigkeiten
Befindlichkeiten
Rituale & Religion
Thesaurus der Träume

H

Die Welt der Natur

Phantasie- & Fabelwesen

Kunst & Wissenschaft

Menschlicher Körper

Gebäude & Innenräume

Alltägliche Dinge

Gefühlsleben

Tätigkeiten

Befindlichkeiten

Rituale & Religion

Thesaurus der Träume

Die Welt der Natur
Phantasie- & Fabelwesen
Kunst & Wissenschaft
Menschlicher Körper
Gebäude & Innenräume
Alltägliche Dinge
Gefühlsleben
Tätigkeiten
Befindlichkeiten
Rituale & Religion
Thesaurus der Träume

Die Welt der Natur
Phantasie- & Fabelwesen
Kunst & Wissenschaft
Menschlicher Körper
Gebäude & Innenräume
Alltägliche Dinge
Gefühlsleben
Tätigkeiten
Befindlichkeiten
Rituale & Religion
Thesaurus der Träume

Die Welt der Natur
Phantasie- & Fabelwesen
Kunst & Wissenschaft
Menschlicher Körper
Gebäude & Innenräume
Alltägliche Dinge
Gefühlsleben
Tätigkeiten
Befindlichkeiten
Rituale & Religion
Thesaurus der Träume

LINEAL
- Rechnen 77
- Disziplin 163

LIPPEN
- Der Körper 91

LIZENZ
- Autorität 162

LOCH
- Gefahr 158
- Verlust 171

Ausgrabung, Dilemma, Schwierigkeit

LÖFFEL
- Gebrauchsgegenstände 109

LOHN
- Geld 110

Entgelt, Regelmäßigkeit

LORBEERBAUM
- Bäume 50

Ehrung

LOTTO, LOTTERIE
- Glücksspiel 139

Chance, Risiko

LÖWE
- Säugetiere und Reptilien 42
- Der Tierkreis 69

Mut, Männlichkeit, Stolz, Stärke

LUFT 48

LUFTVERSCHMUTZUNG
- Schuld(Gefühle) 124
- Schmutz 119

LÜGE
- Betrug 152

Unwahrheit, Verdacht

LUTSCHEN
- Essen und Trinken 106

LUXUS
- Emotion 130
- Der Körper 190
- Wunscherfüllung 150

Aufwand, Komfort, Verlangen

LYNCHEN
- Bestrafung 170
- Schuld(Gefühle) 124

Gewalttätigkeit

M

MAGEN
- Der Körper 91

MAGERSUCHT
- Emotion 130
- Essen und Trinken 106

Selbstaufopferung

MAGIE
- Betrug 152
- Das Übernatürliche 60

Böswilligkeit, Geheimnis, Überraschung, Wunder

MAKE-UP
- Betrug 152
- Image 165
- Theater 81

Temperament, Verschönerung

MALEN
- Aufzeichnungen 74
- Bilder 76
- Image 165
- Kreativität 73

Erneuerung, Frische, Maskierung

MANAGER
- Autorität 162

Beförderung, Kontrolle, Verwaltung

MANDALA, DAS 68

MANIKÜRE
- Image 165

Ordentlichkeit, Schönheit, Verschönerung

MANNEQUIN
- Image 165

Model

MANNSCHAFT
- Autorität 162
- Disziplin 163

MANSARDE
- Bauwerke 100

Armut, Bedeutungslosigkeit

MANSCHETTE
- Kleidung 84

MANTEL
- Kleidung 84

decken, verdecken

MÄRCHEN
- Mythologie 64

MARIHUANA
- Eskapismus 136

MARINE
- Berufe 148

Schiffe

MARKT
- Aktivitäten 144
- Geld 110
- Zusammenkünfte 174

kaufen und verkaufen

MARMELADE
- Essen und Trinken 106

Süß(igkeit)

MARS
- Ehrgeiz 151
- Mythologie 64

MÄRTYRER
- Image 165

Prinzipien, Schmerz, Verfolgung

MASCHINEN
- Arbeitsgeräte 115

MASCHINENGEWEHR
- Tod 86
- Waffen 118

Gewalttätigkeit, Verletzung

MASKE
- Betrug 152
- Image 165
- Theater 81

Verkleidung

MASSAGE
- Der Körper 91

Komfort, Kur, Luxus, Sex

MASSAKER
- Tod 86

Gewalttätigkeit, Willkür

MATCH
- Spiele 132
- Sport 134

Gegner

MATHEMATIK
- Rechnen 77
- Schwierigkeiten 173

Komplexität, Manipulation

MAUER
- Bauwerke 100

Schutz

MAULTIER
- Säugetiere und Reptilien 42

Dummheit, Knechtschaft, Widerspenstigkeit

MAULWURF
- Säugetiere und Reptilien 42

ausgraben, spionieren, verbergen

MAUS
- Säugetiere und Reptilien 42
- Schmutz 119

Gewandtheit, Gier, Kleinheit

MAUSEFALLE
- Versuchung 169

gefährlich, Köder, Schock

MEDAILLE s. ORDEN

MEDIUM
- Das Übernatürliche 60

MEDIZIN
- Krankheit 95

MEER
- Wasser 46

Unendlichkeit, Weite

MEERJUNGFRAU
- Wasser 46
- Wunscherfüllung 150

Frustration, Sex

MEHL
- Essen und Trinken 106

Natur

MEILENSTEIN
- Ehrgeiz 151
- Leistung 167
- Veränderungen 168

MELONE
- Obst 54

MENAGERIE
- Geflügelte Tiere 43
- Säugetiere und Reptilien 42

eingesperrte Wildheit

MENOPAUSE
- Der Körper 91

MENSCHENMENGE
- Einsamkeit 173
- Festlichkeiten 176
- Zusammenkünfte 174

Mangel an Disziplin

MENSTRUATION
- Der Körper 91

Frau

MERKUR
- Ehrgeiz 151
- Mythologie 64

MESSEN
- Rechnen 77

MESSER
- Arbeitsgeräte 115
- Waffen 118
- Zorn 123

Gewalttätigkeit

MESSING
- Betrug 152
- Geld 110

MESSINSTRUMENT
- Rechnen 77
- Zeit 80

MEUTEREI
- Aktivitäten 144

Protest, Widerstand

MIETE
- Geld 110
- Zu Hause 102

Vertrag

MIKROPHON
- Kommunikation 137

MIKROSKOP
- Arbeitsgeräte 115

Detail, Größe, Wissen

MILCH
- Essen und Trinken 106

Ernährung

MILITÄR
- Feindseligkeit 122
- Krieg 140

MINDERWERTIGKEIT
- Image 165

MINE
- Arbeitsplätze 116

Bergwerk, Erforschung

MINENFELD
- Landschaft 58

unerkannte Gefahr

MINISTRANT
- Religion 180
- Das Übernatürliche 60

Assistent, Untergebener

MINOTAURUS
- Das Übernatürliche 60

MISSBILDUNG
- Beschränkungen 169
- Gesundheit 93
- Der Körper 91

Behinderung

MISSBRAUCH
- Feindseligkeit 122

Drogen, Korruption, Mißhandlung, Sucht

MISSIONAR
- Berufe 148
- Religion 180

Sex (Missionarsstellung), Überzeugung

MIST
- Kreativität 73
- Schmutz 119

Düngung

MITTEILUNG s. NACHRICHT

MOB
- Bestrafung 170
- Zusammenkünfte 174

MÖBEL
- Zu Hause 102

MODE
- Image 165
- Kleidung 84

zeitgemäß

MODEL
- Image 165
- Wunscherfüllung 150

Mannequin, Mode, Präsentation, Verführung

MOHAMMED
- Das Übernatürliche 60

MOLE
- Bauwerke 100

Die Welt der Natur
Phantasie- & Fabelwesen
Kunst & Wissenschaft
Menschlicher Körper
Gebäude & Innenräume
Alltägliche Dinge
Gefühlsleben
Tätigkeiten
Befindlichkeiten
Rituale & Religion
Thesaurus der Träume

Die Welt der Natur
Phantasie- & Fabelwesen
Kunst & Wissenschaft
Menschlicher Körper
Gebäude & Innenräume
Alltägliche Dinge
Gefühlsleben
Tätigkeiten
Befindlichkeiten
Rituale & Religion
Thesaurus der Träume

Die Welt der Natur
Phantasie- & Fabelwesen
Kunst & Wissenschaft
Menschlicher Körper
Gebäude & Innenräume
Alltägliche Dinge
Gefühlsleben
Tätigkeiten
Befindlichkeiten
Rituale & Religion
Thesaurus der Träume

Die Welt der Natur
Phantasie- & Fabelwesen
Kunst & Wissenschaft
Menschlicher Körper
Gebäude & Innenräume
Alltägliche Dinge
Gefühlsleben
Tätigkeiten
Befindlichkeiten
Rituale & Religion
Thesaurus der Träume

U

DIE WELT DER NATUR
PHANTASIE- & FABELWESEN
KUNST & WISSENSCHAFT
MENSCHLICHER KÖRPER
GEBÄUDE & INNENRÄUME
ALLTÄGLICHE DINGE
GEFÜHLSLEBEN
TÄTIGKEITEN
BEFINDLICHKEITEN
RITUALE & RELIGION
THESAURUS DER TRÄUME

Namen- und Sachregister

LITERATURHINWEISE

Artemidorus, *The Oneirocritica,* Park Ridge, New Jersey, 1975
Bennet, E.A., *What Jung Really Said,* Macdonald, London, 1966
Bonime, W., *The Clinical Use of Dreams,* Basic Books, New York, 1964
Boss, M., *Edgar Cayes on Dreams,* Paperback Library,New York, 1968
Brook, S. (Hsg.), *The Oxford Book of Dreams,* Oxford University Press, Oxford, 1983
Cooper, J.C., *An Illustrated Encyclopedia of Traditional Symbols,* Thames & Hudson, London, 1978
Coxhead, D./Hiller, S., *Dreams: Visions of the Night,* Thames & Hudson, London, 1976
Crisp, T., *Do You Dream?,* Spearman, London, 1971
Dement, W.C., *Sleep:Physiology and Pathology,* Lippincott, New York, 1969
De Becker, R., *The Understanding of Dreams,* Hawthorne Books, New York, 1968
Diamond, E., *The Science of Dreams,* Garden City, New York, 1962
Ehrenwald, J., *New Dimensions of Deep Analysis: A Study of Telepathy in Interpersonal Relationships,* Allen & Unwin, London, 1954
Faraday, A., *Dream Power,* Hodder & Stoughton, London, 1972
Fisher, C./Gross, J./Zuk, J., *„A Cycle of Penile Erection Synchronous with Dreaming Sleep": Archives of General Psychology, Vol. 5, Freud, S., „The Interpretation of Dreams" and other Essays from The Standard Edition of the Complete Psychological Works of Sigmund Freud,* Hogarth Press, London, 1953-74
Freud, S., *Die Traumdeutung,* Fischer, Frankurt am Main 1991
Fromm, E., *The Forgotten Language,* Victor Gollancz, London, 1951
Green, E., *Lucid Dreams,* Institute of Psychological Research, Oxford, 1968
Grunebaum, G.E., von/Caillos, R., *The Dream and Human Societies,* University of California, Berkeley, 1966
Gutheil, E.A., *The Language of Dreams,* Macmillan , New York, 1939
Hall, C.S., *The Meaning of Dreams,* McGraw Hill, New York, 1972
Hartmann, E.L., *The Functions of Sleep,* Yale University Press, Newhaven, 1973
Jones, R.M., *The New Psychology of Dreaming,* Grune & Straton, New York, 1970
Jung, C.G., *The Practice of Psychotherapy: The Collected Works of C.G. Jung,* Routledge & Kegan Paul, London, 1963; *Man and His Symbols,* Aldus Books, London, 1964; *Memories, Dreams, Reflections,* Collins/Routledge & Kegan Paul, London, 1963; *Modern Man in Search of a Soul,* Routledge & Kegan Paul, London, 1933
Kelsey, M.T., *Dreams: The Dark Speech of the Spirit,* Doubleday, New York, 1986
Lewin, B. D., *Dreams and the Uses of Regression,* International Universities Press, New York, 1958
Lincoln, J.S., *The Dream in Primitive Cultures,* Cresset, London, 1935
Lowy, S., *Foundations of Dream Interpretation,* Kegan Paul, Trench, Trubner, London, 1942
MacKenzie, N., *Dreams and Dreaming,* Vanguard Press, New York, 1965
Murray, E., *Sleep, Dreams and Arousal,* Appleton-Century-Crofts, New York, 1965
Oswald, I., *Sleep,* Penguin, London, 1965
Parker, D. & J., *Dreaming,* Mitchell Beazley, London, 1985; *The Secret World of Your Dreams,* Piatkus, London, 1990
Perls, F.S., *Gestalt Therapy Verbatim,* Moab, Utah, 1969
Rosenteur, P., *Sleep,* Funk & Wagnalls, New York, 1938
Ryecroft, C., *The Innocence of Dreams,* Hogarth Press, London, 1981
Sanford, J.A., *Dreams: God's Forgotten Language,* J.B. Lippincott, Philadelphia & New York, 1968
Sharpe, E.F., *Dream Analysis,* Hogarth Press, London, 1937
Spearling, M., *Medieval Dream-Poetry,* Cambridge University Press, Cambridge, 1976
Stekel, W., *The Interpretation of Dreams,* Liveright, New York, 1943
Stevens, A., *Archetype,* Routledge & Kegan Paul, London, 1982; *On Jung,* Routledge, London , 1990
Stewart, K., *„Dream Theory in Malaya"* from Tart, C.T. (Hsg.), *Altered States of Consciousness,* John Wiley, New York, 1969
Ullman, M., *Dream Telepathy,* MacMillan, New York, 1973
Woods, R.L./Greenhouse, H.B., *The New World of Dreams,* MacMillan, New York, 1974

ABBILDUNGSNACHWEIS

(o: oben; m: Mitte; u: unten; l: links; r: rechts)

Archiv für Kunst und Geschichte, Zürich: 20 ul.

Brigeman Art Library: 33 or; *Progress*, 1973, Lucien Mathelin, © ADAGP, Paris & DACS, London 1995 6 ul; British Library, London 14 ol, 19 or, 22 ol; Galleria dell'Accademia, Venedig, 16 ul; Giraudon 12 ol; Louvre, Paris, 13 ul; Lauros-Giraudon 35; Kunstmuseum, Winterthur, 21 o; Musée Condé, Chantilly, 10 ol; National Gallery, London, 23 ur; Prado, Madrid, 24, 32 ul; Index 2 m; Privatsammlung, 36 ur; Tate Gallery, London, 38-39; Zentralsparkasse Wien, 37 or. **ET-Archiv:** 8. **Mary Evans:** 7 ol, 7 ur, 10 um, 12 ul, 13 om, 33 ul. **Archiv Ronald Grant:** 15 u, 18 ul, 27 ur, 29 ol, 29 or. **Hulton Deutsch Collection:** 14 mru. **Image Bank:** John W. Banagan, 26 ul. **Mansell Collection:** 10 ul, 14 mr. **Pictor International:** 27 ol. **Science Photo Library:** Jean Loup Charmet, 10 or; Andrzej Dudzinski, 17 ur, 28 ul; James Holmes/Janssen Pharmaceutical Ltd., 17 or; Library of Congress, 20 or; Hank Morgan, 17 ml; National Library of Medicine, 20 ol; Philippe Plailly, 18 ol.

BILDBESCHAFFUNG Anna Lord

ILLUSTRATIONEN Ian Andrew (56/57; 66/67; 78/79; 98/99; 104/105; 112/113; 128/129; 142/143; 156/157; 182/183).